금융의 이해

함 형 준

유원북스

서 문

우리가 살아가고 있는 현대사회는 '돈' 없이는 단 하루도 살기 어려운 금융자본주의 사회이다. 밥 한끼를 먹어도, 차 한 잔을 마셔도, 버스나 전철을 타려고 해도 돈 없이는 불가능하다. 또한 지금의 대한민국 사회는 평균수명이 빠르게 늘어 명실상부한 백세시대로 접어들었으며, 노인세대가 전체 인구에서 큰 비중을 차지하는 고령사회에 진입해 있다. 전체 생존기간의 증가로 기본적인 삶을 유지하기 위해 필요한 자금은 계속 증가하고 있으며, 높아진 생활수준으로 인해 사람들의 욕구는 점점 다양해지고 있다. 하지만 우리 사회는 성장동력이 날로 쇠약해지는 저성장 국면에 접어들었고, 1%대 저금리시대의 도래로 원하는 자금을 준비하는 일은 점점 더 어려워지고 있다. 따라서 현대사회를 살아가는 사람들의 다양한 재무목표와 욕구들을 해결하기 위해선 '돈'과 '금융'에 대한 이해와 기본적인 지식이 반드시 필요하다. 아울러 이를 바탕으로 한 생애재무설계가 필수인 시대라고 할 수 있다. 한편 금융공학 기법의 발전과 AI의 진화 등으로 금융상품은 과거와 달리 매우 복잡해지고 있으며, 그 종류는 이루 헤아리기도 어려울 정도에 이르고 있다. 심지어 경영경제 분야를 전공하고 금융과 관련된 자격증을 다수 보유하고 있는 이들마저도 하루가 다르게 등장하는 다양한 구조의 금융상품에 대해 이해하기란 여간 어려운 것이 아니다.

그러나 이렇듯 중요한 의미를 가지고 있는 '돈'이나 '금융'과 관련된 교육은 체계적으로 이루어지고 있지 못하다. 초중고 교육과정에 기본적인 금융교육들이 포함되어 있으나, 국어, 영어, 수학 등 주요과목 위주의 커리큘럼과 수능 중심의 교육환경 아래에서는 다분히 형식적인 교육에 그치고 있다. 필자가 속해 있는 대학 학과는 미래의 금융전문가를 꿈꾸는 학생들로 구성되어 있다. 그럼에도 학생들의 금융에 대한 이해도는 만족스럽지 못한 상황이다. 특히 신입생은 아주 기초적인 내용을 이해하지 못하는 경우도 적지 않다.

이 책은 필자가 오랜 기간 재무설계업에 몸담으며, 수많은 고객들과의 상담과정에서 체득한 경험을 바탕으로 하고 있다. 서점에 진열되어 있는 재테크 관련 도서들은 다양한 금융상품과 그를 활용한 여러 저축기법들을 소개하고 있지만, 실상 다수의 고객들은 그러한 방법을 이해하기 힘들어 하거나 복잡하게 느끼는 경우가 많았다. 따라서 이 책에서는 복잡한 금융이론 또는 새로운 금융상품에 대한 해설을 지양하고자 한다. 우리가 일상생활에서 흔히 접할 수 있는 가장 기본적인 이론과 금융상품을 활용하여 우리가 살면서 부딪힐 수 있는 돈과 관련된 여러 문제에 대한 해결방법을 최대한 쉽게 풀어내고자 노력하였다.

이 책은 금융에 대한 전반적인 이해와 이를 기반으로 생애재무설계에 대한 이해도를 높이는 것을 목표로 한다. 아울러 우리가 일상생활에서 흔히 접하게 되는 적금, 예금, 펀드, 보험 등과 같은 기본적인 금융상품에 대해 설명하고 있다.

이 책은 경영, 경제, 금융 관련학과 저학년 학생을 대상으로 한 금융기초이론 및 금융상품에 대한 이해를 증진시키는 데 초점을 맞추고 있다. 또한 교양교육과정 중 경영, 경제, 금융과 무관한 비전공자들이 사회에 진출해서 부딪히게 될 다양한 금융 관련 기초이론을 학습하는 데에도 적합할 것이라고 판단된다. 아울러 은행, 증권, 보험 관련업에서 처음 실무를 접하는 신입사원들의 입문서로 활용하여도 좋을 것이다.

그리고 이제 막 금융에 관심을 가지고 새로운 계획을 세워 보고자 하는 분들께도 도움이 될 것이라고 믿는다.

여러모로 부족한 졸저이지만 금융을 어렵게만 생각하는 학생들과 처음 금융과 마주한 사회 초년병, 금융이라면 두려움부터 느끼는 분들에게 이 책이 조금이라도 보탬이 되었으면 하는 마음이다.

끝으로 내 삶의 원동력이자 에너지의 원천인 사랑하는 내 딸, 아흔이 넘으신 나이에도 하루도 거르지 않고 배움을 실천하고 계시는 존경하는 아버지, 집필과정에 많은 응원과 조언을 보내준 소중한 친구 M, 늘 넘치는 애정과 관심을 주는 나의 학생들에게 이 책을 바치며 감사의 마음을 전한다.

2019년 12월 15일

저 자

차 례

제 7 장 중·장기목적자금과 자산배분

제 8 장 현명한 투자와 펀드

제 9 장 | 다양한 투자상품

제10장 | 신용과 대출상품

제11장 위험관리와 은퇴자금

제12장 ▌ 금융과 세금

제 1 장

부자 되기와 재무설계

학습목표

- 부자의 정의, 기준 등에 대해서 설명하고 우리가 추구하여야 할 부자의 모습에 대해서 살펴본다.
- 재무설계의 정의와 필요성에 대해서 이해한다.
- 재무설계의 과정에 대해서 단계별로 특징을 설명할 수 있다.
- 재무목표의 개념에 대해서 이해하고, 나의 주요 재무목표와 그 우선순위를 정할 수 있다.
- 재무설계와 재테크의 차이점에 대해서 설명할 수 있다.
- 재무설계와 관련된 오해와 올바른 해석에 대해서 설명할 수 있다.
- 재무설계사라는 직업과 그 역할에 대해서 이해한다.

1 '부자(富者)'에 대한 이해

1.1 부자의 기준

고객들과 상담을 진행하거나 학생들과 수업을 할 때 가장 많이 들었던 이야기 중 하나가 '부자가 되고 싶다'는 것이다. 사실 현대사회를 살아가는 사람 중 부자가 되고 싶지 않은 사람이 누가 있을까? 사람은 누구나 다 기본적인 의식주 문제의 해결을 걱정하면서 살고 싶지는 않을 것이다. 아니 더 나아가 돈 걱정 없는 삶, 풍요로운 삶을 꿈꾸고 있을 것이다. 그렇다면 우리가 흔히 이야기하고 꿈꾸고 있는 '부자'의 정의는 어떻게 되며, 어떠한 사람들을 부자라고 부를 수 있을까?

KB금융경영연구소에서는 해마다 '한국 부자 보고서'를 발간하고 있다. 이 보고서 2019년 판에서는 '한국 부자'를 '금융자산 10억원 이상 보유한 개인'으로 설명하고 있다. 2018년 말 기준으로 이 기준에 부합하는 사람은 32만 3천명으로 전 국민 중 이들이 차지하는 비중은 0.63%라고 한다. 금융자산이 10억원 이상인 사람들의 자산구성비를 보면 2019년 기준 금융자산이 39.9%, 부동산자산이 53.7%로 나타난다(그림 1-1).

이러한 자산구성비를 환산하여 보면 금융자산과 부동산자산, 기타자산을 모두 합친 총자산의 금액이 약 25억원 이상인 사람이 KB금융경영연구소가 정의하고 있는 '한국 부자'의 기준에 부합한다는 것을 알 수 있다. 이러한 부자의 기준에 충족되는 사람들에게 "한국에서 부자라면 얼마 정도의 자산을 가지고 있어야 할까?"라는 질문을 했더니 이들은 총자산 기준 67억원은 있어야 한다고 답했으며(답변의 평균치), 가장 답변자가 많은 구간은 금융과 부동산 등 모든 자산을 포함하여 총자산 50억원 이상 구간이었다고 이 보고서는 밝히고 있다.

그림 1-1 부자의 자산구성비 추이 (단위 %)

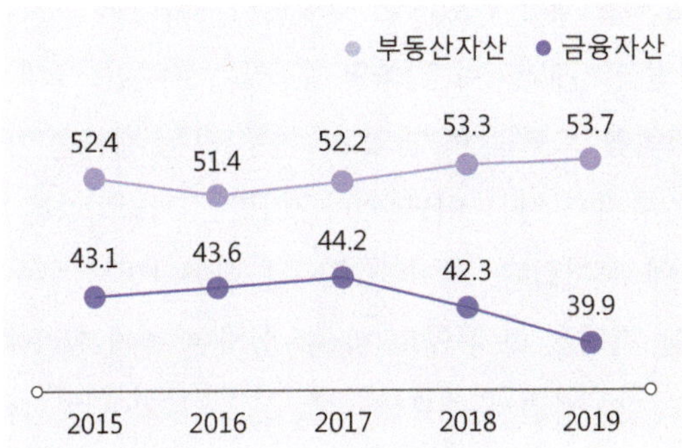

주1) 기타 포함 100%, 기타는 그래프에서 제외
주2) 중간값 기준

출처: KB금융경영연구소, 2019 한국 부자 보고서.

누구나 부자를 꿈꾸지만 금융자산 10억원 이상, 총자산 최소 25억원 이상, 전 국민의 0.63% 이내에 해당되는 재산 등의 기준에 맞는 부자가 되기란 그렇게 쉽지만은 않아 보인다. 특히나 이 책의 주요 독자층인 대학생, 20대 청년, 사회초년병의 입장에서는 상상하기조차 어려운 엄청나게 큰 수치일 것이다. 그렇다면 이러한 '부자'가 되는 것, '부자'로 인생을 살아간다는 것은 일찌감치 포기해 버리는 것이 가장 현명한 것이 아닐까 하는 의문이 생긴다. 평범한 사람들이 부자가 되기를 희망하는 것은 정말 허황된 꿈일까?

1.2 부자의 정의

표준국어대사전에서 부자는 '재물이 많아 살림이 넉넉한 사람'이라고 정의하고 있다. '재물이 많아'라는 것의 기준은 앞에서 이야기된 듯하니, 여기서는 '살림이 넉넉한'에 주목하여 보자. 어떻게 하면 살림이 넉넉할 수 있을 것인가? '넉넉하다'라는 개념 또한 상당히 주관적인 것이라 과연 재산이 어느 정도가 되어야 넉넉하다고 할 수 있을지 모호하다. 10억원 정도의 재산이 있으면 넉넉할까? 아니면 그보다 훨씬 많아야 넉넉한 것일까? 개인마다 만족할 수 있는 수준은 크게 달라서 적은 금액으로도 만족을 느끼는 이가 있고, 아주 많은 재산을 가지고 있음에도 늘 불만을 가지고 사는 이도 있다. 이렇듯 넉넉하다는 개념을 수치화하는 것은 매우 어렵다. 하지만 우리가 살아가면서 무언가를 하고자 할 때, 크게 돈 걱정을 하지 않고 할 수 있다면 좋지 않을까, 아주 돈이 많지 않더라도 살아가면서 주요한 일들을 무리 없이 처리할 수 있다면 넉넉하다고 할 수 있지 않을까 라고 생각한다.

따라서 이 책에서는 '부자의 기준'을 10억원, 25억원, 전체 인구의 ○% 등의 정량화된 절대적인 수치로서의 부자 또는 대부분의 일반인들이 달성하기 불가능하고 막연한 개념으로서의 부자가 아닌 '살아가면서 중요한 일에 돈을 쓰고자 할 때 큰 지장 없이 쓸 수 있는 사람'으로 정의해 보고자 한다. 즉 각 개인의 개별적인 상황과 처지에 따라 부자의 기준은 달라질 수 있을 것이다. 그렇다면 이렇게 수정된 부자의 정의에 맞는 삶을 살기 위해서 우리가 해야 될 일은 무엇인지 알아보도록 하자.

2 재무목표와 재무설계

2.1 재무목표란 무엇인가?

앞에서 '중요한 일에 돈을 쓰고자 할 때'라는 표현을 썼다. 그러면 우리가 인생을 살아가면서 돈을 써야 되는 중요한 일들은 주로 어떤 것들이 있을까? 적게는 100만원 전후의 자금을 필요로 하는 여행경비, 컴퓨터 구입비 같은 것들이 있을 것이고, 이보다는 조금 더 큰돈을 필요로 하는 대학교나 대학원 등록금, 어학연수 비용, 자동차 구입비용 등이 있을 것이다. 그리고 꽤 많은 돈을 필요로 하는 결혼자금, 출산과 육아비용, 주택과 관련된 전세자금 또는 구입자금, 빌린 돈을 갚기 위한 부채상환자금도 있다. 또한 소득이 중단되거나 현저하게 줄어든 은퇴 이후의 생활을 위한 노후자금도 있을 것이다.

이렇듯 우리가 인생을 살아가면서 겪게 되는 크고 작은 돈이 필요한 여러 상황들을 '재무목표'라 한다. 이러한 재무목표는 각자의 나이, 가치관, 처한 상황 등에 따라서 달라질 수 있으며, 개인별로 우선순위도 모두 다르게 나타난다. 다른 그 무엇보다 우선적으로 집을 마련하고 싶어하는 사람도 있을 것이고, 현재의 만족을 위한 소비에 집중하는 사람도 있을 것이다. 또한 지금 당장의 편리함보다는 미래의 편안함을 중요하게 생각하는 사람도 있을 것이기 때문이다.

재테크 서적이나 금융기관의 안내 자료에 보면 위에서 이야기한 여러 재무목표 중 결혼자금, 주택마련자금, 자녀교육자금, 노후자금을 묶어 '인생 4대 자금'이라고 일컫기도 하며, 여기에 비상예비자금을 더해 '인생 5대 자금'이라고 표현하기도 한다. 하지만 앞서 언급한 바와 같이 개인의 사정에 따라 재무목표는 달라질 수 있으므로, 이러한 것이 절대적인 기준이 되는 것은 아니다. 최근 20대를 중심으로 비혼(결혼을 하지 않는 것)족이 증가하고 있다고 하는데, 이러한 생각을 가지고 있는 사람들에게 결혼자금이라는 것은 무의미한 것이기 때문이다. 당연히 결혼을 하지 않으려는 사람들에게 자녀교육자금 또한 아무런 의미가 없을 것이다.

따라서 우리는 각자 가장 (돈과 관련해서) 중요하게 생각하는 것이 무엇인지를 신중하게 고려하고, 그것이 필요한 시점이 언제인지, 필요한 자금은 얼마나 되는지를 가능한 한 정확하게 예측하는 것이 매우 중요하다. 이에 대해서는 뒤에서 다시 자세하게 설명하도록 한다.

다음은 라이프사이클 단계별로 살펴본 주요 재무목표의 예시이다. 라이프사이클 또한 나누는 기준이 서로 다를 수 있으므로 절대적인 기준이라고 볼 수는 없다. 본인의 상황을 감안하여 참고자료로 활용하면 좋겠다.

단 계	이벤트	주요 재무목표
청년기(독신기)	졸업, 취직, 결혼	자기개발, 결혼자금, 독립자금
가족 형성기	출산, 육아	전세자금, 자동차구입비, 자녀출산자금
자녀 양육기	내 집 마련, 자녀교육	주택구입비, 자녀교육자금
자녀 성장기	자녀교육, 재산형성	자녀교육자금, 자녀결혼자금, 부모보조금
가족 축소기	자녀 결혼, 은퇴준비	은퇴자금준비, 자녀독립자금
은퇴 및 노후기	노후생활	은퇴자금, 간병자금, 상속 및 증여 계획

2.2 재무설계의 정의

그렇다면 앞서 이야기한 다양한 재무목표들을 무리 없이 잘 해결하기 위해선 어떻게 하는 것이 좋을까? 우리가 돈에 쫓기지 않고 해야 되는 일들을 제때에 수행하기 위한 '넉넉한 살림'을 마련하기 위해선 무엇보다도 계획이 필요하다. 아무런 준비도 없이 그때그때 해결하기엔 재무목표들이 너무도 다양하고, 각각을 해결하기 위한 금액도 매우 크다. 이렇게 우리가 여러 '재무목표를 이루어 가는 과정'을 '재무설계'라고 이야기한다. 한국FPSB에서 발간한 AFPK(ASSOCIATE FINANCIAL PLANNER KOREA, 공인재무설계사) 교재에서는 재무설계를 다음과 같이 정의하고 있다.

재무설계(Financial Planning)란 “개인의 삶의 목표를 파악하고 그 목표를 달성하기 위하여 개인이 가지고 있는 재무적·비재무적 자원을 적절하게 관리하는 일련의 과정(process)”이다.

즉 필요한 시기에 필요한 만큼의 자금이 있도록 하는 것을 의미한다. 단 여기서 우리가 주목할 것은 위 정의에도 나타나 있지만 재무설계라는 것이 ‘재무’라는 단어를 포함하고 있다고 해서 반드시 돈 문제에만 국한되는 것은 아니라는 것이다. 우선적으로 삶의 목표가 무엇인지 파악되어야 하고 그것의 달성을 위해서는 재무적 자원뿐만 아니라 비재무적 자원도 활용되어야 한다. 재무적 자원과 비재무적 자원은 다음과 같이 구분할 수 있다.

재무적 자원	자산: 현금, 부동산, 금융상품, 주식, 채권 등 부채: 담보대출, 마이너스통장, 차입금 등 소득: 급여, 이자, 배당, 연금, 사업소득 등
비재무적 자원	가치, 태도, 신념, 교육수준, 사회적 위치 등

또 하나 우리가 재무설계의 개념에서 주목해야 되는 것은 이것이 일회성 이벤트가 아니라는 것이다. 즉 한번 계획을 수립하거나 실행을 한다고 해서 끝나는 것이 아니고 정기적인 점검과 목표 및 계획의 수정과 실행 등을 통해 지속적으로 반복해 가는 ‘과정’이라는 것을 놓치지 말아야 한다. 우리가 살아가고 있는 현대사회에서는 평생 돈과 관련된 재무목표가 이어지고 있다는 것을 생각해보면 이것이 한번으로 그치는 것이 아니라 살아가는 내내 지속해야 되는 과정이라는 것이 쉽게 이해될 것이다.

One Point

재무설계와 재테크의 차이

사실 금융소비자들에게는 재무설계보다 '재테크'가 더 친숙한 용어일 것이다. 서점에 가서 보아도 재무설계 관련 도서보다는 재테크 도서가 훨씬 다양하고 많다. TV프로그램 등에서도 재무설계와 재테크는 잘 구분되지 않은 채 섞여서 쓰이는 경우가 많다. 하지만 두 개념에는 큰 차이가 있다.

재테크는 한자 '재무(財務)'와 영어 'technology'의 합성어인 '재무 테크놀로지'를 줄인 말이다. 즉 '돈을 불리는 기술'이라고 해석할 수 있다. 따라서 돈을 크게 불리는 것, 수익률을 더 높이는 것에 관심이 집중되어 있다. 그러다보니 정작 내가 돈이 필요한 시점에 필요한 만큼의 자금이 준비되지 않을 가능성, 인생자금으로 사용되지 않을 가능성이 있다.

반면 앞서 정의한 바와 같이 재무설계는 "개인의 삶의 목표를 파악하고 그 목표를 달성하기 위하여 개인이 가지고 있는 재무적·비재무적 자원을 적절하게 관리하는 일련의 과정"이다. 즉 미리 계획을 세우고 이를 위한 준비를 꾸준히 하는 것에 중점을 둔다. 재테크의 궁극적인 목표가 '더 많은 돈'이라고 한다면 재무설계는 재무목표 달성을 통한 삶의 행복을 추구하는 것이라고 할 수 있다.

2.3 재무설계의 필요성

이러한 재무설계는 도대체 왜 필요한 것인가? 그렇지 않아도 복잡하고 생각할 것 많은 세상에서 왜 사람들은 금융에 대한 이해를 해야 하고, 돈과 관련한 인생계획을 세워야 하는 것일까? 여러 가지 원인을 찾을 수 있지만 주요한 이유는 다음과 같다.

2.3.1 인구구조 변화

인구구조의 변화는 크게 출산율이 현저하게 감소하는 문제와 평균수

그림 1-2 연도별 출생아 수 및 합계출산율

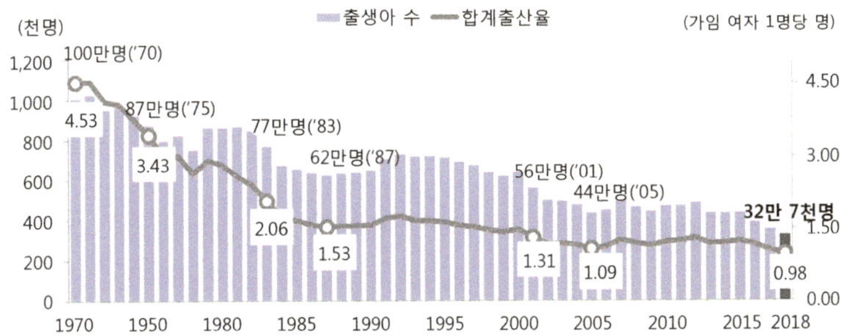

출처: 통계청

명의 증가로 인해 나타나는 고령화의 문제로 나누어 볼 수 있다. 우선 저출산 문제를 살펴보자. 통계청 자료에 의하면 2018년 대한민국의 합계출산율(여자 1명이 평생 낳을 것으로 예상되는 평균 출생아 수)은 0.98명으로 출생통계를 작성한 1970년 이후 가장 낮은 수치를 기록하였다(그림 1-2). 심지어 2019년의 출산율은 이보다 더 감소할 것으로 예측된다. 현재의 인구수준을 유지하기 위해서는 두 명이 결혼하여 최소한 두 명의 자녀를 출산하여야 되는데, 1명 미만의 자녀를 출산하다보니 시간이 흐를수록 대한민국의 전체 인구는 지속적으로 크게 감소할 수 밖에 없는 구조라는 것이다.

다음은 고령화에 대해서 알아보자. 1972년 기준 남자 58.7세, 여자 65.8세였던 우리나라의 평균수명은 2018년 기준 남자 79.7세, 여자 85.7세로 남녀 각각 약 20년 가까이 증가하였다. 한편 저출산의 문제와 평균수명(기대여명)의 증가로 인하여 전체 인구 중 65세 이상의 고령인구가 차지하는 비중 또한 빠르게 증가하고 있어서 2020년 현재 15.7%에 이르는 것으로 나타나고 있으며(그림 1-3), 앞으로 40년 후인 2060년에는 그 비중이 40%에 이를 것으로 전망된다.

그림 1-3 연도별 고령인구비율

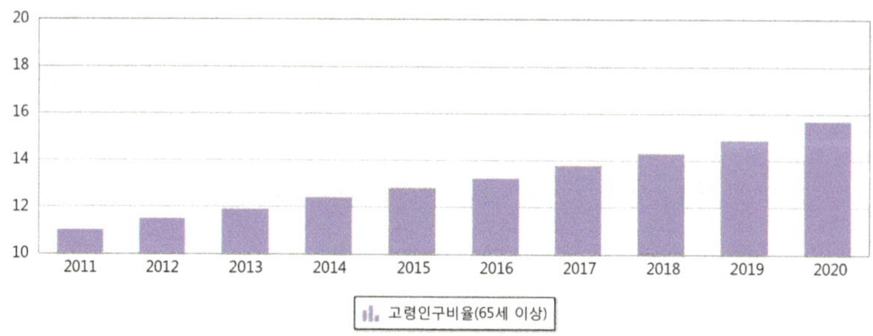

출처: 통계청

그러면 이러한 저출산과 고령화가 왜 문제가 되는 것이며, 왜 이로 인하여 우리가 생애재무설계를 하여야 하는 것일까? 저출산은 생산가능인구의 감소를 불러온다. 즉 생산과 소비를 주로 담당할 사람들이 감소하므로 사회 발전의 원동력이 점차 약해진다. 또한 평균수명의 증가와 고령화는 필연적으로 은퇴기간의 증가를 가져온다. 돈을 벌고 이를 모아서 자산을 만들어 가는 기간보다 소득이 줄어들거나 단절되고 모아둔 돈을 써야 되는 기간이 길어진다는 의미이다. 여기에 대비하여 소득활동이 왕성한 시기부터 미리 계획을 세우고 꾸준히 준비하지 않으면 노후생활에 필요한 자금을 준비할 시간과 재원이 부족하여 큰 위험에 노출될 수 있다. 현대사회에서는 '준비되지 않은 장수(長壽)는 재앙'이라고까지 말하고 있다. 이렇듯 인구구조의 변화는 인생 전반에 대한 계획을 세우고 이를 실행하고 점검하는 일련의 과정인 재무설계의 필요성을 증대시키고 있다.

2.3.2 금융환경 변화

저금리 시대의 도래와 복잡한 금융상품의 출현과 같은 금융환경의 변화는 재무설계의 필요성을 더욱 강조시키고 있다. 1990년대까지만 해도 원금이 보호되는 은행의 저축상품 금리가 연 10% 전후로 형성되어 있었다(1970년대~1980년대에는 은행 금리가 연 20%에 육박하기도 하였다). 만약 3억원 정도의 목돈을 연 10% 예금에 가입해 두었다고 하면, 원금은 그대로 유지한 채 매년 3,000만원 가량의 이자를 받을 수 있었다는 이야기다. 월 250만원 정도의 생활비를 확보할 수 있으므로, 아주 호화로운 생활은 힘들어도 기본적인 은퇴생활을 하는 것은 크게 어렵지 않은 금액이다. 또한 투입된 원금 3억원은 아무런 걱정 없이 가족들에게 상속해 줄 수도 있다. 그러나 2000년대에 들어 급격하게 하락하기 시작한 금리는 2019년 12월 현재 한국은행의 기준금리는 연 1.25%, 시중은행들의 예금금리는 연 1% 초중반에 형성되어 있다(그림 1-4).

이러한 환경에서 만약 월 250만원 정도의 이자를 확보하고자 하면 은행에 20억이 넘는 금액을 예치해 두어야 하는데, 앞의 부자의 기준에서도 살펴 본 바와 같이 이 정도 여력이 되는 사람은 전체 국민들 중 아주 극소수에 불과하다. 따라서 지금과 같은 저금리 기조는 원금이 보

그림 1-4 연도별 한국은행 기준금리

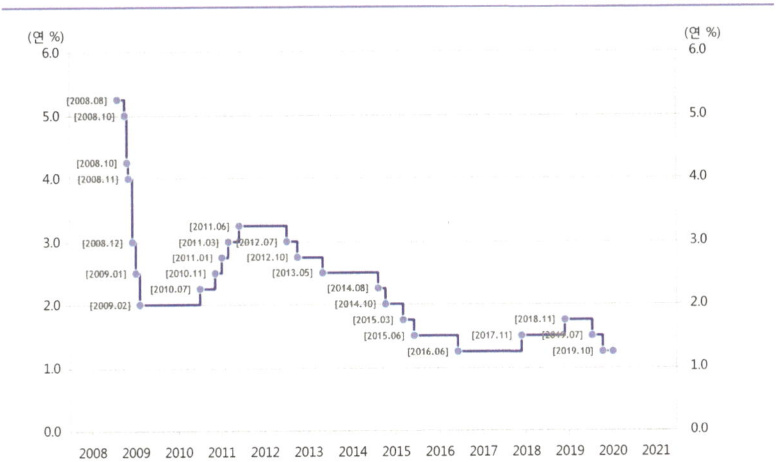

출처: 한국은행

전되는 안전한 저축상품만으로는 다양한 재무목표를 해결하기 불가능하게 만들고 있으며, 원본 손실의 우려가 있더라도 수익률을 올릴 가능성이 있는 투자상품을 활용할 수밖에 없도록 만들고 있다. 그런데 컴퓨터 기술, 금융공학 기법 등의 발달로 인해 금융 투자상품은 날이 갈수록 복잡해지고 있으며, 금융을 공부한 사람들도 쫓아가기 힘들 정도로 빠르게 변화하고 있다. 그러므로 재무설계에 대한 전문적인 지식과 경험을 보유하고 있는 사람들의 도움을 받아 계획을 수립하고, 실행하고, 점검하는 과정이 더더욱 중요해지고 있는 실정이다.

2.3.3 인식의 변화

인구구조의 변화와 저금리 기조와 함께 금융 소비자들의 인식 변화도 재무설계의 필요성을 증대시키고 있다. 지속적인 경제발전과 소득수준의 향상으로 사람들이 원하는 삶의 모습도 나날이 높아져 가고 있다. 과거에는 경제생활의 목적이 기본적인 의식주의 해결을 최우선으로 했다면, 지금은 단순히 먹고 사는 문제보다는 개개인의 '삶의 질'을 우선적으로 생각하는 분위기가 점차 강해지고 있다. 식사는 3,500원짜리 김밥으로 간단하게 해결하더라도, 식후 디저트로는 7~8천원 이상의 케이크와 차를 마시며 소소한 여유를 즐기는 등 과거와는 다른 삶의 양식이 보편화되고 있다. 또한 불확실한 미래를 위한 투자보다는 지금의 만족을 더 중요시하는 경향도 점차 강해지고 있다. 아울러 기술 발전과 더불어 불과 5~6년 전만 하더라도 1인당 2~3만원이면 충분했던 휴대폰 요금이 스마트폰 보급이 본격화된 뒤로 1인당 5만원을 넘는 일은 예사가 되는 등 과거와는 생활의 여러 면에서 다른 모습들이 펼쳐지고 있다. 즉 현대사회를 살아가는 사람들의 욕구와 재무목표는 매우 다양해지고 있기 때문에 이를 과거와 같이 '아끼고 저축하라', '집 문제부터 해결하라', '청약저축부터 가입하라'는 식의 천편일률적인 솔루션으로는 해결해 가기가 사실상 불가능해졌으며, 각 개인별로 무엇을 원하는지, 달성하고자 하는 재무목표는 무엇인지를 정확하게 파악하고 거기에 맞게끔 재무설계를 하는 것이 중요해졌다.

2.4 재무설계의 과정

이러한 재무설계는 자신의 삶의 목표를 파악하면서 재무목표를 설정하는 과정과 목표 달성을 위한 구체적인 계획을 수립하고 이를 실행하는 과정, 그리고 실행 결과를 점검하는 과정 등으로 나누어 볼 수 있다. 이를 단계별 그림으로 표현하면 다음과 같다.

그림 1-5 재무설계의 과정

재무목표 설정	자신의 가치관, 신념 등을 고려하고 현재의 재무상태를 고려해서 단기, 중기, 장기 재무목표 설정(대학 등록금, 해외여행, 자동차 구입비용, 결혼자금, 독립자금, 주택마련자금, 노후자금 등)
↓	
재무상태 분석	자신의 자산, 부채, 소득, 지출, 저축 및 투자 현황 파악
↓	
재무설계안 수립	재무목표별 시점과 우선순위를 고려하여 달성방안 수립
↓	
재무설계안 실행	목표 달성을 위한 계획 실행
↓	
정기 점검	목표 달성 정도, 주요 변화요인, 문제점 파악 후 첫번째 또는 두번째 단계부터 다시 순환

각 단계별로 세부적인 특징과 진행 방법에 대해서 알아보면 다음과 같다.

2.4.1 재무목표 설정

재무목표를 설정하기 위해서는 우선 자신의 삶의 목표에 대한 생각이 정리되어야 한다. 어떠한 삶을 살기를 희망하는지, 내가 살면서 가장 중요하게 여기는 것은 무엇인지에 대해 깊이 고민해 봐야 한다. 하지만 이러한 생각들을 평소에 잘 정리하고 있는 사람은 흔하지 않다. 특히 20대 같은 경우에는 "내가 정말로 하고 싶은 것이 무엇인지 아직 잘 모르겠다"고 이야기를 하는 사람들이 많다. 비단 20대뿐만 아니라 어느 정도 인생의 경륜이 쌓인 40~50대의 중년들도 내가 지금 정말 좋아하는 일을 하고 있는지, 원하는 인생을 살고 있는지 모르겠다는 이야기를 곧잘 한다. 왜 그럴까? 가장 큰 이유는 눈앞에 놓인 시급한 문제들을 해결하는 데 급급하다보니 정말 인생에서 중요한 것이 무엇인지 놓치게 되는 경우가 많기 때문이다.

실제 고객상담을 진행해 보면 은퇴 이후 소득이 중단된 뒤에 필요한 노후자금 준비가 상당히 중요한 문제라는 것을 이성적으론 잘 알고 있으면서도 당장 닥친 문제들을 해결하느라 차일피일 미루는 경우들이 허다하다. 특히 대입을 준비하고 있는 중고등학생 자녀를 두고 있는 가정에선 사교육비 부담에 무엇보다 중요한 본인의 노후준비는 엄두도 못내는 경우들이 흔하다. 그래서 생애재무설계를 계획하고 실행할 때에는 이러한 재무목표들 중 빠진 것이 없는지 잘 확인하고 그 우선순위를 신중하게 정하는 것이 매우 중요하다.

다음과 같은 방법을 이용하면 내 삶의 주요 재무목표와 그 우선순위를 설정하는 것이 조금 쉬워질 수 있다.

첫째, 내가 죽기 전에 꼭 해보고 싶은 일들이 어떤 것들이 있는지 나열하도록 한다. 이때 중요한 것은 '시간이나 돈의 제약이 없다'는 가정 하에서 작성하여야 한다는 것이다. 스스로 '이건 너무 많은 돈이 필요하니까' 또는 '내가 이런 일을 할 시간이 어디 있어'라고 스스로 필터링을 하지 않는 것이 좋다. 그리고 우선순위도 생각하지 말고 생각나는 대로 계속 나열하도록 한다. 보통 이렇게 정리한 목록을 버킷리스트라고 표현한다.

버킷리스트(Bucket List)

죽기 전에 꼭 해야 할 일이나 하고 싶은 일들에 대한 목록. Kick the Bucket에서 유래된 말로 자살할 때 목에 밧줄을 감고 양동이(bucket)를 차버리는 행위에서 비롯되었다.

둘째, 위에서 적은 버킷리스트 중에서 돈이 필요한 것들을 추려 낸다. 죽기 전에 꼭 해보고 싶은 일들 중에는 꼭 돈을 필요로 하지 않는 일들도 포함될 수 있다. 예를 들면 '감정표현 잘하기'나 '미루는 습관 고치기' 등은 누군가에게는 꼭 하고 싶은 일이지만 돈과는 전혀 상관없는 일들이다. 이러한 것들을 제외하고 '유럽여행 가기', '경차 구입하기', '내 집 마련하기' 등과 같이 반드시 금전적인 준비가 동반되어야 되는 것들을 따로 정리한다.

세 번째, 이 목표들을 이루고 싶은 시점과 이루기 위해서 준비하여야 할 금액을 기록한다. 예를 들어 '유럽여행 가기'라는 목표가 있을 경우, 가고자 하는 시기는 '5년 뒤' 또는 '2025년 여름'과 같이 정하고 필요한 자금은 '500만원'과 같이 가능한 한 구체적으로 정하는 것이 좋다. 금액을 결정할 때는 그냥 어림짐작으로 추정하는 것보다는 인터넷 검색 등을 통해 실제 필요한 금액을 최대한 근사치로 정하는 것이 향후 달성

가능성이 훨씬 커진다. 또한 다소 막연할 수 있는 '유럽여행 가기'와 같은 목표를 여행기간과 일정 등을 구체화하다보면 15일간 영국-프랑스-이탈리아 같이 보다 생생하게 계획을 세울 수 있다. 이 과정을 꼼꼼하게 진행하면 첫 번째 단계에서 나열한 여러 목표 중 너무 추상적이거나 실현 가능성이 희박한 목표들은 우선순위에서 배제되거나 뒤로 미루게 되는 등 자연스럽게 자체적인 필터링이 되는 것도 경험할 수 있다.

네 번째, 이렇게 정리된 다양한 재무목표들의 우선순위를 정한다. 사실 이 과정이 가장 중요하다. 이때 잘 생각해야 할 것은 Needs(필요한 것)와 Wants(원하는 것)를 구분하고 가급적 하고 싶고 원하는 것들보다는 필요한 것들이 우선되어야 한다는 것이다. 앞에서도 언급한 것과 같이 은퇴 후의 생활자금은 누구에게나 꼭 필요한 자금이다. 그러나 닥치기 전까지는 그 중요함에 대해 인지하고 미리 준비하기가 쉽지 않다. 따라서 앞에서 제시한 라이프사이클에 따른 재무목표 또는 아래의 기간별 재무목표 목록을 참고하여 살아가면서 꼭 필요한 것들을 우선 정하고, 추가로 하고 싶은 것들 또는 하면 좋은 것들을 정하는 것이 바람직하다. 우선순위는 숫자로 1~5와 같이, 숫자가 작은 것을 더 중요한 목표로 표시해도 좋고, 별(★) 표시를 이용하여 별이 많을수록 중요한 목표로 표시해도 좋다. 아래 표에서 단, 중, 장기의 구분은 일반적으로 사용하는 기준으로서 절대적인 기준은 아니며, 본인의 상황에 맞도록 융통성 있게 적절한 기간을 정하고 거기에 맞는 목표를 설정하면 된다.

[기간별 예상되는 재무목표]

단기 목표	1~2년	등록금, 여행자금, 자동차 구입비용 등
중기 목표	3~5년	결혼자금, 전세자금, 양육 및 출산 자금, 자녀교육자금 등
장기 목표	10년 이상	사업준비자금, 주택구입자금, 노후생활비, 간병자금 등

아래는 20대 학생(건축학 전공)이 작성한 재무목표의 예시이다.

재무목표	중요도	시기	예산
수영 배우기	★	25세	30만원
스페인어 공부하고 스페인 여행가기	★★	35세	300만원
○○학원 최고레벨반 들어가기	★★	5년 이내	500만원
○○○○ 자격증 취득하기	★★★	2029년	50만원
신혼여행	★★	28세	1,000만원
내집 설계해서 건축하기	★★★	45세	3억원

참고로 아래 내용은 두 자녀를 둔 50대 초반 가장이 재무상담을 통해 작성한 재무목표 우선순위 표이다.

재무목표	중요도	시기	예산
첫째 연수비용 보조	★★	1년 뒤	2,000만원
막내 대학등록금	★★	202×년부터 4년	1,000만원/년
주택대출금 상환	★★★	앞으로 8년	잔액 8,700만원
가족여행(동남아)	★	올해 여름휴가	300만원
은퇴자금 마련하기	★★★★	65세	3,600만원/년×25년

이렇듯 나이와 성별, 처한 입장과 환경 등에 따라 개인의 재무목표는 크게 달라질 수 있다. 위 사례에서 보면 아무래도 20대 학생보다는 50대 가장의 재무목표가 현실적이라고 할 수 있다. 20대 학생의 재무목표도 위에 제시된 내용이 평생 유지되는 것이 아니며, 이 중 달성된 것은 목록에서 삭제되고, 중요도가 낮아지거나 현실적으로 불필요한 목표는 배제될 것이다. 취업을 하거나 결혼을 하게 되는 등 본인이 처한 상황이 달라짐에 의해 새롭게 추가되는 것들도 있을 것이다. 그렇기 때문에 재무설계의 과정은 한 번 진행하고 종료되는 것이 아니라 주기적으로 점검되어야 하는 것이다.

2.4.2 재무상태 분석

위 단계에서 재무목표가 설정이 되었으면, 이제는 나의 현실을 정확하게 파악하는 작업이 필요하다. 내가 해야 되는, 하고 싶은 여러 재무목표들을 달성하기 위한 나의 준비정도를 파악해 보는 것이다. 이 과정은 다음과 같이 크게 두 가지 축으로 분석해 볼 수 있다.

첫 번째는 나의 자산부채상태를 점검하는 것이다. 내가 보유하고 있는 자산과 부채를 점검하여 순자산이 얼마나 되는지를 확인해 본다. '자산'이란 과거 나의 경제적 활동의 결과로 현재 내가 보유하고 있는 것들이다. 마찬가지로 '부채'는 과거 나의 경제적 활동의 결과로 현재 내가 빚지고 있는 것들을 말한다. 그리고 '순자산'이란 자산에서 부채를 차감한 것으로 이를 수식으로 정리하면 다음과 같다.

총자산 − 총부채 = 순자산 자산 = 부채 + 순자산

우리에게 자산이 많고 부채가 적을수록 즉, 순자산이 클수록 우리가 원하는 재무목표들을 달성하기가 용이해진다. 자산과 부채의 구분은 〈표 1-1〉을 참조하면 되고, 뒤에서 각 자산 및 부채의 성격과 재무목표를 이루기 위한 적절한 방법이 자세히 설명될 것이다.

자산에서 부채를 차감하여 순자산을 구하는 과정의 결과로 '자산부채상태표'를 작성할 수 있게 되는데 이것은 마치 기업회계에서 '재무상태표'를 작성하는 것과 매우 유사하다. 이러한 이유는 개인재무설계의 여러 이론 및 관리방법이 기업 재무관리 이론에서 파생되었기 때문이다. 따라서 기업회계에서와 마찬가지로 자산부채상태표를 작성할 때에는 특정 시점을 기준으로 그 시점에서 내가 가지고 있는 자산과 부채의 총량을 기록하여야 한다. 보통 연말 기준으로 작성을 하거나, 재무상담을 받는 시점, 재무목표를 설정하는 시점을 기준으로 하는 경우가 많다.

표 1-1 자산과 부채의 분류

구 분		내 용
자산	현금성자산	현금, 보통예금, CMA, MMF, MMDA, 만기가 6개월 미만인 양도성 예금증서(CD) 등
	저축성자산	정기예금, 정기적금, 저축성보험 등
	투자자산	주식, 채권, 펀드, 신탁, 변액보험, 투자용 부동산, 미술품, 골동품 등
	사용자산	거주 부동산, 자동차, 가구, 귀금속, 임차보증금 등
	기타자산	퇴직금, DB형 퇴직연금, 보장성보험의 해지환급금, 대여금 등
부채	단기부채	1년 이내 상환해야 되는 신용카드 대금, 미납 공과금 및 세금, 현금서비스, 마이너스 대출 등
	장기부채	주택담보대출, 자동차할부금, 학자금대출 등

두 번째로는 나의 현금흐름을 분석하는 것이 필요하다. 이것은 1년 또는 1개월 같이 일정 기간의 돈의 흐름을 추적하여 기록하는 것이다. 이론적으로는 짧은 주기의 현금흐름 분석보다는 연 단위와 같이 긴 기간의 분석이 바람직하다. 왜냐하면 한 달 단위 같이 짧은 기간을 기준으로 분석을 하면, 연간 인센티브, 자동차 보험료, 재산세와 같이 비정기적이거나 1년 단위로 이루어지는 유입이나 유출내용이 누락되어 분석의 정확성을 떨어뜨릴 수 있기 때문이다. 하지만 실무적으론 한 달 단위의 현금흐름 분석이 유용한 경우가 더 많다. 많은 사람들의 수입 및 지출 주기가 월 단위로 이루어지기 때문이다. 가장 대표적인 유입 항목인 월급이 그러하고, 통신비, 공과금, 보험료 등 여러 지출항목도 월 단위로 발생된다. 따라서 월단위의 현금흐름 분석을 하고, 정기적으로 발생되지 않는 유입이나 유출항목을 고려하는 방법도 유용하다. 현금흐름 분석을 진행할 때 유의할 점은 해당기간 동안 모든 현금 유입과 유출을 빠짐없이 기록하는 것이 중요하다는 것이다. 현금유입의 경우

급여나 사업소득 등 고정적인 유입 내용을 위주로 작성하기가 쉬운데, 이외에도 적금만기환급금, 보험해지환급금, 전년 또는 전월에 쓰지 않고 남은 이월금, 지인에게 빌려준 돈의 회수금, 인센티브나 보너스 등과 같이 불규칙적이거나 일회성 유입 내용도 잊지 말고 기록하여야 한다. 현금흐름표의 자세한 작성방법 및 분류기준 등은 3장에서 추가 설명하도록 한다.

[작성기준 예시]

- 자산부채상태표: 2019년 12월 31일 기준 작성 (특정 시점)
- 현금흐름표: 2019년 1월 1일 ~ 12월 31일
  또는 2019년 12월 1일 ~ 12월 31일 (특정 기간)

One Point

회계기준과 재무설계기준

개인재무설계의 여러 기준들은 기업회계기준 또는 재무관리 이론에서 파생 발전되어 왔기 때문에 유사한 점들이 많다. 다만 회계기준은 여러 기업의 재무상태를 효과적으로 비교 분석하기 위하여 오랜 기간 누적된 경험치를 바탕으로 공통적인 기준을 만들고, 이를 기업들이 엄격하게 준용하도록 하고 있다. 현재 국내에서 적용되는 회계기준으로는 국제회계기준(IFRS), 일반기업회계기준, 중소기업회계기준 등이 있으며, 각 기업의 규모나 성격에 맞는 기준을 적용하도록 하고 있다. 여기에 비해 개인재무설계 과정에서 제시하고 있는 여러 기준들은 기업회계기준처럼 국제적으로 통일되어 있지 않으며, 한국FPSB와 같은 재무설계 관련 기관 및 학자들이 준거기준을 제시하고 있으나 가이드라인 또는 권고사항 정도로 머물고 있다. 따라서 이 책에서 언급되고 있는 여러 기준들도 권장기준으로 이해하고, 제시된 내용들

을 참고하여 분석하거나 자산부채상태표와 현금흐름표를 작성하면 된다. 예시에 나와 있지 않으면 가장 유사한 항목으로 분류하고, 제시된 내용이 본인에게 적합하지 않다고 생각되면 해당 내용을 억지로 적용할 필요는 없다. 내 상황에 적합하게 수정하고 이를 메모하거나 주석의 형태로 기록하여 추후 알아볼 수 있도록 기록하면 된다.

2.4.3 재무설계안 수립

두 번째 단계에서 나의 재무상태에 대한 분석이 끝났으면, 이제는 본격적으로 재무목표를 달성하기 위한 계획을 수립하여야 한다.

재무설계안을 수립하는 과정은 [그림 1-6]과 같이 요약할 수 있다.

그림 1-6 재무설계안 수립과정

재무목표 점검	첫 번째 단계에서 정한 재무목표별로 필요한 시기와 필요한 자금을 확인
↓	
준비자금 확인	각 재무목표별 지금 현재 준비한 자금이 있으면 그 금액을 확인
↓	
부족자금 분석	필요자금 − 준비자금 = 부족자금 재무목표 해결을 위해 부족한 자금이 얼마인지 계산
↓	
저축 & 투자금액 설정	필요시점(또는 그 이전)까지 이 재무목표를 해결하기 위한 저축 & 투자 금액 및 적합한 상품 선정

이 과정은 많은 가정과 계산을 필요로 한다. 예를 들어 '결혼자금 마련'이라는 재무목표를 해결하기 위한 재무설계안을 만든다고 가정하자.

그러면 아래와 같은 내용들이 사전에 확인되어야 한다.

• 결혼시점	• 물가상승률
• 저축상품의 금리	• 투자상품의 수익률
• 현재 준비해 둔 결혼자금	• 현재 기준 필요 결혼자금 규모 등

이 설계를 해보는 시점에서 생각하는 결혼자금이 5,000만원이라고 하고, 내가 희망하는 결혼시점이 7년 뒤라고 가정해보자. 그럼 지금 시점에서는 5,000만원을 가지고 결혼을 할 수 있지만, 물가상승률로 인하여 7년 뒤에는 5,000만원으론 부족할 가능성이 매우 크다. 따라서 이러한 '화폐의 시간가치'도 반영해서 7년 뒤의 목표자금을 설정해야 나중에 부족함이 없이 무사히 결혼을 할 수 있을 것이다. 이때 물가상승률을 연간 2%로 설정할 것인지, 4%로 설정할 것인지에 따라서 준비해야 되는 자금은 크게 달라진다.

만약 해결해야 되는 재무목표가 은퇴자금이라면 은퇴 예상 시점과 내가 몇 살까지 살 것인지 기대수명 등도 예측하여야 된다. 보통 이러한 판단을 위해서는 통계청의 자료와 한국은행 등의 예측자료 등 객관적인 데이터를 바탕으로 합리적인 가정을 세워야 할 것이다. 물론 최근에는 금융기관이 제공하고 있는 다양한 어플리케이션이나 재무설계 프로그램 등을 활용하여 일반인들도 솔루션을 만들어 볼 수는 있다. 하지만 이러한 계산과정을 잘 해냈다고 해도, 이를 해결하기 위한 적합한 금융상품을 찾아내는 것은 결코 쉬운 일이 아니다.

그러므로 지금과 같이 복잡한 금융환경에서는 일반 금융 소비자들이 재무목표 달성을 위한 효과적인 재무설계안을 직접 만들어 낸다는 것이 결코 쉬운 일이 아니다. 따라서 모든 문제를 스스로 해결하려고 하기보다는 전문적인 지식을 가지고 있는 재무설계사의 도움을 받는 것이 훨씬 효과적일 수 있다. 요즘은 바야흐로 '재무설계의 시대'이다. 따라서 은행 창구를 방문해도, 증권사 PB를 만나거나 보험설계사를 만나도 재무설계를 이야기한다. 이 중 나에게 좋은 재무설계안을 제시해 줄 재무설계사를 선택하는 것도 쉬운 일이 아니다. 좋은 재무설계사를 만나는 몇 가지 팁을 공개하면 다음과 같다.

좋은 재무설계사를 선택하는 방법

1) 소속을 확인한다.

재무설계사는 크게 종속재무설계사와 독립재무설계사로 나뉜다. 종속재무설계사는 다른 표현으로 전속재무설계사라고도 하는데, 보통 은행, 증권사, 보험사 등 특정한 금융기관에 소속되어져 있는 경우이다. 독립재무설계사는 이와 반대로 특정 금융기관에 소속되어 있지 않고, 독립적인 재무설계 전문회사 또는 개인 자격으로 고객 상담을 하는 경우이다. 종속/전속 설계사의 경우 금융기관이 가지고 있는 막대한 정보력과 전국적인 네트워크, 안정성 등이 장점이 될 수 있지만 특정 기관에 소속되어 있다 보니 해당 기관의 상품이나 서비스를 주로 권유할 가능성이 크다. 이에 비해 독립설계사는 다양한 금융기관과 제휴하여 여러 상품을 취급할 수 있으므로 상대적으로 합리적인 재무설계안을 제공받을 수 있다. 반면 규모나 안정성, 정보력, 인프라 등은 전속설계사에 비해 취약할 수도 있으니 이러한 장·단점을 잘 고려해서 선택하는 것이 좋다.

2) 전문적인 자격을 보유하고 있는지 확인한다.

물론 자격증 없이도 고객의 입장에서 좋은 솔루션을 제시하는 훌륭한 재무설계사가 있을 수 있다. 하지만 직접 겪어보지 않고 좋은 사람인지 확인하기란 쉽지 않으므로 우선 재무설계와 관련된 자격을 가지고 있는지 확인하는 것이 도움이 될 수 있다. 국내에서 재무설계와 관련된 자격 중 가장 대중적이고, 전문성을 확보하고 있다고 판단할 수 있는 자격에는 한국FPSB에서 인증하고 있는 AFPK(ASSOCIATE FINANCIAL PLANNER

KOREA, 공인재무설계사), CFP(CERTIFIED FINANCIAL PLANNER, 국제공인재무설계사) 자격이 있으며, 한국금융연수원에서 인증한 국가공인 자산관리사(FP: Financial Planner) 자격 등이 있다. 이러한 자격증을 보유하고 있다는 것은 일정시간 이상의 교육을 이수하였고, 시험을 통과할 정도의 지식을 보유하고 있다는 것을 증명하는 것이므로 일차적인 신뢰의 기준이 될 수 있다. 이 중 AFPK와 CFP 자격 인증 여부는 한국FPSB 홈페이지(http://www.fpsbkorea.org)에서 직접 확인할 수 있다.

3) 상담경험과 전문성 여부를 확인한다.

재무설계 상담에서는 전문자격증 등 이론 및 지식도 중요하지만 다양한 상담경험도 매우 중요하다. 아무리 우수한 성적으로 자격증 시험에 합격했다 하더라도 상담경험이 풍부하지 못한 경우에는 현실적이고 달성 가능한 재무설계안을 도출해 내는 데 어려움이 있을 수 있다. 다들 잘 아는 바와 같이 이론과 실제는 꽤 큰 차이가 나기 때문이다. 재무설계사의 경험을 확인하기 위해서는 재무상담을 얼마동안, 얼마나 많은 케이스를 진행했는지 물어보면 된다. 이와 함께 해당 재무설계사가 특정 분야에 전문성을 가지고 있는지를 확인해 보는 것도 좋다. 최근에는 세무 전문, 법인(기업) 전문, 상속/증여 전문, 개원의 전문 등 특정 분야나 직업군 등을 특화해서 상담하는 경우도 많으니 나에게 맞는 전문성을 가지고 있는지를 사전에 알아보면 상담 진행 후 발생될 수 있는 혼선을 미리 예방할 수 있다.

2.4.4 재무설계안 실행

위 단계에서 애써 만든 재무설계안도 우리가 적극적으로 실행해 나가지 않는다고 하면, 아무런 의미도 없는 종이쪼가리이거나 수많은 컴퓨터 문서 파일에 불과할 것이다. 재무설계를 이행하는 여러 단계가 모두 중요하고 의미 있지만 사실상 이 실행의 단계가 가장 중요한 단계라고 할 수 있다. 따라서 3단계에서는 실행에 문제가 없는 합리적이고 달성 가능한 설계안을 만들어야 한다. 너무 의욕만 앞서는 무리한 계획은 아예 실행이 되지 않거나, 실행을 했다가도 금세 포기하게 되는 결과가 생길 수 있다.

3단계에서 설정한 저축이나 투자 금액과 거기에 맞는 금융상품을 모색했으면, 4단계에서는 이 상품에 가입을 하고, 지출을 줄이기로 했으면 실제 줄이고, 가계부를 적기로 했으면 적어가는 그러한 실행단계이다. 다시 한 번 강조하지만 '실행'이 가장 중요하다.

2.4.5 정기 점검

복잡한 현대사회는 시시각각 변화한다. 앞에서 말한 바와 같이 재무설계안은 미래에 대한, 그것도 경우에 따라서는 몇 십년 뒤의 먼 미래에 대한 계획들이기 때문에 굉장히 많은 변수를 안고 있다. 따라서 실행을 하였다면, 주기적으로 이 내용들이 잘 되어 가고 있는지 점검을 꼭 하여야 한다. 주요하게 체크하여야 할 내용들은 다음과 같다.

- 재무설계안과 관련된 가정들: 금리, 물가상승률, 투자수익률, 필요 시점 등
- 재무목표의 해소 또는 추가: 달성된 재무목표는 해소 처리하고, 의미가 없어진 재무목표는 배제
- 재무목표 우선순위의 변화: 최초 설정한 목표간 우선순위 변화 여부 점검
- 재무목표 달성 진행 정도에 대한 평가
- 개인 재무환경의 변화: 결혼 여부, 출산 여부, 이직, 퇴직 등 최초 재무설계 시점의 상황과 변화된 내용들의 점검
- 기타 변경 및 점검이 필요한 사항들에 대한 검토

점검 주기는 경우에 따라 다를 수 있겠지만, 최소한 1년에 한 번은 점검을 하도록 권장하고 있다. 재무설계 범위가 크거나 검토할 내용이

많은 경우 6개월 단위로 점검을 하는 경우도 있다. 점검을 자주 하는 것이 바람직하다고 볼 수도 있지만, 지나치게 빈번한 점검은 오히려 재무설계안의 원활한 실행에 걸림돌이 되는 등 역효과를 불러오기도 한다. 예를 들어 투자상품의 경우 자주 매매를 반복하는 경우 수수료만 가중되고 수익률에는 좋지 못한 영향을 미치기도 하기 때문이다. 목표한 바를 이루기 위해선 묵묵하고 꾸준하게 실행해 나가는 것이 좋다.

One Point

재무설계에 대한 몇 가지 오해

1. 재무설계는 부자들이 하는 것이다?!

상담을 할 때 자주 듣는 이야기 중 하나가 "돈이 있어야 계획을 세우죠"라는 자조적인 이야기다. 사람들은 흔히 재무설계가 부자들의 전유물로 오해하는 경우가 자주 있다. 그렇지 않다. 물론 자산이 많은 부자들의 경우 세금도 줄여야 되고, 상속이나 증여도 신경 써야 되는 등 관리 포인트가 많은 것이 사실이다. 하지만 돈이 없고, 빚이 많을수록 앞으로 그러한 굴레에서 벗어나려면 재무설계를 더 잘해야 되지 않을까? 재무설계는 돈이 많고 적음을 떠나서 현대사회를 살아가는 사람이라면 누구에게나 다 필요한 것이라고 할 수 있다.

2. 재무설계는 상품 판매를 위한 것?!

사람들이 이러한 오해도 많이 하고 있다. 원인은 그동안 재무설계를 한다고 주장하는 사람들이 보여준 행동들에서 기인한다. 겉으로는 재무설계를 한다고 하면서 결국엔 자기에게 유리한 금융상품 판매를 유도한 경우들이 사실 많이 있었다. 지금도 상품판매를 재무설계라는 허울로 포장을 하는 사람들이 있을 수 있지만, 재무설계의 본래 목적은 필요한 시기에 필요한 만큼의 돈이 있게끔 하는 것, 즉 재무목표의 해결이다. 따라서 재무설계 상담을 진행했는데, 재무목표의 해결보다는 상품 가입만을 집요하게 권유한다면 거리를 두고 냉정하게 검토를 할 필요가 있다. 하지만 앞서 설명한 바와 같이 실행을 하지 않으면 우리는 재무목표를 달성할 수 없다는 사실도 잊어서는 안 된다.

실전연습

• **버킷리스트 작성하기**

- 영화 '버킷리스트'(2007년) 감상하고 토론하기 또는 감상문 작성하기
- 내가 살아있는 동안에 꼭 한번 해보고 싶은 일들을 작성해 본다. 특별한 양식이나 제약조건은 없다. 돈이나 시간 등의 제한이 없다는 가정 하에서 작성한다. 개수의 제한도 없다. 단, 하고 싶은, 이루고 싶은 시점은 같이 기록한다.

  [예] 전국 무전여행하기(2020년 내)/타투하기(25세)/마라톤 완주하기(5년 이내)

  인생 멘토 정하기/가족사진 찍기(올해)/미국여행(3년 뒤)/결혼(30세) 등

• **주요 재무목표 발굴하기**

- 작성된 버킷리스트를 검토하며, 이 중 돈이 필요한 것들을 골라낸다.
- 이 목표들을 이루고 싶은 시점, 필요한 자금을 예측한다. 예측금액은 정확하고 현실적일수록 달성가능성이 높아지므로 자료나 인터넷 검색 등을 통해 구체적으로 작성해 본다.
- 이 목표들의 우선순위를 정한다. 우선순위는 숫자 또는 ★ 표시 등 본인에게 편한 방법을 택한다.

[예]

재무목표	중요도	시기	예산
타투하기	★	25세	50만원
가족사진 찍기	★★	202×년	50만원
미국여행 하기	★★	3년 뒤	250만원
결혼	★★★	30세	5,000만원

• **인생 로드맵 그려보기**

– 위에서 작성한 버킷리스트, 주요 재무목표 등을 바탕으로 자신의 미래를 그려본다. 여기에 사진이나 그림들을 더한다면 보다 생생한 나의 인생 계획표가 될 것이다.

[예]

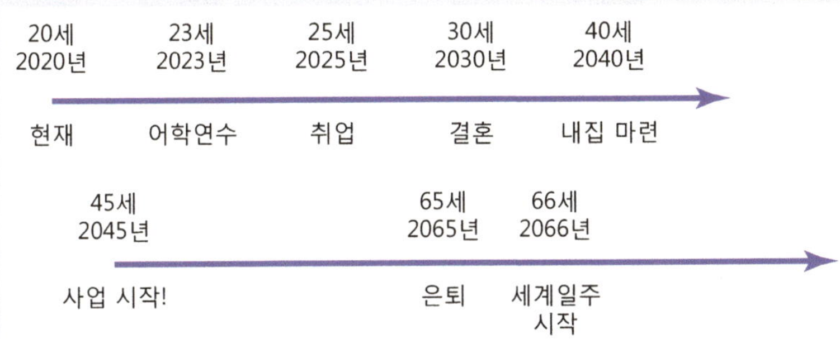

제 2 장

금융상품과 재무설계

학습목표

- 재무설계와 금융상품의 관계를 이해한다.
- 단리와 복리의 특징을 이해하고 설명할 수 있다.
- 유동성과 환금성에 대해 이해하고 설명할 수 있다.
- 금융상품 선택기준에 대해서 설명할 수 있다.

1 재무목표와 금융상품

1장에서 우리는 결혼자금, 주택마련자금, 자녀교육자금, 노후자금, 비상예비자금 등과 같이 인생을 살아가면서 맞이하게 되는 제법 큰돈을 필요로 하는 일들을 재무목표라고 한다고 이야기하였다. 현대사회에서 이러한 재무목표를 이루는 과정에서 금융상품을 떼어놓고 생각하기란 쉽지 않다. 예를 들어 결혼자금을 마련한다고 할 때, 우리는 우선 적금이나 적립식 펀드와 같은 상품을 활용하여 목돈을 만들어야 할 것이며, 목돈이 어느 정도 마련되면 예금과 같은 상품을 통해 만들어진 원금을 지키고 키워가야 할 것이다. 또한 주택을 마련하기 위해서는 주택청약상품에 가입한 후 일정한 조건이 되면 청약기회를 노려볼 수 있다. 은퇴 후 생활을 준비하기 위해서는 퇴직연금이나 개인연금과 같은 연금상품이 기본이 되는 것이 일반적이다. 또 여러 재무목표들을 이루어 가는 과정에서 겪을 수 있는 질병이나 사고 등의 위험에 대비하기 위하여 보험에도 가입하게 된다.

이렇듯 우리는 주요 재무목표들을 해결하기 위해서 다양한 금융상품의 힘을 빌어야 한다. 재무설계와 금융상품은 떼려야 뗄 수 없는 불가분의 관계라고 할 수 있다. 하지만 금융업에 종사하거나 경영이나 경제 등 금융과 밀접한 학문을 전공하지 않은 사람들이 수많은 금융상품의 특징과 원리를 이해한다는 것은 사실상 불가능하다고 할 수 있다. 심지어 금융업 종사자도 자기가 종사하고 있는 분야와 밀접한 금융상품 외에 금융 전 분야, 모든 상품에 대해서 이해하기란 쉽지 않다.

따라서 이 책에서는 주요 재무목표 달성을 위한 기본적인 금융상품에 대한 이해를 목표로 하려고 한다. 사실 기본적인 상품만 잘 이해하고 적절하게 활용하여도 대부분의 재무목표는 큰 무리 없이 해결할 수 있을 것이다. 본서에서는 우리가 현대사회를 살아가면서 꼭 필요한 금융상품들, 재무목표 달성을 위해 알아두어야 될 상품들을 중심으로 설명해 나갈 것이다. 각 상품들의 특징 및 재무목표와의 매칭은 뒤에 자세히 설명될 것이고, 이 장에서는 금융상품을 선택하는 기준 등에 대해서 설명하려고 한다.

2 이자계산방식의 이해

본격적인 금융상품 선택기준에 대해서 논하기 전에 미리 알아두어야 할 개념이 한 가지 있다. 그것은 이자를 계산하는 방법에 대한 것이다. 아마 금융상품을 홍보하는 케이블TV 광고, 홈쇼핑 또는 상품 안내장 등에서 '단리' 또는 '복리'에 대한 문구를 듣거나 본 적이 있을 것이다. 우선 그 단리와 복리에 대해서 알아보도록 하겠다.

2.1 단 리

단리는 '원금에 대해서만 이자를 적용하는 것'이라고 할 수 있다. 즉 처음에 투입된 원금에 대해서만 이자계산을 해주고, 투입 원금에서 발생된 이자에 대해서는 추가로 이자계산을 하지 않는 것을 말한다.

예를 들어 100만원을 연 5% 단리상품에 가입하여 5년 동안 예치하여 두었다고 가정하자. 단리로 이자를 계산하는 방식에서는 최초 가입시점의 원금 100만원에 대해서만 이자계산이 된다. 즉 연 5% 상품에 투입했다는 이야기는 100만원을 1년 동안 이 상품에 넣어두면 이자가 5만원이 생긴다는 이야기이다. 그런데 이게 1년이 아니라 2년, 3년, 5년 이렇게 1년을 초과해서 긴 기간 동안 맡겨 둔다면 어떻게 될까? 단리방식이 적용되는 경우는 기간이 길고 짧음에 상관없이 해마다 5만원씩의 이자만 발생된다. 만약 100만원을 연 5% 단리상품에 2년간 투입하면 아래와 같은 과정을 통해 이자가 계산된다.

> 1년 후의 원금과 이자: 100만원 × (1 + 0.05)
> = 원금 100만원 + 1년이자 5만원 = 105만원
> 2년 후의 원금과 이자: 원금 100만원 + (2년 × 이자 5만원) = 110만원

따라서 100만원을 5년 동안 예치하여 두었다면 1년에 5만원씩 총 25만원의 이자가 붙는다. 그러므로 5년 뒤 만기가 되는 시점에는 원금 100만원과 이자 25만원을 합하여 총 125만원을 돌려받을 수 있다.

이것을 식으로 표현하면 다음과 같이 나타낼 수 있다.

$$FV_n = PV \times \{1 + (i \times n)\}$$

FV_n: n 기간 후의 미래가치(Future Value)
PV: Present Value, 현재가치, 투입 원금
i: 이자율, n: 기간(년)

위 사례를 이 식에 대입해보면 다음과 같이 계산된다.

> 5년 뒤의 미래가치(FV) = 100만원 × {1 + (0.05 × 5)} = 100만원 × 1.25
> = 125만원

그렇다면 단리가 적용되는 상품은 어떤 것들이 있을까? 은행에서 판매되고 있는 정기예금, 정기적금과 같은 저축상품 대부분이 여기에 해당이 된다. 즉 3년 만기 정기예금도, 5년짜리 정기적금도 투입된 원금에 대해서만 이자계산을 해준다. '원금에 대해서만 이자를 적용한다'라

는 말의 의미가 잘 이해가 되지 않으면 다음에 설명할 복리와 비교해 보면 조금 더 이해가 잘 될 것이다.

2.2 복 리

단리가 원금에 대해서만 이자를 계산한다고 하면, 복리는 원금에서 발생된 이자에 대해서도 이자를 계산해 주는 방식이다. 앞의 단리 사례에서 100만원을 1년간 맡겨두면 연 5만원의 이자가 생긴다. 그렇지만 원금에 대해서만 이자를 계산하는 방식이므로 1년이 경과해서 생긴 5만원의 이자에 대해서는 따로 이자계산을 안 한다. 따라서 2년을 맡겨두거나, 5년을 맡겨두거나 이자계산의 대상은 최초에 투입된 원금 100만원이 되는 것이다.

여기에 비해 복리는 원금에 대해서뿐만 아니라 원금에서 생기는 이자에도 원금과 동일한 이율의 이자를 적용해서 계산을 하는 방식이다. 이것을 식으로 표현하면 다음과 같이 나타낼 수 있다.

$$FV_n = PV \times (1+i)^n$$

FV_n: n 기간 후의 미래가치(Future Value)

PV: Present Value, 현재가치, 투입 원금

i: 이자율, n: 기간(년)

식은 다소 복잡하게 느껴질 수 있지만 다음과 같이 생각해 보면 그렇게 어렵지 않은 이야기이다. 100만원을 연 5% 연복리 상품에 2년간 투입하면 아래와 같은 과정을 통해 이자가 계산된다.

1년 후의 원금과 이자: 100만원 × (1+0.05) = 105만원

2년 후의 원금과 이자: 105만원 × (1+0.05) = 100만원 × $(1+0.05)^2$

= 110.25만원

위에서 알 수 있듯이 단리방식으로 계산했을 때 대비 2,500원의 이자가 추가로 더 발생된다. 이는 1년이 경과된 뒤에 발생된 이자 5만원이 최초 투입된 원금 100만원에 가산되어 원금이 105만원으로 늘어났기 때문이다. 따라서 동일한 이자율의 상품에 가입했다고 하면 단리계산방식보다는 복리계산방식이 이자가 더 많아진다.

단 첫 번째 이자계산 주기까지는 원금과 이자의 합이 단리나 복리나 다르지 않다. 위에 비교한 단리계산과 복리계산의 사례에서 볼 수 있듯이, 1년 뒤의 원리금의 계는 105만원으로 동일하다. 차이는 그 이후에 생긴다. 그리고 위에서 n으로 표시한 기간이 길어지면 길어질수록 단리방식과 복리방식의 결과 값의 차이는 크게 나타난다. 그 이유는 계산식을 잘 살펴보면 쉽게 알 수 있다. 단리방식에서는 기간과 이율을 곱해서 계산하는 반면, 복리방식에서는 기간이 이율에 제곱으로 계산되는 것을 볼 수 있다. 따라서 기간(n)이 길어질수록 거듭제곱 값이 커지므로 그 계산 값이 크게 차이가 날 수밖에 없는 것이다.

복리계산방식은 이자를 계산(또는 지급)하는 주기에 따라 연복리(1년에 한 번씩 이자계산), 반기복리(6개월에 한 번씩 이자계산), 분기복리(3개월에 한 번씩 이자계산), 월복리(1개월에 한 번씩 이자계산), 주복리(1주일에 한 번씩 이자계산), 일복리(매일 이자계산) 등으로 구분할 수 있다. 이자계산 주기가 짧을수록, 즉 이자계산을 자주 할수록 원금에 더해지는 이자가 더 많아지므로 원금과 이자의 총량은 더 커지게 되어 있다. 즉 동일한 이율을 적용하고, 계산 주기만 달라질 경우 원리금의 크기는 다음과

같이 생각할 수 있다.

연복리 < 반기복리 < 분기복리 < 월복리 < 주복리 < 일복리

이자계산 주기가 짧을수록 같은 원금에 대한 이자가 더 커진다!

다음은 단리와 복리의 계산 방식의 차이, 연복리와 반기복리의 차이를 표시한 것이다. 각 10,000원을 2년 동안 연 10% 단리, 연 10% 연복리, 연 10% 반기복리를 적용했을 때 달라지는 원금과 이자의 합계를 나타낸 것이다.

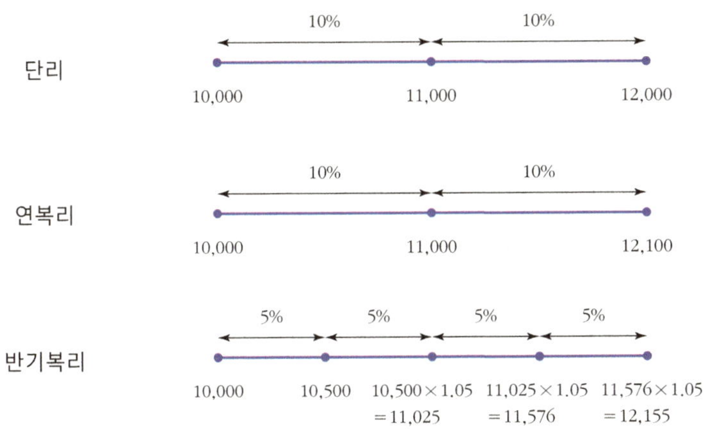

이러한 복리방식으로 이자를 계산해 주는 대표적인 금융상품은 보험사에서 판매하는 저축보험 또는 연금보험 등을 들 수 있다. 은행상품 중에도 일부 상품은 복리이자방식을 적용하기도 하니 금융상품을 가입하기 전에 이 점을 꼭 확인하고 가입하는 것이 좋다.

2.3 단리와 복리의 차이

단리와 복리의 차이가 투자기간이 길어질수록 크게 나타나는 것은 위에서 설명했다. 그럼 실제로 어느 정도 차이가 벌어지는지를 알아보도록 하자. 아래의 표는 1,000,000원을 투자했을 때 기간에 따라 원금과 이자의 합계 금액이 어떻게 달라지는지를 계산한 표이다.

표 2-1 원금 1,000,000원의 투자기간별 원리금 예시표 (단위: 원)

경과기간	단리 연 5%		복리 연 5%		차이
년	이자	미래가치	이자	미래가치	
1	50,000	1,050,000	50,000	1,050,000	0
2	100,000	1,100,000	102,500	1,102,500	2,500
3	150,000	1,150,000	157,625	1,157,625	7,625
4	200,000	1,200,000	215,506	1,215,506	15,506
5	250,000	1,250,000	276,282	1,276,282	26,282
10	500,000	1,500,000	628,895	1,628,895	128,895
15	750,000	1,750,000	1,078,928	2,078,928	328,928
20	1,000,000	2,000,000	1,653,298	2,653,298	653,298
25	1,250,000	2,250,000	2,386,355	3,386,355	1,136,355
30	1,500,000	2,500,000	3,321,942	4,321,942	1,821,942

위 표에서도 알 수 있듯이 짧은 기간에서는 원금과 이자의 합의 차이가 크지 않다. 특히 첫 번째 계산 주기인 1년 말 시점에서는 단리와 복리의 차이가 없다. 그러나 투자기간이 5년, 10년, 20년과 같이 길어질수록 그 차이는 현저하게 나타난다. 같은 원금을 투입했다고 하더라도 이자계산방식이 단리방식인지 복리방식인지에 따라, 투입기간이 얼마나 되는지에 따라 그 결과는 크게 달라질 수 있다는 이야기다. 만약 여러분이 장기간 투자를 하려는 계획을 가지고 있는데, 이자계산방식을 선

택할 수 있다면 단리와 복리 중 어떤 방식을 선택하겠는가? 여기서 우리가 얻을 수 있는 교훈은 다음과 같다.

장기 저축(또는 투자)의 경우에는 반드시 복리상품을 선택하는 것이 좋다.

3 금융상품 선택기준

앞에서 설명한 바와 같이 우리가 삶을 살아가면서 부딪칠 수밖에 없는 돈과 관련된 다양한 문제들을 현명하게 해결하기 위해서는 금융상품을 잘 이용하는 것이 매우 중요하다. 우리는 하루에도 여러 번 돈과 관련된 결정을 해야 될 만큼 수없이 많은 돈 문제를 겪게 된다. 그리고 금융상품은 이루 헤아릴 수 없을 정도로 다양하다. 따라서 각각의 상황별 또는 재무목표별 상세한 금융상품 선택기준은 앞으로 자세하게 설명할 것이다. 이 장에서는 금융상품을 선택하는 데 기본이 될 만한 큰 원칙들을 우선 알아보고자 한다.

3.1 재무목표별 필요 시기와 금액 설정하기

재무설계는 우리가 돈이 필요한 시기에 필요한 만큼의 자금을 준비하는 과정이라고 했다. 그렇다면 언제, 얼마나 많은 돈이 필요한지를 잘 따져 보는 것이 중요할 수밖에 없다. 이 시기와 금액이 정확하면 정확할수록 우리가 돈에 끌려 다니지 않고 필요한 자금을 잘 마련해서 계획을 성공적으로 수행할 가능성이 높아진다. 그리고 시기와 금액에 따라 적합한 금융상품을 선택하는 것도 가능해진다. 앞에서 설명한 단리와 복리에 관련해서도 그러하다. 비교적 짧은 기간 내에 써야 되는 상품은 단리, 복리 차이가 크지 않으므로 그 외에 다른 요인들을 검토해서 선택해도 괜찮다. 단 미래에 사용할 자금, 장기 재무목표에 적합한 자금은 가능한 한 복리가 적용되는 상품을 선택하는 것이 현명하다. 그러므로 언제 쓸 자금인지, 얼마나 필요한지를 잘 생각해야 된다.

상담을 하다보면 이러한 인생계획과 무관하게 유행하는 금융상품, 판매직원이 권해주는 상품을 가입한 뒤에 막상 돈이 필요한 시점에 적절한 자금을 마련하지 못해 곤란을 겪는 경우를 자주 볼 수 있다. 이런 현상이 발생되는 원인은 인생계획에 따라, 재무목표에 맞추어서 금융상품을 선택하지 않았기 때문이다.

2005년을 전후해서 변액유니버셜보험이 굉장히 큰 인기를 끈 적이 있었다. 많은 판매자들이 너나 할 것 없이 이 상품을 판매하였고, 소비자들도 판매자의 설명을 듣곤 큰 의심 없이 가입을 했다. 하지만 몇 년 뒤 많은 사람들의 원망과 민원이 이 상품에 집중되었다. 왜 그랬을까? 이 변액유니버셜이라는 상품이 그렇게 나쁜 상품이었을까? 결론부터 말하면 나쁜 금융상품은 흔하지 않다. 나에게 맞지 않는데 선택했기 때문이고, 새로 나온 상품에 대해 구매자뿐만 아니라 판매자도 정확하게 이해하지 못하고 계약이 이루어졌기 때문이다. 뒤에 자세히 설명하겠지만 이 상품은 초기에 사업비를 많이 차감하는 상품 특성상 2~3년 정도의 단기자금을 마련하는 목적에는 적합하지 않다. 그럼에도 많은 수의 판매자들이 적립식 펀드와 크게 다르지 않다고 설명하며, 2~3년이 경과되면 원금은 물론 상당한 수익도 낼 수 있다면서 가입 권유를 했다. 당시에는 이와 같은 투자상품이 존재하지 않던 상황에서 새로운 유형의 상품이 등장하자 크게 인기를 끌었던 것이다. 하지만 약속했던 기간이 되어도 수익은 고사하고 원금에도 훨씬 못 미치는 상황이 되자 불만이 폭발한 것이다. 특히 2~3년 뒤에 이 상품에 투자한 금액을 찾아서 쓰려고 했던 사람들은 큰 어려움을 겪기도 했다. 이와 같이 내 인생계획과 무관하게, 상품 구조에 대한 기본적인 이해 없이 금융상품을 선택하면 낭패를 겪을 수도 있다. 따라서 우리가 금융상품을 선택하려면 그 이전에 재무설계와 이를 통한 나의 재무목표들이 명확해져야 한다.

한편 돈이 필요한 시기와 그 금액은 살아가면서 계속 변화할 수 있다. 금리, 환율 등과 같은 전반적인 경제적 환경이 달라질 수도 있고, 나의 재무적 상황, 가족 구성원의 변화, 재무목표 우선순위의 변화 등 많은 변수가 있기 때문이다. 그러므로 우리는 정기적으로 우리의 재무설계 과정과 재무목표의 변화 여부를 점검할 필요가 있는 것이다.

3.2 유동성과 환금성 고려하기

우리가 금융상품을 선택하기에 앞서 반드시 고려해야 할 것 중 하나가 '언제' 필요한 자금인지를 따져 보는 것이라고 했다. 필요한 시기에 보유하고 있는 금융상품을 해약해서 현금을 마련해야 되는데, 이게 여의치 않으면 상당히 곤란한 입장에 처할 수 있다. 경우에 따라서는 내 돈이 금융기관에 예치되어 있는데도 이를 찾지 못하고 다른 곳에서 돈을 빌려야 될 수도 있기 때문이다. 따라서 우리가 금융상품을 선택함에 있어 필요 시기와 함께 고려해야 할 것은 유동성과 환금성이다. 보통 일상에서는 이 두 개념이 다르지 않게 쓰이는 경우가 많다. 하지만 엄밀하게 따져보면 의미가 조금 다르다. 이 둘을 가르는 것은 '원금 손실 여부'이다. 유동성은 원금 손실 없이 해지해서 현금화할 수 있는 성질이고, 환금성은 원금 또는 이자의 손실은 생길 수 있지만 현금화가 가능한 것이다.

보통 유동성 상품으로 분류할 수 있는 것들은 수시인출이 자유로운 상품들이다. 즉 보통예금, 저축예금과 같은 은행 상품들과 CMA, MMF와 같은 증권사 상품들이 유동성 상품으로 분류된다. 찾고 싶을 때 원금이나 이자 손해 없이 찾을 수 있는 상품이다. 반면 환금성이 있는 금융상품 중 정기예금이나 정기적금처럼 당초 약정된 기간을 채우지 못하고 해약하면 원금은 이상 없이 지급받을 수 있지만, 이자는 받기로 한 만큼 다 받지 못하는 상품이 있다. 또한 저축성보험이나 펀드 같은 상품은 해지 신청을 하면 환급금을 현금으로 지급받는 것에는 큰 문제가 없지만 해지 시점의 평가금액에 따라 환급금이 투입원금에 미치지 못할 수 있다. 상장주식이나 펀드와 같이 시세에 민감한 금융상품은 원금보장은 안 되지만 환금성은 있다고 할 수 있다. 따라서 개념상으로는 환금성이 유동성보다 더 포괄적인 개념이라고 할 수 있다.

따라서 우리의 재무목표를 해결해야 하는 시기에 가급적 원금이나 이자의 손실 없이 현금으로 전환할 수 있도록 금융상품을 잘 선택해야 할 것이다. 특히 수시로 써야 되는 자금, 비상시를 대비해서 준비해 둔 자금, 단기간 내에 써야 되는 자금 등은 반드시 유동성이 보장되는 금융상품을 선택해야 된다.

수시로 사용할 자금, 비상예비자금, 단기간 내 필요자금 등은 유동성이 좋은 상품을 선택하는 것이 바람직하다.

3.3 적정 수익률 정하기

1장에서 재테크는 높은 수익률을 추구하지만, 재무설계는 인생계획에 맞춰 재무목표를 해결해 간다고 설명했다. 하지만 사람들은 누구나 다 자신이 투자한 상품이 높은 수익률을 내주기 바랄 것이다. 바꿔 말하면 수익률이 높은 상품을 싫어할 사람은 아마도 없을 것이다. 그렇다면 수익률이 높은 상품이 가장 좋은 상품일까? 꼭 그렇지는 않다. 높은 수익에는 그만큼의 위험이 따르기 때문이다.

■ 위험과 수익의 상충관계 이해하기

우선 '위험과 수익의 상충관계'에 대해서 알아보자. 이는 Risk-Return Trade-off라고 한다. 이렇게 써놓으면 의미가 잘 이해되지 않을 수 있다. 하지만 "High Risk High Return, Low Risk Low Return"이라는 말은 다들 여러 번 들어봤을 것이다. 즉 큰 수익에는 큰 위험이 따르고, 적은 수익에는 적은 위험이 따른다는 것이다. 누구나 다 높은 수익과 낮은 위험을 추구하지만, 높은 수익에는 그만큼의 큰 위험이 존재한다는 이야기이다. 하지만 상담을 진행하다 보면 투자자들은 이러한 원리에 반대되거나 모순되는 태도를 보이는 경우가 허다하다. 즉 위험 감수는 회피하거나 적게 하려고 하면서 높은 수익을 추구하는 현상이다. 예를 들면 투자자들에게 원하는 기대수익률을 물으면 "원금은 손실이 생겨서는 안 되고, 수익은 은행예금이자의 2배 정도는 되어야 한다"와 같은 의견을 제시하곤 한다. 이러한 태도는 바람직하다고 할 수 없으며, 계속 이러한 주장을 하면 좋은 재무설계안을 만들기도 어렵고, 재무목표를 달성하기가 매우 어려워진다. 따라서 내가 감수할 수 있는 위험(원금 손실)의 범위를 정확하게 인지하는 것이 중요하다. 여기에 대해서는 다음 절에 이어서 설명하도록 하겠다.

■ 물가상승률과의 관계 이해하기

또 한 가지 고려할 것은 우리가 기대수익률을 정할 때 물가상승률과의 관계를 잘 고려해야 된다는 것이다.

예를 들어 우리가 100만원을 가지고 있는데, 이 돈으로 노트북을 구입할지 아니면 저축해서 원금을 불릴지 고민하고 있다고 가정해보

자. 이때 물가는 해마다 2%씩 상승한다고 가정하고, 예금은 연 1.5% 이자를 주는 A상품과 연 3% 이자를 주는 B상품이 있다고 해보자. 우리는 A와 B 어떤 상품에 가입하든지 약속한 이자의 크기와는 관계없이 맡긴 돈은 만기까지 안전하게 보관되고, 이자도 약속대로 지급될 것이다.

사고 싶은 노트북 100만원 – (1년 뒤) → 102만원(물가상승률 2%인 경우)
예금 A(연 1.5% 이자 지급) – (1년 뒤) → 101.5만원
예금 B(연 3.0% 이자 지급) – (1년 뒤) → 103.0만원

이때 예금 A에 가입한 사람은 노트북을 구입하고 싶은 것을 참고, 1년 뒤에 원금에 이자를 더해서 노트북을 사려고 했지만 가격이 올라 살 수 없는 상황이 되어버린다. 반면 예금 B에 가입한 사람은 노트북을 사고도 1만원이 남는 상황이 된다. 즉 우리가 물가상승률과 수익률의 관계를 고려하지 않고 A와 같은 금융상품을 선택하면 돈이 불어나는 속도에 비해 물가가 더 빠르게 오르는 상황이 된다. 이러한 경우에 우리의 돈은 시간이 지날수록 이자가 붙어 점점 가치가 증대되는 것이 아니라, 돈의 크기가 커지기는 하지만 돈의 가치는 점차 하락하는 상황이 되어버린다. 즉 과거에는 살 수 있었던 물건을 현재 또는 미래에는 살 수 없게 되는 것이다.

위 내용을 보면 누구나 다 아는 내용이고, 사실 새로울 것도 없다. 하지만 실제 상담을 하면서 보유하고 있는 금융상품들을 검토해보면, 의외로 아주 낮은 금리를 주는 상품에 큰돈을 넣어두는 경우가 제법 많다. 특히 동대문시장, 남대문시장, 용산전자상가와 같이 도매 위주의 집단 상가에서 일하시는 분들은 현금거래를 선호하는 경향이 있어 많은 돈을 보통예금과 같이 이자가 거의 붙지 않는 상품에 넣어두는 경우를 종종 볼 수 있다. 물론 이런 분들은 사업 성격상 현금이 많이 필요하기

때문에 그렇다고는 하지만 문제가 되는 것은 필요 이상으로 큰돈을 넣어두는 경우이다. 짧은 기간 동안에는 크게 문제가 없지만 이런 것이 장기화되면 지속적으로 돈의 가치가 하락하는 문제가 발생된다.

따라서 우리는 금융상품을 선택할 때 적어도 물가상승률과 같거나, 큰 상품을 선택해야지만 돈의 가치 하락을 방지하는 것을 막을 수 있다.

금융상품수익률 ≥ 물가상승률

아래 [그림 2-1]의 통계청 자료를 보면 2019년 12월 기준 전년 동월 대비 소비자물가상승률은 0.7%, 생활물가상승률은 1.1%로 나타나고 있다. 즉 2019년 말 현재 우리의 금융상품수익률은 최소한 1.1% 이상은 되어야 돈의 가치가 하락되지 않는다고 할 수 있다.

그림 2-1 월별 소비자물가, 근원물가, 생활물가 상승률

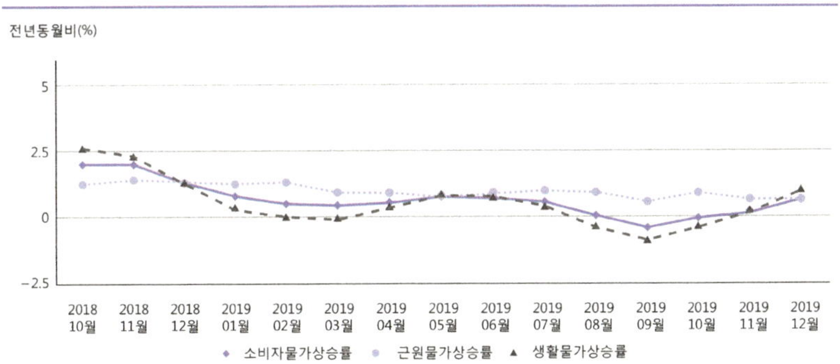

출처: 통계청, 「소비자물가지수」

■ 적정 수익률 정하기

재무목표를 설정하고 이를 달성할 수 있는 저축액을 정하고, 거기에 맞는 금융상품을 선택할 때 너무 낮은 수익률을 적용하면 사실상 목표 달성이 매우 힘들어진다. 그렇다고 해서 지나치게 높은 수익률을 설정하는 것은 큰 위험을 감수해야 되고, 달성 여부도 불확실해지므로 바람직하지 않다.

예를 들어 10년 뒤에 1억원이 필요하고, 이를 매월 저축 또는 투자를 통해서 준비하기로 했다고 가정하자. 이를 위해 낮은 이자를 지급하며, 원금이 보장되는 무위험(또는 저위험) 상품에 가입하는 경우와 위험이 있더라도 높은 수익률을 추구하는 투자상품에 가입하는 경우의 매월 투자금액을 따져보면 다음 표와 같다.

기간	투입 횟수	목표 금액	수익률	월 투입 금액	투입원금	수익금
10년	120회 (월 1회)	1억원	연 1%	792,048원	95,045,741원	4,954,259원
			연 5%	641,316원	76,957,960원	23,042,040원
			연 10%	484,140원	58,096,745원	41,903,255원
			연 20%	261,531원	31,383,744원	68,616,256원

위 표에서 볼 수 있는 것과 같이 1억원이라는 동일한 금액을 모으기 위해서 10년 동안 매월 투자해야 되는 금액은 수익률에 따라 크게 차이가 난다. 우리가 연 1% 상품에 가입했을 때에는 1억원을 모으기 위해서 9,505만원에 달하는 원금을 부담해야 된다. 10년간 발생되는 이자도 495만원밖에 되지 않는다. 하지만 연 5% 상품은 7,696만원, 연 10% 상품은 5,810만원의 원금을 부담하면 1억원을 만들 수 있다. 여러분들은 어떤 선택을 하고 싶은가? 대부분의 사람들은 연 10%, 20%의 고수익을 누릴 수 있는 상품을 선택하고 싶을 것이다. 하지만 위험자산

에 투자해서 일시적으로 높은 수익을 얻는 것은 가능하지만, 지금과 같은 저금리시대에 장기간 동안 꾸준히 연평균 10%, 20%의 수익률을 얻을 수 있는 상품을 선택하는 것은 현실적으로 쉽지 않다. 그리고 높은 수익에는 그만큼의 높은 위험이 따르므로 만약 우리가 돈을 쓰고자 하는 시점에서 위험이 찾아오게 되면 곤란을 겪을 수밖에 없다. 따라서 우리는 너무 낮지도 않고 과도하게 높지도 않은 적정 수익률을 설정해야만 한다. 즉 달성 가능하고 현실적인 수익률을 설정하는 것은 재무목표를 이루기 위해서 아주 중요한 일이라고 할 수 있다. 재무목표 및 금융상품별 적정 수익률은 뒤에서 추가로 설명하도록 하겠다.

3.4 나의 위험보유성향 파악하기

금융상품은 크게 원금이 보장되는 상품과 그렇지 않은 상품으로 나뉜다. 원금손실 가능성이 있는 상품을 금융투자상품 또는 투자상품이라고 하고, 손실 가능성이 없는 상품을 비금융투자상품 또는 저축상품이라고 한다. 금융투자상품은 다시 투자한 원금까지만 손실이 발생할 수 있는 상품과 원금을 초과해서 손실을 볼 수 있는 상품으로 구분하며 이를 그림으로 나타내면 다음과 같다.

그림 2-2 금융상품의 분류

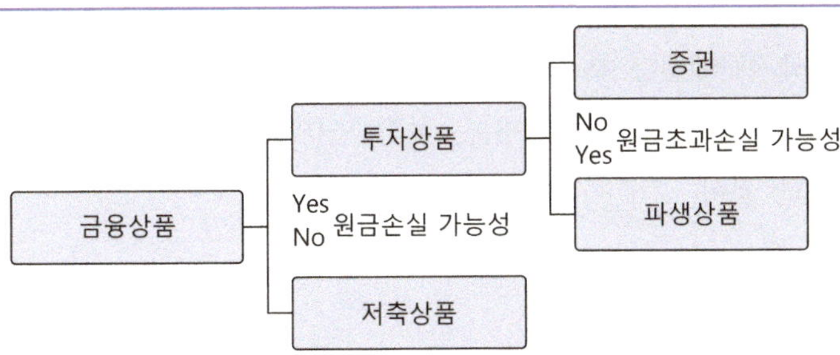

우리가 원금이 보장되는 비금융투자상품(저축상품)을 이용할 때에는 크게 고민할 것이 없다. 해당 금융기관의 안정성, 가입기간, 금리의 높고 낮음 정도만 검토하면 된다. 문제는 재무목표 달성을 위하여 투자상품을 이용하게 될 경우이다. 이때는 여러 가지를 신중하게 고려해야 된다. 앞에서 여러 번 설명한 바와 같이 수익에는 반드시 거기에 따르는 위험이 있게 마련이다. 위험을 부담하지 않고 높은 수익을 안겨주는 상품이 있다면 정말 좋겠지만, 현실에서 그런 상품을 찾기란 불가능에 가깝다. 따라서 금융상품을 선택함에 있어서 과연 내가 얼마나 위험을 감수할 수 있는지를 잘 생각해 보아야 한다. 이를 위험보유성향이라고 하는데, 이것은 개인마다 다르게 나타나는 특성이다. 즉 내가 투자를 하면서 얼마나 위험을 감수할 수 있는지 따져보는 것이다. 이를 위험수용성향, 투자성향이라고도 한다.

수익을 얻기 위해서라면 얼마든지 손실을 감수할 수 있다는 공격적인 성향의 사람도 있고, 원금은 절대로 손실이 생겨서는 안 된다는 입장의 보수적인 성향의 사람도 있다. 또는 '원금의 10%'처럼 일정 범위까지는 손실을 감수할 수 있지만, 그 이상은 인정하기 어렵다는 입장의 사람도 있을 수 있다. 따라서 본인이 어느 정도까지 위험을 감수할 의향이 있는지를 냉정하게 잘 판단하고 거기에 따라 금융상품을 선택해야 할 것이다. 그런데 사실 본인의 위험보유성향을 자신도 정확하게 알기는 쉽지 않다. 그렇다면 어떻게 나의 투자성향에 대해서 알 수 있을까? 우선 금융기관에서는 투자상품 가입에 앞서서 간단한 설문조사를 통해 성향분석을 해준다. [그림 2-3]은 삼성증권의 투자성향분석 설문 내용을 캡처한 것이다.

그림 2-3 증권사의 투자성향분석 설문항목 예시

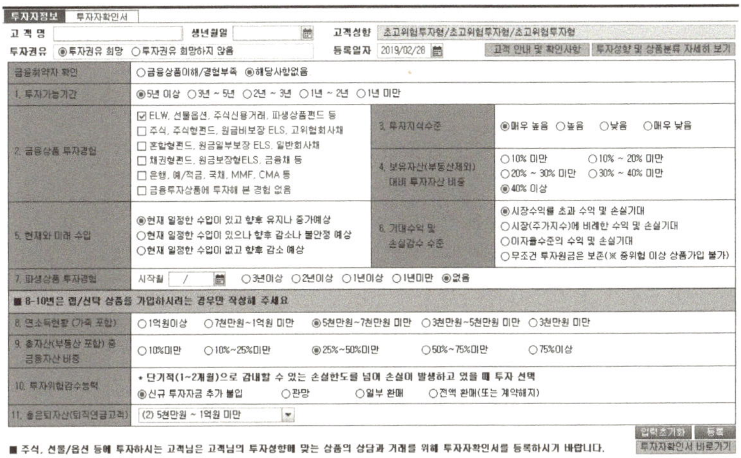

투자자정보 | 투자자확인서

고 객 명 | 생년월일 | 고객성향: 초고위험투자형/초고위험투자형/초고위험투자형

투자권유: ◉투자권유 희망 ○투자권유 희망하지 않음 | 등록일자: 2019/02/28 | 고객 안내 및 확인사항 | 투자성향 및 상품분류 자세히 보기

금융취약자 확인	○금융상품이해/경험부족 ◉해당사항없음		
1. 투자가능기간	◉5년 이상 ○3년 ~ 5년 ○2년 ~ 3년 ○1년 ~ 2년 ○1년 미만		
2. 금융상품 투자경험	☑ ELW, 선물옵션, 주식신용거래, 파생상품펀드 등 ☐ 주식, 주식형펀드, 원금비보장 ELS, 고위험회사채 ☐ 혼합형펀드, 원금일부보장 ELS, 일반회사채 ☐ 채권형펀드, 원금보장형ELS, 금융채 등 ☐ 은행, 예/적금, 국채, MMF, CMA 등 ☐ 금융투자상품에 투자해 본 경험 없음	3. 투자지식수준	◉매우 높음 ○높음 ○낮음 ○매우 낮음
		4. 보유자산(부동산제외) 대비 투자자산 비중	○10% 미만 ○10% ~ 20% 미만 ○20% ~ 30% 미만 ○30% ~ 40% 미만 ◉40% 이상
5. 현재와 미래 수입	◉현재 일정한 수입이 있고 향후 유지나 증가예상 ○현재 일정한 수입이 있으나 향후 감소나 불안정 예상 ○현재 일정한 수입이 없고 향후 감소 예상	6. 기대수익 및 손실감수 수준	◉시장수익률 초과 수익 및 손실기대 ○시장(주가지수)에 비례한 수익 및 손실기대 ○이자율수준의 수익 및 손실기대 ○무조건 투자원금은 보존(※ 중위험 이상 상품가입 불가)
7. 파생상품 투자경험	시작월 / ○3년이상 ○2년이상 ○1년이상 ○1년미만 ◉없음		

■ 8-10번은 랩/신탁 상품을 가입하시려는 경우만 작성해 주세요

8. 연소득현황 (가족 포함)	○1억원이상 ○7천만원~1억원 미만 ◉5천만원~7천만원 미만 ○3천만원~5천만원 미만 ○3천만원 미만
9. 총자산(부동산 포함) 중 금융자산 비중	○10%미만 ○10%~25%미만 ◉25%~50%미만 ○50%~75%미만 ○75%이상
10. 투자위험감수능력	• 단기적(1~2개월)으로 감내할 수 있는 손실한도를 넘어 손실이 발생하고 있을 때 투자 선택 ◉신규 투자자금 추가 불입 ○관망 ○일부 환매 ○전액 환매(또는 계약해지)
11. 총은퇴자산(퇴직연금고객)	(2) 5천만원 ~ 1억원 미만

입력초기화 | 등록 | 투자자확인서 바로가기

■ 주식, 선물/옵션 등에 투자하시는 고객님은 고객님의 투자성향에 맞는 상품의 상담과 거래를 위해 투자자확인서를 등록하시기 바랍니다.

출처: 삼성증권 HTS 프로그램 화면

위 그림과 같이 금융기관에서는 투자자별로 투자기간, 투자경험, 투자관련 지식수준, 투자자산 비중, 앞으로의 수입 유지 여부, 손실감수 수준 등을 묻고, 여기에 대한 답을 지수화해서 가입 가능한 상품을 안내해 준다. 예를 들어 위 예시의 6번 항목인 '기대수익 및 손실감수 수준'에서 '무조건 투자원금은 보존'이라고 답한 사람은 원금손실 가능성이 있는 상품은 아예 가입을 할 수 없다. 만약 이렇게 대답을 하고, 원금손실 가능성이 있는 상품을 가입하기를 희망하는 경우에는 추후 손실에 따른 이의를 제기하지 않겠다는 내용의 별도 확인서 등을 작성하여야만 가입이 가능하다. 이러한 투자성향, 위험성향분석 설문내용은 금융기관마다 차이가 있을 수 있으니 참고하기 바란다.

그런데 이러한 성향이 내가 가입한 금융상품의 수익률이나 시장상황에 따라서 변하기도 한다. 예를 들어 내가 가입한 상품의 수익이 양호하거나 시장상황이 좋은 경우에는 사람들이 원금손실에 대해 관대한 입

장을 갖게 되는 경우가 많다. 하지만 반대의 상황, 즉 가입상품이 원금을 잠식하게 되거나 금융위기와 같이 전반적으로 시장상황이 악화되면 작은 손실에도 민감하게 반응한다. 즉 내가 손실을 보기 전까지는 나의 위험보유성향을 정확하게 모른다고 할 수도 있다. 상담을 진행하다 보면 투자를 시작하기 전이나 본인의 상품 수익이 잘 나올 때에는 '당연히 수익을 얻기 위해서는 위험을 감수해야 된다'고 하던 사람이 시장상황이 안 좋아지고 마이너스를 기록하게 되면 입장이 돌변해서 '절대 원금손실은 용납할 수 없다'고 하는 경우를 볼 수 있다. 즉 손실이 실제 발생되면 생각이 달라지는 것이다. 또 이러한 부분이 금융소비자와 금융기관, 금융소비자와 금융상품 판매자 간의 갈등발생 주요 원인이 되기도 한다.

따라서 수익을 기대할 수 있는 반면 원금손실의 위험이 있는 상품 가입을 결정할 때에는 해당 상품의 위험수준을 충분하게 검토한 후 정확히 이해하고, 내가 감당 가능한 범위인지를 잘 따져보고 최종적으로 가입 여부를 정해야 한다. 아무리 판매자가 권한다고 하더라도, 또는 최근 시장에서 크게 유행이 되고 있는 상품이라고 하더라도 내가 감당하기 어려운 위험을 감수해야 한다면 가입하지 않는 것이 현명하다.

3.5 지나치게 낙관적인 전망 경계하기

2000년대 초부터 펀드, 변액보험과 같은 투자상품들이 본격적으로 확산되기 시작하였다. 하지만 원금 보장 상품에 익숙하고, 손실 우려가 있는 투자상품에 거부감이 큰 고객들은 가입을 망설였다. 따라서 이 고객들을 설득하기 위하여 금융기관에서 판매를 맡고 있는 직원들은 상당히 공격적인 마케팅을 구사하였다. 예상 수익률을 연 10%, 20%와 같이 매우 높게 설정한 시뮬레이션 결과를 제시하거나, 주식형 상품의 경우 대한민국 KOSPI 주가지수가 얼마 지나지 않아서 3,000포인트, 5,000포인트가 될 것이라고도 했다. 이러한 수치를 뒷받침할 수 있는 나름 일리 있는 근거들을 제시하면서 말이다.

투자를 망설이고 있는 사람들에게 투자의 공포를 합리적으로 해소해 주는 것은 매우 중요한 일이다. 이 책에서도 위험을 줄이는 방법에 대해서 8장에서 보다 상세하게 설명할 것이다. 하지만 투자의 원리나 원칙을 무시하고, 대책 없이 낙관적인 전망을 제시하는 것은 전혀 다른 이야기이다. 위와 같이 높게 제시했던 수익률이나 지수가 예상처럼 잘 달성되지 않았을 거라는 것은 다들 쉽게 짐작할 것이다.

특히 재무목표를 설정하고, 이에 대한 해결책을 마련하고자 할 때에는 지나치게 공격적인 수익률 또는 낙관적인 예측을 전제로 하는 것은 바람직하지 못하다. 이보다는 현실에 근거한 수치를 기반으로 보수적으로 설정하는 것이 좋다. 앞에서 예시했던 것과 같이 우리가 수익률을 20%와 같이 높게 설정하고 계획을 세우면 적은 투자만으로도 쉽게 재무목표를 달성할 수 있다. 적은 금액을 저축하거나 투자하고 목표를 다 이룰 수 있다면 그것보다 좋은 일은 없을 것이다. 하지만 이렇게 높은 수익을 전제로 계획을 세우고, 적은 금액을 투자하고 남은 돈을 다 소비했다고 생각해 보자. 그런데 실제 수익은 기대만큼 오르지 못했다면? 정작 돈이 필요할 때 충분한 자금이 준비되지 못하는 결과가 될 수밖에 없는 것이다. 따라서 적정한 수익률을 설정하고, 보수적으로 계획을 수립하는 것이 바람직하다고 할 수 있다. 필요한 시점에서 돈이 부족한 것보다는 남는 것이 더 낫기 때문이다.

그렇다면 적정한 수익률과 타당한 전망은 어떻게 설정하는 것이 좋을까? 가장 합리적인 것은 해당 자산군(유동성, 주식, 채권, 부동산, 원자재 등 투자 대상이 되는 자산)의 과거 수익률을 점검해 보는 것이다. 물론 과거에 수익률이 좋았다고 미래에도 반드시 좋다고 할 수는 없다. 하지만 최근 5년 10년간의 수익률을 검토하고, 여기에 근거해서 합리적인 목표치를 정하는 것이 좋다. 만약 어떤 자산군의 10년간 최고수익률 10%, 최저 0%, 평균수익률이 5%였다고 가정해보자. 많은 사람들은 자신의 투자성과는 평균보다는 나을 것이라고 생각하는 경향이 있다. 이를 행동재무학에서는 '자기과신'이라고 한다. 따라서 최고수익률 10%를 기준으로 하거나 여기에 희망치를 더해서 15%와 같이 낙관적으로 설정하는 우를 범하곤 한다. 이렇게 하는 것은 재무목표를 달성하는 데 도움이 되지 않는다. 오히려 평균수익률을 10~20% 정도 낮추어 4~4.5%로 목표수익률을 책정하는 것이 더 낫다. 만약 계획을 실행했는데 기대보다 성과가 훨씬 좋다면 그것은 그때 가서 조정을 해도 늦지 않을 것이다. 계획보다 나은 성과가 창출되었다면 아무 걱정 없을 것이니까 말이다.

3.6 유행을 좇거나 타인을 위한 금융상품 가입은 금물

▪ 유행 따라가지 않기

재무목표가 명확하지 않은 경우에는 적절한 금융상품을 가입하기가 쉽지 않다. 이럴 때에는 보통 다음과 같은 과정을 통해서 금융상품을 가입하게 되는 경우가 많다.

– 한 달에 50만원씩 저축하려고 하는데 요즘 어떤 상품이 좋아요?
– 요즘 수익률이 높은 상품은 어떤 것들이 있나요?

마찬가지로 금융기관에서 상품을 판매하는 사람들도 비슷한 스타일로 권유하는 경우가 많다.

– 이 상품은 지난 상반기 수익률 Top 3에 들었던 상품이에요.
– 요즘 이 상품을 고객님들이 많이 좋아하세요.

하지만 이런 방식의 무작위적인 금융상품 가입은 좋지 못하다. 이렇게 유행을 좇아서 가입을 하는 경우에는 나의 재무목표와 무관한 상품을 가입하게 될 가능성이 상당히 크다. 특히 최근 수익률이 좋은 상품을 찾는 것은 매우 근시안적인 접근이다. 1년 전에 가장 성적이 좋았던 투자상품이 올해에는 형편없는 실적을 거두는 사례는 굉장히 많다. 따라서 최근 3개월, 6개월, 1년의 수익률을 따질 것이 아니라 1년, 3년, 5년 등 장기간의 성과를 따져보는 것이 바람직하다. 그리고 Top 10 또는 상위 10%는 아니었더라도 오랜 기간 꾸준히 좋은 성과를 유지해 온 상품을 선택하는 것이 좋다. 또한 다른 사람들이 아무리 좋아하더라도 내 상황과 재무목표에 적합하지 않거나 내 위험보유성향에 부합하지 않으면 좋은 상품이라고 할 수 없다.

그런데 우리가 은행이나 증권사, 보험사의 창구를 방문해서 내 재무목표에 맞는 상품을 가입한다는 것은 생각보다 어렵다. 왜냐하면 금융기관 창구에 근무하는 직원들은 소수 인력으로 상당히 많은 고객들을 응대해야 되기 때문이다. 그 많은 고객들을 한명, 한명 재무목표를 따져보고 거기에 맞는 상품을 추천해 준다는 것은 현실적으로 불가능에 가깝다. 따라서 모든 금융기관이 재무설계를 해준다고는 하지만 일정 규모 이상의 자산을 유치하지 않는 이상 제대로 된 서비스를 받기가 쉽지 않다. 또한 금융기관 종사자라고 해서 반드시 재무설계를 제대로 할 수 있는 전문적인 지식과 경험을 가지고 있는 것도 아니다. 그러니 최근에 잘 팔리는 상품 위주로 추천을 해줄 수밖에 없는 것이다. 그것이 서로에게 가장 쉽고 편리한 방법이기 때문이다.

그렇기 때문에 일반인들이 재무목표를 정확히 파악하고, 이에 맞는 금융상품을 찾으려면 전문 재무설계사의 도움을 받는 것이 합리적이다. 이게 어려울 경우에는 적어도 인터넷 검색 등을 통해 충분한 사전 정보를 얻고 금융상품을 선택해야 할 것이다. 단 인터넷 검색을 통해 정보를 취득할 때에는 부정확하거나 광고목적의 글이 상당히 많으므로, 여러 정보를 복합적으로 검토해야 할 것이다.

■ 타인을 위한 금융상품 가입하지 않기

타인을 위한 금융상품 가입은 최대한 지양하여야 한다. '누가 다른 사람을 위해 금융상품을 가입하지?'라는 의문을 가질 수 있지만, 현실에서는 아주 빈번하게 발생하는 일이다. 대부분 선배, 후배, 친구, 친척 중 금융기관에 근무하는 가까운 지인이 한두 명쯤은 있다. 그런데 이런 금융기관 종사자들 대부분이 소속된 기관으로부터 실적 압박을 받게 되어있다. 이럴 때 가장 쉽게 부탁을 할 수 있는 것이 가까운 관계에 있는 사람이다. 금융기관에서는 종사자들에게 다양한 목표 부여를 하는 것이 일반적이다.

－○○월 ○일까지 A상품 10계좌 개설하기
－B상품 ○○○만원 이상 신규 판매 시 인센티브 지급
－7~9월 목표 달성 시 동남아 여행 시책
－판매실적 우수자 인사평가에 반영

위와 같이 다양한 프로모션과 캠페인이 존재한다. 지인을 통해 금융상품을 가입하는 것이 무조건 나쁘다는 것은 아니다. 내 재무목표에 맞는 상품을 지인을 통해 가입할 수 있다면 상호 win-win이 되는 일이다. 그렇지만 지인의 인사고과를 위해, 지인의 인센티브를 위해 내 재무목표와는 거리가 먼 상품을 가입하는 것을 지양하자는 것이다.

나는 2년 뒤 어학연수를 위한 자금이 필요한데, 10년 이상 불입해야 혜택을 볼 수 있는 상품을 권유받을 수도 있다. 나는 저축을 하고 싶은데, 보장성 보험을 권하기도 한다. 재무설계 상담을 진행하다보면 이렇게 지인의 권유로 별 의미 없이 가입한 금융상품들을 쉽게 볼 수 있다. '한 달에 ○만원쯤이야', '이런 상품 있어도 되겠지' 등의 생각으로 가입한 것들이다. 이런 경우 대부분 그 상품이 어떤 것인지 정확하게 알지도 못하는 게 대부분이다. 어떤 분은 1~3만원짜리의 소액보험을 여러 개 가지고 있었는데, 그 상품들 대부분이 암에 관한 것이었다. 거의 다 지인의 부탁을 거절하기 곤란해서 적은 금액의 상품을 의무 방어하듯이 가입한 것인데 그렇게 지출되는 금액이 한 달에 30만원 가까이 됐다. 문제는 나가는 돈도 돈이지만, 이 분은 암 진단을 받는다면 많은 혜택을 받을 수 있지만 목돈이 필요하거나 다른 질병에 걸리는 경우에는 아무런 대책이 없다는 것이다. 특히 보험상품의 경우 납입한 금액 대비 해약환급금이 적은 경우가 많기 때문에 해지하기도 쉽지 않다. 이렇듯 나의 재무목표에 맞지 않는 금융상품은 때론 나의 재무목표 달성을 방해하는 장애물이 되기도 한다.

중요한 것은 계속 강조하는 바와 같이 내가 언제 쓰고자 하는 돈이고, 얼마나 필요한지를 정확하게 알고 이를 위한 상품을 찾아야 한다는 것이다. 이러한 목표가 확실하면 불필요한 금융상품으로 인해 내가 피해를 보거나 원하는 것을 이루지 못하는 일을 최소로 줄일 수 있게 된다. 앞으로 재무목표별로 어떠한 상품을 선택하는 것이 좋은지 순차적으로 알아보도록 하겠다.

One Point

우리나라 금융회사의 분류

우리나라의 금융회사는 아래 그림과 같이 분류되고 있다. 일반 금융소비자의 경우 이 회사들에 대해서 다 알거나, 이용할 필요까지는 없으며 이 책에 소개되는 기관과 상품들만 잘 활용해도 금융생활에 큰 문제가 없을 것이다.

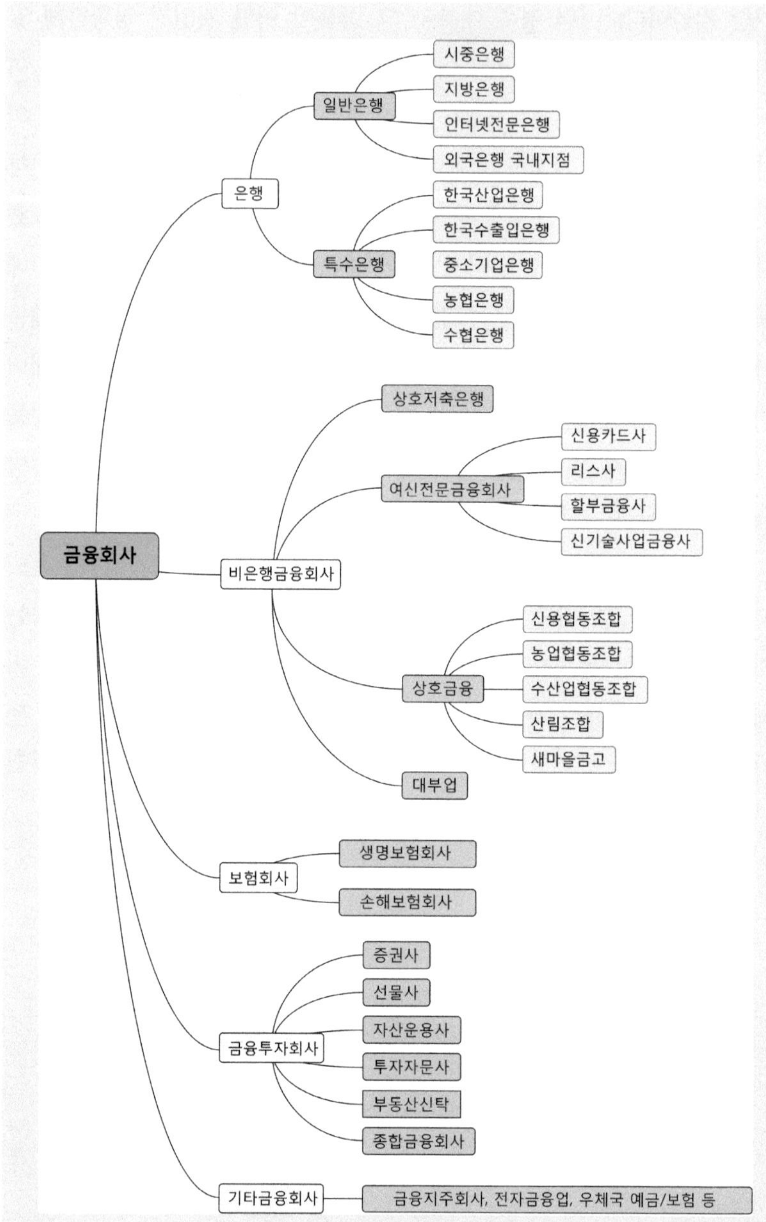
금융회사
은행
일반은행
시중은행
지방은행
인터넷전문은행
외국은행 국내지점
특수은행
한국산업은행
한국수출입은행
중소기업은행
농협은행
수협은행
비은행금융회사
상호저축은행
여신전문금융회사
신용카드사
리스사
할부금융사
신기술사업금융사
상호금융
신용협동조합
농업협동조합
수산업협동조합
산림조합
새마을금고
대부업
보험회사
생명보험회사
손해보험회사
금융투자회사
증권사
선물사
자산운용사
투자자문사
부동산신탁
종합금융회사
기타금융회사
금융지주회사, 전자금융업, 우체국 예금/보험 등

실전연습

• 단리가 적용되는 금융상품과 복리가 적용되는 금융상품 찾아보기

• 자산군별 최근 10년 동안의 평균수익률 조사해 보기

– 국내 주식

– 채권

– 부동산

• 금융기관에서 실제로 사용하는 투자성향(위험보유성향) 분석 설문지 사례 조사해 보기

• 금융회사분류표를 참고하여 각 분류별로 어떠한 회사들이 있는지 조사해 보자.

[예] 시중은행: KB국민은행, 우리은행…

생명보험사: 삼성생명, 한화생명, 푸르덴셜생명…

제 3 장

현금흐름 분석과 관리

학습목표

- 개인재무설계의 재무제표 보고서인 자산부채상태표와 현금흐름표에 대해서 이해한다.
- 자산부채상태표와 현금흐름표의 특징과 이를 통해 얻을 수 있는 재무정보에 대해서 설명할 수 있다.
- 현금흐름표 작성기준에 대해서 이해한다.
- 현금유입 항목들을 이해하고 소득과 기타 유입을 구분할 수 있다.
- 저축 및 투자, 고정지출, 변동지출의 특징에 대해서 이해한다.
- 순현금흐름의 의미에 대해서 이해하고, 이를 늘릴 수 있는 방법에 대해서 검토해 본다.

1 자산부채상태표와 현금흐름표

1.1 자산부채상태표의 이해

1장에서 설명한 바와 같이 재무설계 과정에서 재무상태 분석단계를 거치면 크게 두 가지 재무제표를 만들 수 있다. 그중 하나는 나의 '자산부채상태표'로서 내가 가지고 있는 현금성자산, 저축성자산, 투자자산, 사용자산, 기타자산 등의 자산 현황과 장기부채 및 단기부채 등 부채 현황을 한눈에 볼 수 있도록 정리한 표이다. 여기서 확인할 수 있는 자산과 부채는 경제생활을 시작한 이후 발생된 재무활동의 결과를 특정 시점을 기준으로 집약한 것이다. 따라서 자산부채상태표는 내가 보유하고 있는 모든 자산과 부채가 빠짐없이 기록될수록 나의 재무상태를 정확하게 파악할 수 있다.

앞서 설명한 바와 같이 총자산에서 총부채를 차감한 것을 순자산이라고 한다. 이 순자산이 클수록, 즉 빚이 없거나 적고 자산이 많을수록 우리가 원하는 재무목표를 이룰 수 있는 가능성이 커진다.

[예시 1]은 한 가계의 자산부채상태표를 나타낸 것이다. 각 자산 및 부채에 해당되는 것에는 어떤 것이 있는지는 1장의 분류표를 참조하기 바란다. 다양한 자산과 부채의 특징과 재무목표와의 매칭에 대해서는 뒤에서 더 설명할 것이다.

1.2 현금흐름표의 이해

재무상태 분석을 통해 만들 수 있는 또 한가지 재무제표는 '현금흐름표'이다. [예시 1]의 자산부채상태표가 "20××년 12월 31일 현재"와 같이 특정 시점을 기준으로 작성하는 것이라고 하면, 현금흐름표는

[예시 1] 김재무 가계 자산부채상태표

(20××년 12월 31일 현재, 단위: 천원)

자산		부채 및 순자산	
항목	금액	항목	금액
현금성자산	**5,870**	**단기부채**	**12,000**
보통예금	2,250	신용카드 잔액	2,000
CMA	3,620	단기 신용대출	10,000
저축성자산	**10,000**	**장기부채**	**166,000**
정기예금	10,000	주택담보대출	158,000
		자동차할부금	8,000
투자자산	**13,300**		
금융투자자산	8,000		
실물투자자산	5,300		
사용자산	**287,000**		
거주주택	280,000		
자동차	7,000		
기타자산	**20,000**		
DB형 퇴직연금	20,000	**총부채**	**178,000**
		순자산	**158,170**
총자산	**336,170**	**부채 및 순자산**	**336,170**

"20××년 1월 1일~12월 31일" 또는 "20××년 1월 1일~1월 31일"과 같이 일정 기간 동안의 현금 유입과 유출을 기록한 표이다. 이를 통해 미래의 재무상태를 예측해 볼 수 있는 재무제표이다. 즉 현금 유출 대비 유입이 많고 순현금흐름(현금 유입에서 유출을 차감해서 구한 금액)이 양(+)의 값으로 나타나면, 부채를 상환하고 저축과 투자를 시행하

여 앞으로 재무목표를 달성할 가능성이 크다고 볼 수 있다. 이 장에서는 이러한 현금흐름표의 작성기준과 현금흐름 분석의 의미 등을 알아보고자 한다.

2 현금흐름의 분석

2.1 현금흐름 분석의 필요성

재무설계의 의미를 설명할 때, [그림 3-1]과 같은 그림이 자주 인용된다. [그림 3-1]에서 볼 수 있듯이 재무설계의 과정은 지반을 다진 뒤, 그 땅위에 기둥을 세우고 지붕을 얹어 집을 만들어 가는 과정과 유사하다고 볼 수 있다. 집을 지을 때 잘 다져진 땅 위에서 공정이 시작되는 것처럼, 재무설계의 가장 기본이 되는 것이 바로 맨 아래에 있는 '현금흐름 및 소득 관리'이다. 즉 소득활동을 통해 벌어들인 돈을 잘 관리하여 양(+)의 순현금흐름을 만들어야 한다. 이렇게 만들어진 자금으로 미래를 위한 저축 및 투자도 하고, 소득이 중단되는 은퇴 이후의 노

그림 3-1 개인재무설계의 영역

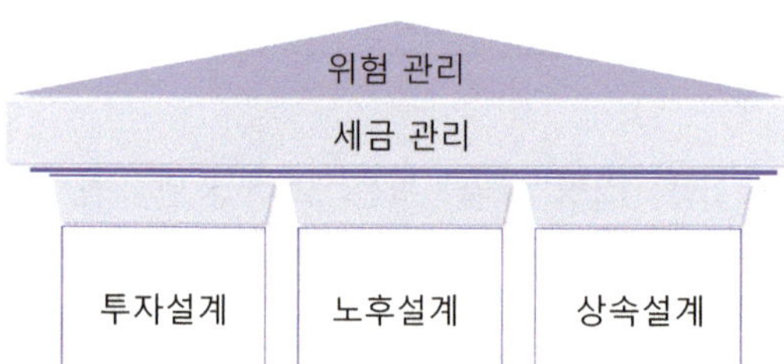

후준비도 하고, 남겨지게 되는 가족들을 위한 상속이나 증여도 시행하게 되는 것이다. 마치 집에서 지붕이 비바람을 막아주는 역할을 하듯이 보험과 같은 제도를 이용하여 갑작스런 위험에 대비함으로써 재무목표들이 무사히 달성될 수 있도록 하여야 한다. 그리고 불필요하게 지출되는 세금이 없도록 하여 투자나 노후, 상속설계가 더 효과적으로 이루어질 수 있도록 하는 것이 재무설계의 과정이다.

그렇기 때문에 재무설계의 출발점은 현금흐름 관리라고 해도 과언이 아니다. 따라서 나의 유입과 유출 내용을 잘 정리하고, 이를 객관적으로 분석해야 나머지 과정들이 성공적으로 잘 이루어질 수 있다.

2.2 현금흐름표 작성

2.2.1 작성기간

현금흐름표는 자산부채상태표와 달리 일정기간 동안의 현금흐름을 기록한다고 했다. 일반적으로 현금흐름표는 1년 단위로 작성하는 것을 권장하고 있다. 그 이유는 한 개인이나 가계의 재무활동을 분석할 때, 적어도 연간 단위로 검토를 하여야 누락되는 사항을 최소화할 수 있기 때문이다. 소득유형 등에 따라서 연간 단위, 분기 단위 또는 비정기적으로 발생되는 현금 유입도 있고, 현금 유출도 있을 수 있다. 월 단위로 짧게 분석을 하면 이러한 항목들을 누락시킬 우려가 크다. 이와 같이 월 단위로 유입, 유출 검토 시 누락되기 쉬운 내용들을 살펴보면 다음과 같다.

누락되기 쉬운 현금 유입	연간 성과급, 인센티브, 비정기 상여금, 연말정산 환급금, 대출금, 회수된 대여금, 적금·펀드·보험 해지환급금 등
누락되기 쉬운 현금 유출	재산세, 자동차세, 주민세 등 세금, 자동차 보험료, 화재보험료, 등록금(분기 또는 학기별), 대여금

따라서 연간 단위로 현금 유입 및 유출을 검토 및 분석하는 것이 좋다. 단 재무상태 분석을 마치고 재무설계안을 수립할 때에는 실무적으로 연간 단위보다 월간 단위로 설정하는 경우가 훨씬 많다. 그 이유는 대부분의 가계 재무활동이 월간 단위로 이루어지는 경우가 많기 때문이다. 즉 급여와 같은 주소득이 매월 발생되며, 저축이나 투자, 전기나 가스요금과 같은 공과금, 보험료 등과 같은 유출 항목도 대부분 월간 기준으로 지출되기 때문이다. 재무상태 분석을 할 때에는 연간 기준으로 하고, 이를 적절히 월간으로 나누어서 계획을 수립하면 된다. 즉 자동차 보험료가 연간 60만원 정도 지출된다고 할 경우, 매월 기타지출 등 적당한 항목을 설정하여 5만원(=연 60만 / 12개월)을 반영하고 특정한 계좌에 모아두거나 1년짜리 적금을 가입해서 준비하면 보험만기 시에 큰 부담 없이 갱신을 할 수 있는 것이다. 이렇게 작성된 현금흐름표는 [예시 2]와 같이 나타낼 수 있다.

참고로 현금흐름을 분석할 때 꼭 1월 1일부터 12월 31일로 할 필요는 없다. 물론 이렇게 분석하고 계획을 세울 수 있다면 이상적이지만, 분석 시점에서 과거 1년간 유입, 유출을 따져서 분석하면 된다.

현금흐름을 분석할 때에는 연간 단위로 하고, 재무설계 실행 계획을 세울 때에는 월간 단위로 해도 좋다!

2.2.2 자료 확보

그런데 여기서 문제가 한 가지 있다. 우리가 소득 자료는 회사에 요청하거나 통장 입금내역 등을 확인하면 알 수 있고, 세금과 관련된 자료는 국세청 홈택스(https://www.hometax.go.kr)에 접속해서 쉽게 구할 수 있다. 하지만 지출내역은 정확한 파악이 쉽지 않다는 것이다. 물론

[예시 2] 김재무 가계 현금흐름표

(20××년 1월 1일~12월 31일, 단위: 천원)

유입		유출	
항목	금액	항목	금액
근로소득	**60,000**	**저축과 투자**	**24,000**
급여	57,000	정기예적금	2,000
상여금	3,000	펀드	10,000
		연금저축보험	12,000
사업소득			
		고정지출	**15,270**
재산소득	**250**	소득세	1,500
배당금	250	기타 세금	500
		공적연금	2,000
연금소득		사회보험료	2,200
		부채상환원금	3,200
이전소득	**1,200**	부채상환이자	1,000
부모님 지원금	1,200	아파트 관리비	4,150
		보장성보험료	720
기타소득	**900**		
강사료	900	**변동지출**	**32,000**
		식비	4,700
기타유입	**1,000**	교육비 및 보육비	8,400
마이너스통장대출	1,000	교통비	4,200
		통신비	2,100
		의료비	1,800
		경조비	600
		기타 생활비	7,800
		기타 지출	2,400
		총유출	**58,270**
총유입	**63,350**	**순현금흐름**	**5,080**

지출내역도 통장 인출내역이라든지 카드명세서 같은 것을 통해서 어느 정도까지는 파악할 수 있다. 하지만 경험을 해 본 사람들은 알겠지만 인출내역이나 카드 사용내역만 보면서 어디에 사용한 것인지 정확하게 기억해 내는 것이 쉽지 않다. 또한 1년 단위로 작성하는 것이 좋다고 했는데, 이 경우 지출내용이 많기 때문에 어디에 얼마나 썼는지 파악하는 것이 상당히 복잡하다. 또한 통장이나 카드를 통하지 않고, 현금으로 지출한 부분 등을 기억해 낸다는 것은 사실상 불가능하다. 따라서 지출내역을 정확히 파악하기 위해서는 평소에 꾸준히 정리하는 것이 좋다. 그렇다면 현금흐름표 작성은 1년 뒤로 미뤄야 할 것인가? 그렇지 않다. 우선 첫 번째 작성할 때에는 내용이 정확하지 않더라도 통장 인출내역이나 카드 사용내역 등을 최대한 활용하여 추정치일지라도 우선 작성해 보는 것이 좋다. 그리고 그 이후부터는 1개월 단위로 지출 내용을 지속적으로 정리해 나가면 된다. 세부 지출내역 정리는 사실 매일 점검하는 것이 가장 바람직하다. 이것이 어렵다면 적어도 1주일 단위로 정리하고, 1달이 되면 항목별로 집계하면서 자료를 쌓아 가야 된다. 그러면 두 번째 현금흐름표를 작성할 때부터는 상당히 정확한 현금흐름표를 작성할 수 있을 것이다.

그런데 바쁜 학교생활이나 사회생활을 하면서 매일, 또는 일주일 단위로 지출내역을 일일이 기록한다는 것은 상당히 번거로운 일이다. 또 자칫하면 하루 이틀 정도는 놓치고 지나가기도 쉽다. 과거라면 이러한 작업이 매우 귀찮고 번거로운 일이고 일일이 수작업을 통해 많은 노력과 정성을 드려야 정리가 가능했다. 하지만 현대는 스마트 시대이고, 다양한 어플리케이션을 이용해서 이를 손쉽게 정리할 수 있다. 유입, 유출 내역 정리를 도와줄 수 있는 어플리케이션 등을 하나씩 알아보도록 하겠다.

■ 문자메시지

은행이나 카드사에 미리 신청하면 입출금 내역, 신용카드 및 체크카드 사용내역, 결제일 및 결제내역 등을 문자로 받아 볼 수 있다(그림 3-2 참조). 주로 사용하는 은행이나 카드를 한두 곳으로 집중시키고 이 내용만 주기적으로 정리해도 현금 유입 및 유출을 어렵지 않게 정리할 수 있다. 단 문자메시지는 별도의 다른 기능 없이 돈이 들어오고 나가는 내역과 카드 사용내역 정도만 확인할 수 있다. 또한 회사에 따라서는 이러한 문자서비스를 월 일정액을 받고 유료로 제공하는 곳도 있으니 사전에 이를 확인하고 이용하는 것이 좋다.

그림 3-2 신한은행 및 신한카드의 문자메시지 알림 화면

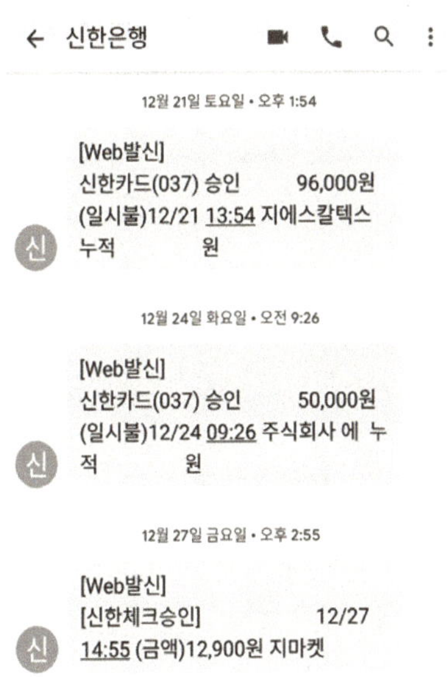

■ 알리미 서비스

요즘 대부분의 은행, 카드회사에서는 무료로 알림 서비스를 제공한다(그림 3-3 참조). 스마트폰에 해당 회사의 어플리케이션을 설치하면 입출금 내역, 카드 사용내역, 결제내역, 각종 이벤트 알림 등을 받아볼 수 있다. 전달되는 내용은 문자메시지와 크게 차이가 없지만, 문자가 일방적인 알림 수준이라면 알리미 서비스는 메모, 공유, 터치페이 등의 부가적인 기능을 추가로 사용할 수 있어 조금 더 유용하다. 입금이나 출금되는 내역에 어떤 용도였는지를 기록해두면 따로 가계부를 적지 않아도 나중에 내용을 파악하는 것이 용이하다.

그림 3-3 우리은행 및 우리카드의 문자메시지 알림 화면

■ 가계부 앱

앞서 설명한 문자메시지나 알리미 서비스는 단순하게 입출금 내용을 확인하는 용도라고 할 수 있다. 이런 내역을 교통비, 식대, 교육비 등 지출 성격별로 구분하고 월간, 연간 합계액을 구하고 평균값을 확인하는 등의 기능을 쓰고 싶으면 전용 가계부 어플리케이션을 사용하는 것이 좋다. 최근 대중적으로 가장 많이 사용하는 가계부 앱은 네이버가계부, 뱅크샐러드, 브로콜리 등인 것으로 나타난다. 최근 가계부 앱은 금융기관에서 문자메시지나 알림메시지가 오면 이를 분석하여 자동 분류하는 기능을 제공하고 있다. 만약 스마트폰으로 새롭게 수신된 문자가 카드 승인 내역이면 자동적으로 지출 항목으로 분류하여 저장할 수 있도록 해준다. 게다가 승인된 곳이 식당이면 식대 항목으로까지 자동으로 분류해 준다. 이는 어플리케이션을 운영하는 회사에서 보유하고 있는 데이터베이스를 활용한 것으로 대체적으로 큰 오류는 없지만, 간혹 잘못 분류되는 경우도 있으니 저장하기에 앞서 제대로 구분되었는지 확인해 보는 것이 좋다. 또한 데이터가 없는 경우에는 '기타'로 표기하니

그림 3-4 뱅크샐러드 기능 안내

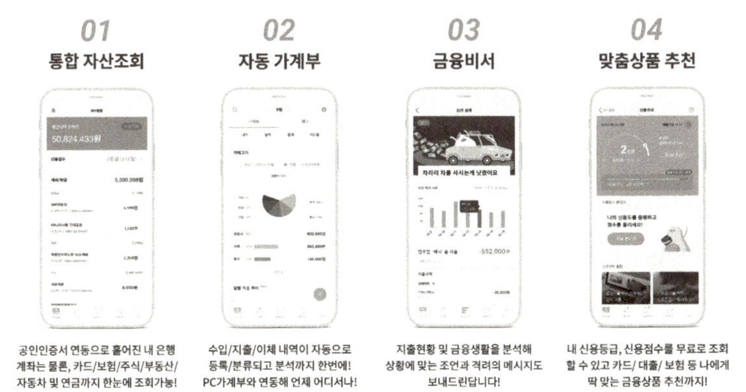

출처: 뱅크샐러드 홈페이지

이 또한 확인 후 저장해야 된다. 또한 가계부 앱은 일정 기간의 현금 유입 및 유출 데이터를 엑셀이나 텍스트 파일로 다운로드할 수 있는 기능도 제공하고 있다.

아울러 특정 어플리케이션은 단순 입출금관리 기능을 넘어 종합적인 자산관리 기능도 제공하고 있다. 은행, 증권사, 보험사 등의 여러 금융기관을 연동하여 사용자 명의로 된 자산, 부채 현황을 집계 및 분석해준다. 또한 지출이 특정 항목에 치중되어 있으면, 이를 수정하는 것이 좋겠다고 조언해 주는 기능도 있다.

■ 메모앱

항목별 분류, 합계, 통계 등의 기능은 없지만 단순 기록목적 또는 가계부 앱의 보조적인 수단으로 메모 어플리케이션도 많이 사용한다. 단순 메모 등 간편하게 사용하기 위한 메모 앱으로는 네이버메모, 구글메모 등이 있으며, 메모를 보다 체계적으로 관리하기 위한 어플리케이션으로는 에버노트를 많이 사용한다. 에버노트는 문자로 작성된 메모 외에도 그림파일, 엑셀 등 오피스 파일, pdf 파일 등 다양한 형태의 파일을 자유롭게 수집, 분류, 검색할 수 있는 파워풀한 메모 어플리케이션이다. 몇몇 기능은 유료버전을 구입해야 이용 가능하지만, 무료버전으로도 아주 유용하게 사용할 수 있다. 특히 에버노트는 PC, 스마트폰, 태블릿 등 본인의 어떠한 스마트 기기를 사용하여 기록을 하더라도 동기화를 통해 다른 기기에서 해당 내용을 쉽게 찾아볼 수 있어서 매우 편리하다. 이 어플리케이션은 비단 입출금 관리 목적 외에도 학습, 업무, 스크랩 등 여러 목적으로 다양하게 사용할 수 있으니 사용법을 익혀두면 유용할 것이다.

2.3 유 입

돈이 들어오는 것을 의미하는 유입항목은 현금흐름표의 좌측에 기록하게 된다(앞의 [예시 2] 현금흐름표 참조). 이러한 유입은 크게 '소득'과 '기타유입'으로 나눌 수 있다.

학생들에게 발생될 수 있는 유입항목은 추가로 ※ 표시로 따로 명시하였다. 같은 장학금이지만 성적우수 장학금과 같이 일시적이고 불규칙한 경우에는 기타소득으로 분류하고, 도서관 등 학교기관에서 일정시간 근로를 제공하고 지급받는 근로장학금은 근로소득으로 분류한다.

표 3-1 유입항목의 구분

구 분		내 용
소득	근로소득	가구주뿐만 아니라 배우자 및 기타 가구원이 근로를 제공하고 대가로 받는 소득으로 명칭에 상관없이 급여, 상여, 임금, 보너스 등이 모두 포함됨. ※ 학생 입장: 근로장학금, 아르바이트 소득
	사업소득	회사 등에 소속되지 않고 독립적인 사업을 영위하여 벌어들인 소득
	재산소득	본인이 가지고 있는 재산으로부터 발생되는 이자, 배당금, 임대소득 등(단 임대소득은 소유주가 임대사업자로 등록하고 임대료를 받는 경우에는 사업소득으로 분류)
	연금소득	퇴직연금, 개인연금, 주택연금 등을 통해 수령하는 금액
	이전소득	공적이전소득: 국가 등으로부터 지급받는 공적연금, 기초노령연금 사적이전소득: 타인으로부터 받는 양육비, 위자료, 생활비 등 ※ 학생 입장: 부모님 또는 친척 등으로부터 받는 용돈
	기타소득	상기 소득 이외의 일시적이고 불규칙적인 소득 ※ 학생 입장: 근로장학금을 제외한 일시적인 각종 장학금
기타유입		소득항목 외에 현금유입. 대출금, 회수된 대여금, 적금·펀드·보험 해지환급금, 회수된 투자자금, 전년 또는 전월에 남아 이월된 자금 등

소득의 경우에는 편의상 통장에 기록된 입금액을 기준으로 파악하기도 하는데, 원칙적으로는 세금을 차감하기 전의 소득금액을 기록해 주는 것이 맞다. 특히 근로소득의 경우에는 통장에 기록되는 입금액은 세금뿐만 아니라 건강보험료, 국민연금과 같은 공적연금보험료, 고용보험료 등의 사회보험료가 차감되어 있다. 회사에 따라서는 사우회비, 사내대출금, 동호회비, 경조사비와 같은 비용들도 급여에서 차감하고 지급하기도 한다. 이러한 경우에 통장 입금액을 기준으로 유입을 기록하게 되면 정확한 순현금흐름을 파악하기가 어려워진다. 따라서 소득은 세전소득으로 기록하는 것을 원칙으로 한다. 근로소득자의 경우에는 세전소득을 파악하려면 급여명세서나 근로소득원천징수영수증을 참조하면 가장 정확한 금액을 확인할 수 있다.

우리가 현금유입을 정리하다 보면, 놓치기 쉬운 항목이 '기타유입'이다. 이 항목은 정기적으로 발생되지 않기 때문에 정리과정에서 누락되기 쉽다. 즉 대출을 받아서 돈이 들어온 것, 금융상품 만기가 되거나 해지를 해서 받게 되는 환급금, 지인에게 빌려주었던 돈의 회수, 전기(전월 또는 전년)에 남아 이월된 돈 등과 같은 항목들을 빠짐 없이 기록해야 한다.

〈표 3-1〉에 따로 표기되지 않은 소득이나 현금 유입은 그 성격을 따져 보고, 가장 유사한 항목으로 분류하면 된다. 또한 이에 대한 설명이 필요한 경우에는 그 상세 내역을 주석으로 표기하여 주면 된다. 앞 장에서도 설명한 바 있지만 개인재무설계 기준은 기업회계기준과 달리 강제조항이 아니다. 가급적 합리적으로 작성하되 권장기준이 나에게 맞지 않으면 적절하게 수정해서 적용할 수 있다. 단 중요한 것은 일관성이 유지되어야 한다는 것이다. 한 번은 이렇게 정리하고, 다음 번에는 저렇게 정리하는 식이 되면 곤란하다. 이렇게 되면 매번 기준이 달라지기 때문에 연도별 비교 분석 등이 곤란해진다. 객관적이고 합리적인 판단으로 정한 기준은 지속적으로 적용하는 것이 바람직하다.

2.4 유 출

유출항목은 현금흐름표의 오른쪽에 기록하게 되며, 이는 크게 저축 및 투자, 고정지출, 변동지출로 나눌 수 있다.

2.4.1 저축 및 투자

상담을 진행하거나, 수업을 하다보면 저축 및 투자는 내 돈을 쓰는 것이 아니고 은행이나 증권, 보험사와 같은 금융기관에 맡겨서 불리는 것인데 왜 유출로 구분하느냐는 질문을 자주 받는다. 이것은 유출과 지출을 혼동하는데서 비롯된 오해다. 현금유출은 현금이 내 수중에서 벗어나는 것을 의미한다. 내 수중을 벗어난 돈 가운데 일부는 현재의 생활을 위해 사용되지만(지출), 일부는 미래에 다가올 재무목표를 해결하기 위해 따로 떼어놓게 되는 것이다. 즉 [그림 3-5]와 같이 생각하면 된다.

내가 가지고 있는 돈의 일부를 은행과 같은 금융기관에 맡기기 위해서는 내 지갑(또는 통장)에서 꺼내야 되는데, 이 과정을 '유출'로 이해하면 된다. 그리고 만기가 되거나 해약을 하면 금융기관에서는 내가 맡겨두었던 돈을 이자 또는 수익금과 함께 되돌려주게 된다. 이렇게 현금이 다시 나의 수중으로 돌아오는 과정은 '유입'이 되는 것이다. 이런 경우에는 소득이 아닌 '기타유입'으로 분류하게 되고, 이 내용은 앞 절의 설명을 참조하기 바란다.

그림 3-5 유입 및 유출의 이해

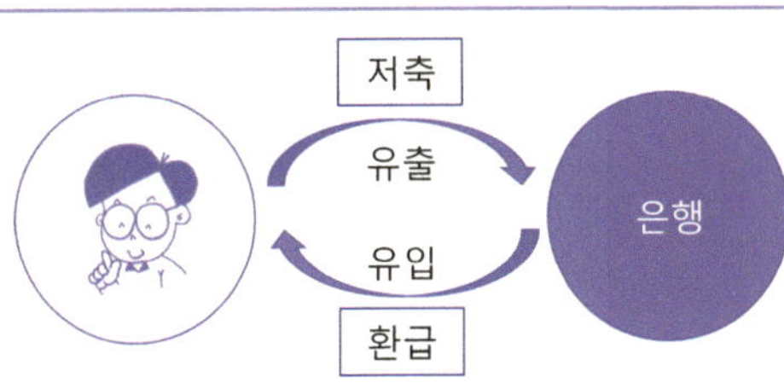

저축이나 투자는 현재의 소비를 하지 않고, 미래로 유보시키는 것이다. 우리가 벌어들이는 소득을 현재의 소비를 위해 모두 사용해 버리면 사실상 미래에 발생될 재무목표를 해결할 수 있는 방법이 없게 된다. 따라서 소득 중 일부는 미래를 위한 자금으로 사용하여야 하는 것이다. 이러한 저축 및 투자의 특징은 〈표 3-2〉와 같다. 각 상품 등에 대해서는 뒤에 자세히 설명할 것이다.

표 3-2 저축 및 투자의 특징

저축	– 원금이 보전된다. – 일반적으로 가입 시점에 수익(금리)이 확정된다. – 물가상승에 취약하다. – **정기예금, 정기적금, 저축성보험 등**
투자	– 원금손실 가능성이 있다. – 팔거나 해지하는 시점에 수익이 확정된다. – 물가상승에 대비할 수 있다. – **주식·채권 등 투자금, 펀드, 변액연금보험, 변액유니버셜보험 등**

참고로 보험상품 중에서 보장성 보험은 저축으로 보지 않으며, 위험에 대비하기 위해 지출하는 비용으로 보아 고정지출에 포함시키는 것이 일반적이다. 또한 저축성보험 중 보험료의 일부가 위험 대비 목적으로 쓰이는 경우가 있다. 이러한 경우 이론적으로는 보장성 부분은 고정지출로 보고, 적립 부분은 저축으로 구분하는 것이 맞다. 하지만 이를 정확하게 분류하기는 매우 어렵다. 따라서 보장성에 쓰이는 금액이 큰 비중을 차지하지 않는 경우에는 전체 보험료를 저축 및 투자로 분류하기로 한다.

2.4.2 고정지출

고정지출은 금액변동이 거의 없어 예측이 가능하고, 정기적으로 발생되는 지출항목들을 의미한다. 가장 대표적인 것은 소득세, 재산세, 종합부동산세, 자동차세 등과 같은 세금과 건강보험료, 고용보험료, 국민연금 등 공적연금보험료와 같은 사회보험료이다. 이러한 지출들은 개인이 줄이고 싶다고 줄일 수 있는 항목들이 아니다. 소득이나 재산 상황에 연동해서 납부액이 결정되기 때문이다. 특히 소득세와 각종 사회보험료는 급여수령 시 사전에 공제되고 지급되기 때문에 개인이 통제할 수 있는 여지가 없다.

또한 보장성보험료, 부채상환 원금과 이자, 월세, 관리비, 각종 공과금 등도 고정지출에 해당된다. 과거 통신요금의 경우에는 사용하면 사용한 양만큼 요금을 내게 되는 종량제 요금제를 많이 이용하였다. 이 경우에는 금액이 매월 변동되므로 변동지출로 보는 것이 맞지만, 최근에는 정액요금제가 대부분이므로 정액제인 경우에는 고정지출로 봐도 무방하다. 또한 멜론, 지니 등과 같은 음원사용료, 넷플릭스, pooq과 같은 콘텐츠 스트리밍 서비스 이용료도 고정지출로 볼 수 있을 것이다.

위에서 언급한 내용 중 부채상환을 위한 원리금(원금과 이자)에 대해서 한 가지 고려해 볼 것이 있다. 부채를 상환할 때 부담하는 이자는 대출을 이용하는 대가로 은행에 지불하는 것이니 고정지출로 보면 된다. 단 원금 부분은 매번 갚을 때마다 빚을 줄이고 나의 순자산(자산에서 부채를 차감한 것)을 늘여주므로 '저축 및 투자'와 성격이 같다고 볼 수 있다. 따라서 원금 상환 부분은 '지출'로 보기 어렵지 않느냐는 견해가 있다. 이는 현금흐름을 좀 더 엄밀하게 따져 재무상태 분석을 정확하게 하자는 측면에서 맞는 이야기이다. 그러나 일반인들이 대출 상환 금액의 원금과 이자 부분을 따로 분리해서 현금흐름에 반영한다는 것은 매우 어려운 일이다. 재무설계 전문가라 하더라도 원금과 이자를 따로 계산할 수 있지만 매달 원금과 이자 금액이 변동되는 상품의 경우 이를 다달이 분리해 내는 것은 아주 번거로운 일이 아닐 수 없다. 따라서 실무에서는 이를 따로 떼어내지 않고 원리금 전부를 고정지출로 보는 방식이 더 자주 이용되는 편이다.

2.4.3 변동지출

변동지출은 앞에 설명한 고정지출과 달리 금액이 일정치 않거나, 비정기적으로 발생되는 지출들이다. 식비, 교통비, 통신비, 피복비, 의료비와 같이 흔히 생활비라고 부르는 것들이 여기에 해당된다. 이 항목들의 특징은 쓰는 만큼 증가 또는 감소한다는 것이다. 즉 식비의 경우 외식을 자주 하거나 비싼 식자재를 구매하게 되면 증가할 것이고, 외식을 줄이고 알뜰하게 식자재를 준비하면 감소할 것이다. 교통비도 버스나 지하철을 주로 이용하는 사람과 택시를 자주 이용하는 사람 간에 격차가 크게 생길 것이다. 따라서 변동지출은 고정지출에 비해 우리의 의지에 따라 조정과 통제가 용이하다는 특징을 갖는다.

변동지출 항목 중에서 얼마 지출될지 예측이 가능하고, 지속적·정기적으로 발생되는 항목은 고정지출로 분류할 수도 있다. 예를 들어 통신비의 경우에는 앞에서도 설명한 바와 같이 정액요금제를 사용하는 경우에는 고정지출로, 사용하는 만큼 요금을 내는 종량제를 사용하는 경우에는 변동지출로 구분하는 것이 합리적이다. 즉 스마트폰 요금, 인터넷 요금과 같이 정액요금제인 경우 고정지출, 집 전화와 같이 사용량에 따라 요금이 달라지는 경우에는 변동지출로 구분하면 된다.

그림 3-3 현금 유출항목 분류

저축 및 투자	저축: 정기예금, 정기적금, 저축성보험 투자: 주식·채권 등 투자금, 펀드, 변액연금보험, 변액유니버셜 보험 등
고정지출	세금, 사회보험료, 보장성보험료, 부채상환 원리금, 월세, 관리비, 각종 공과금, 통신비(정액제), 음원사용료, 콘텐츠 사용료 등
변동지출	식비, 교통비, 통신비(종량제), 피복비, 의료비 등

2.5 순현금흐름

우리가 이렇게 유입과 유출을 따져보는 이유 중 하나는 순현금흐름을 파악하기 위한 것이다. 이는 다음과 같이 구할 수 있다.

순현금흐름 = 현금유입액 – 현금유출액

순현금흐름은 다음과 같이 세 가지 경우로 나누어 볼 수 있다.

첫 번째, 순현금흐름 = 0인 경우

이것은 버는 만큼 다 쓰는 경우이다. 단 유출항목 중 '저축 및 투자'에 일정 금액을 투입하고 있다면 향후 순자산(=자산–부채)을 증가시킬 수 있을 것이다. 그렇지 못하다면 미래를 준비하지 못하고, 현재의 소비에 모든 재원을 다 사용하고 있는 것이니 소득이 중단되거나 줄어드는 경우 곤란을 겪을 가능성이 크다.

두 번째, 순현금흐름 > 0인 경우

가장 바람직한 경우라고 볼 수 있다. 순현금흐름이 양(+)의 값을 나타내면 이 재원을 부채상환에 사용하여 빚을 줄여갈 수 있고, 추가로 저축 및 투자를 할 수 있는 여력이 있다는 것을 의미한다. 이 경우에는 순자산이 꾸준히 증가하고, 재무목표를 달성할 가능성이 높아진다.

세 번째, 순현금흐름 < 0인 경우

이론적으로는 현금 유입보다 유출이 더 큰 경우는 있을 수 없다. 유입된 돈이 다 떨어지고도 추가로 더 유출이 발생됐다는 의미인데 이것은 돈을 만들어서 쓰지 않는 이상 있을 수 없는 일이기 때문이다. 그런데도 만약 유출금액이 정확한데도 순현금흐름이 음(–)의 값으로 나타났다는 것은 다음의 몇 가지 경우로 생각해 볼 수 있다.

– 미처 파악되지 않은 유입이 있는 경우(만기환급금, 대출금 등)
– 시간 차이로 발생되는 경우(지난해 연말에 상여금을 받고 올해 사용한 경우, 전기에 남은 현금을 사용하는 경우, 신용카드처럼 사용과 결제 사이의 차이가 있는 경우 등)

이처럼 현금흐름 분석을 통해 나타나는 순현금흐름을 이용해 이 가계(또는 개인)가 앞으로 발전 가능성이 있는지, 위험에 직면할 가능성이 없는지 등을 따져볼 수 있다.

이상과 같이 현금흐름 분석에 대하여 알아보았다. 여기서 가장 중요한 것 중 하나는 현금유입과 유출을 모두 빠짐없이 기록하여야 한다는 것이다. 특히 유입은 앞에서도 설명했듯이 소득만 기록하기 쉬운 경향이 있지만, 유입된 모든 내용을 기록하여야 된다. 그래야 한 가계의 재무활동을 정확하게 분석할 수 있고, 이를 통해 현명한 재무적 의사결정을 할 수 있기 때문이다.

그리고 무엇보다 중요한 것은 위 내용들을 이론적으로만 접근하지 말고 실천해 보자는 것이다. 재무설계는 그 어떤 학문보다 실용적이며 실생활과 매우 밀접한 관계를 가지고 있다. 따라서 내용을 이해하고 이를 직접 활용해 보는 것이 중요하다. 이 책을 읽고 '괜찮은 방법들인데 시간될 때 한번 해보지'라고 생각하고 나중으로 미루면, 영원히 실천하기가 어렵다. 따라서 학습한 내용을 실전연습과제 등을 통해 꼭 실행해 보기를 권한다.

실제로 현금흐름을 기록하고 분석해 보는 과정을 직접 경험한 사람들은 자신이 평소 생각했던 것과 실제 수입·지출 내역이 상당히 차이가 크다는 이야기를 자주 한다. 예를 들면 다음과 같은 반응들을 보이곤 한다.

–늘 월급이 적다고 생각했는데, 1년 기준으로 각종 수당들까지 합쳐서 따져보니 꽤 많은 돈을 벌고 있었다.
–평소 커피를 즐겨 마시기는 하지만 이렇게 커피 값으로 많이 쓰는지 몰랐다.
–약속시간에 늦으면 택시를 종종 타는데, 이 금액이 내 지출에서 이렇게 큰 비중을 차지하는지 몰랐다.

이렇게 현금유입과 유출을 기록하고 항목별로 나누어서 따져보면, 사람에 따라 다르겠지만 아주 소소한 지출들이 모여서 꽤 큰 금액을 차지한다는 것을 알 수 있다. 즉 온라인 등에서 쉽게 구매하는 1~2만원 안팎의 화장품이나 미용소품, 2~3천원씩 결제하는 게임아이템, 하루에 몇 번씩 이용하게 되는 커피숍, 귀찮거나 늦을 것 같아서 무심코 타게 되는 택시 등의 지출 습관에 의해 큰 금액이 아님에도 누적되어 커지는 것들을 흔히 볼 수 있다. 따라서 무엇을 내가 아끼고 줄여서 순현금흐름을 늘이고, 저축 및 투자금액을 늘여 순자산을 늘일 것인지는 기록하고 확인해 봐야지만 정확하게 파악할 수 있다.

One Point

많은 사람들이 자신에 대해서 알기를 두려워한다. 특히 자신의 약점에 대해서는 가급적 확인하고 싶어하지 않는다. 하지만 우리가 돈의 노예가 아니라, 돈의 주인으로서 인생 재무목표를 무리 없이 잘 해결해 나가고 싶다면 나 자신부터 정확하게 잘 파악해야 한다. 그것이 현명하고 행복한 재무생활의 첫걸음이 되기 때문이다.

One Point

현명하게 지출관리를 하려면

우리가 미래에 다가올 재무목표를 원활하게 달성하기 위해서는 현재의 소비를 참고, 일정 부분을 저축하거나 투자하여 미래를 대비하여야 한다는 것을 알아보았다. 이것을 수식으로 표현해 보면 다음과 같다.

수입 − 지출 = 저축 및 투자

저축금액 또는 투자금액이 많아질수록 순자산이 증가하고, 재무목표 달성 가능성이 높아질 것이다. 그렇다면 저축 및 투자 금액은 어떻게 해야 늘릴 수 있을까? 이것은 아주 쉬운 문제이다. 즉 수입을 늘리거나 지출을 줄이면 된다.

수입 ↑ − 지출 ↓ = 저축 및 투자 ↑

그러면 수입을 늘리는 것과 지출을 줄이는 것, 이 두 가지 중 어떤 것이 쉬울까? 마음만 먹으면 수입을 많이 늘릴 수 있다면, 얼마나 좋겠는가? 하지만 이것은 결코 쉬운 일이 아니다. 따라서 저축 및 투자 금액을 늘리기 위해서는 수입을 늘리는 것보다 지출을 줄이는 것이 훨씬 더 용이하다. (물론 우리는 지속적으로 우리의 수입을 늘릴 수 있는 방법에 대해서도 고민을 해야 된다.)

그렇다면 지출을 어떻게 줄이는 것이 좋겠는가? 앞에서 우리는 고정지출과 변동지출의 특징에 대해서 학습하였다. 고정지출은 의무적인 성격이 강하고, 금액 변동이 쉽지 않다고 했다. 반면 변동지출은 우리가 쓰는 만큼 지출액이 증감되기 때문에 상대적으로 통제가 쉽다는 특징을 가지고 있다. 따라서 지출을 통제하기 위해선 변동지출을 집중적으로 관리할 필요가 있다. 식비, 교통비, 피복비, 의료비 등에 해당하는 변동지출 항목을 꼼꼼하게 따져보고, 이 중 줄일 수 있는 것들을 과감하게 줄이는 것이 가장 효과적이다.

한 가지 덧붙이자면 고정지출을 줄이는 것이 상대적으로 어렵긴 하지만 잘 검토해서 이를 줄일 수 있다면 그 효과는 더 크다는 것을 잊지 말아야 한다. 왜냐면 고정지출은 정기적·지속적으로 발생되는 특징을 가지고 있어서 그 영향이 오래 지속될 수 있기 때문이다. 예를 들어 한 달에 5만원씩 지불하는 정액제 통신요금을 검토해 보니, 데이터 사용량 등이 계속 남아 이를 4만원짜리 요금으로 변경하기로 했다면 매월 1만원의 비용절감 효과가 계속 생기는 것이다. 또는 가입된 보험내역을 검토하여 중복된 보장내용을 제거하고, 월 납입보험료를 줄이는 것도 같은 맥락에서 효과적이라고 할 수 있다. 즉 고정지출은 줄이기가 쉽지 않지만, 한번 줄이면 그 효과가 크므로 이에 대한 검토도 놓치지 말아야 할 것이다.

One Point

현금흐름 작성과 관련된 Q & A

Q1. 교통카드를 사용하다 보니 교통비 집계가 어려워요.

정확한 교통비를 매번 기록한다는 것은 매우 어렵다. 특히 우리나라는 환승시스템이 발달되어 있어서 버스-버스, 지하철-버스 등 환승을 자주 이용하게 되는데, 이때마다 교통비를 확인하고 기록한다는 것은 현실적으로 불가능에 가깝다. 따라서 선불충전식 교통카드를 사용하는 경우에는 충전하는 날마다 일자와 충전금액을 기록하면 된다. 후불식 교통카드의 경우는 카드명세 등을 확인해서 해당 기간에 결제된 교통비 총액을 반영하면 될 것이다. 굳이 매 건마다 확인할 필요까지는 없다.

Q2. 용돈 이외에 부모님의 신용카드를 사용하고 있어요.

학생들 중에는 엄카(엄마 카드), 아카(아빠 카드) 등 부모님의 신용카드를 비상용으로 가지고 다니는 경우가 있다. 또는 어떤 경우에는 용돈을 따로 주지 않고, 신용카드 한도금액을 정하고 그 범위 내에서 사용하게끔 하는 경우도 있다. 이런 경우에는 현금흐름을 분석하는 기간 동안의 신용카드 사용액을 확인하고, 이 금액만큼을 이전소득(용돈)으로 잡아주면 된다. 실제로 내가 그 금액만큼을 현금으로 받지는 않지만 내용상 용돈을 받아 지출하는 것과 같기 때문이다. 지출관리 습관을 키우기 위해서는 가급적 부모님의 카드보다는 본인 카드를 사용하면서 항목별로 관리하는 버릇을 들이는 것이 더 바람직하다.

Q3. 신용카드를 사용하는데 지출일자를 카드 승인 기준으로 할지, 아니면 결제일로 할지 모르겠어요.

예를 들어 '매월 1일부터 말일까지 사용한 카드 이용금액은 다음 달 25일에 결제'와 같은 경우이다. 이때 1월 24일에 카드로 물품을 구입하고, 대금은 2월 25일에 결제하게 될 때 어느 날짜를 기준으로 지출을 기록하느냐에 대한 질문이다. 기업회계에서는 '발생기준'이라고 해서 대금결제 여부와 상관없이 이런 경우에는 실제 거래가 발생된 1월 24일을 기준으로 기록하도록 정하고 있다. 하지만 개인재무설계에서는 이와 관련된 강제기준은 없다. 이러한 경우 합리적인 방법을 정하고, 일관성 있게 이를 지켜나가면 될 것이다. 그런데 결제일을 기준으로 해서 지출을 잡게 되면, 특정 일자에 지출이 집중적으로 발생되는 쏠림 현상이 나타나게 된다. 따라서 보다 정확한 지출관리를 하고자 한다면 결제일 기준보다는 카드 사용일, 즉 실제로 구매가 발생한 날짜를 지출일로 잡고 관리하는 것이 보다 합리적일 것이다.

Q4. 핸드폰 소액결제를 종종 사용하는데, 통신비로 보면 되나요?

스마트폰이 대중화되다 보니 다방면에서 사용이 증가하고 있다. 20~30대의 젊은 세대는 스마트폰으로 무언가를 검색하다 그 자리에서 바로 물품을 구매하거나 영화를 예매하는 등의 소비 패턴을 보인다. 이때 계좌번호나 카드번호를 일일이 입력하는 것이 번거로우니 종종 이용하게 되는 것이 소액결제기능이다. 소액결제는 '월 30만원'과 같이 한도 금액을 설정해 두고 이 범위 내에서 구매를 하고, 다음 달에 통신요금과 함께 결제하는 서비스이다. 소액결제는 그 성격이 신용카드와 다르지 않다. 따라서 지출관리를 할 때 가장 좋은 방법은 신용카드와 같이 지출 날짜에 어디서 얼마나 썼는지를 기록해 두는 것이 좋다. 특히 소액결제는 나중에 사용내역을 조회해도 사용처가 나오지 않고 결제 대행 사업자명과 사용금액만 조회할 수 있기 때문에 사후정리가 여의치 않다. 그런데 기록을 제때 하지 못해 사용내역을 정확히 확인하기 어려운 경우라고 하면 불가피하게 통신요금에 반영할 수밖에 없을 것으로 보인다. 이런 경우에는 실제 통신요금에 소비금액이 더해져 통신비가 급격하게 증가하는 양상을 나타내곤 한다.

실전연습

- 일정 기간을 정하고 그 기간 동안 발생된 현금 유입과 유출 내용을 빠짐없이 기록해보자.
  - 1단계: 한 달을 정해 기록하기 [예] 3월 1일~말일
  - 2단계: 3개월 동안 지속적으로 기록하기
- 기록한 현금흐름을 보면서 나의 강점과 개선점은 무엇인지 파악해보자.

[예]

강점	– 수입이 다양함 – 적은 금액이지만 저축을 꾸준히 하고 있음 …
개선점	– 택시 사용이 빈번하여 교통비 비중이 큼 – 카페 이용이 많아 식음료와 관련된 지출이 월 30만원이 넘음 …

- 본인의 순현금흐름(=유입-유출)을 따져보고, 이를 늘리기 위해서 할 수 있는 방법들을 찾아보자.

[예] – 택시 이용을 줄이고, 버스나 지하철을 주로 이용하기 → 월 교통비 5만원 절감
– 휴대폰 소액결제 월 10만원 이내로 줄이기 → 불필요한 지출 월 10만원 줄이기

- 현금흐름 기록을 도와줄 수 있는 도구 및 어플리케이션에 대해서 알아보고 이를 활용해 보자.

제 4 장

재무상태 분석과 예산

학습목표

- 재무상태 분석의 의의와 필요성에 대해서 이해한다.
- 재무상태 분석방법에 대해서 구분하여 설명할 수 있다.
- 재무비율평가의 주요 항목에 대해서 이해한다.
- 예산의 필요성과 장단점에 대해서 설명할 수 있다.
- 예산수립의 기준 및 절차에 대해서 이해한다.
- 예산조정방법에 대해서 이해한다.

1 재무상태 분석

1.1 재무상태 분석의 의의

우리는 3장에서 자산부채상태표와 현금흐름표의 작성에 대해서 학습했다. 이렇게 개인재무설계를 함께 진행하며 재무제표를 작성해 보는 과정 자체로도 여러 의미를 가질 수 있다.

우선 가장 크게 의미를 부여할 수 있는 것은 나의 재무상태를 정확하게 파악할 수 있다는 것이다. 내가 그간의 경제활동을 통해 확보한 자산이 얼마나 되는지, 부채는 얼마나 되는지를 파악하고 이를 통해 나의 순자산이 얼마인지 알 수 있다. 또한 현금흐름을 분석하면서 나의 총유입과 총유출은 얼마인지 그래서 순현금흐름은 어떻게 되는지를 확인해 볼 수 있다.

이러한 과정을 통해 재무설계 첫 단계에서 설정한 재무목표와 현재 재무상태가 얼마나 차이가 있는지를 알 수 있다. 우리는 이 차이를

그림 4-1 재무목표와 현실과의 차이

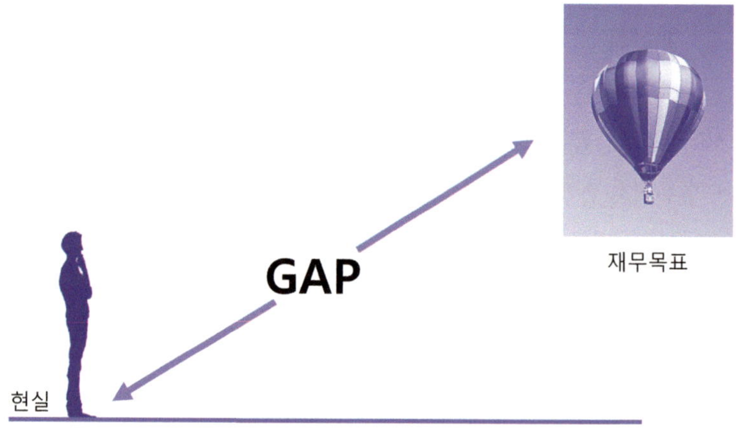

'Gap'이라고 표현하기로 한다. 1장에서는 재무설계가 '재무목표를 이루어 가는 과정'이라고 정의하였다. 이것을 조금 달리 표현하면 '나의 현실과 재무목표 사이의 Gap을 지속적으로 줄여가는 과정'이라고 할 수 있다. 즉 정한 재무목표를 달성하기 위해선 재무상태를 지속적으로 업그레이드시켜 가야 할 것이다. 순현금흐름을 양(+)의 상태로 유지하고, 저축 및 투자 금액을 유지하거나 점진적으로 증가시켜야 한다. 이 과정이 반복되면 순자산은 증가할 것이고, 결국 재무목표에 조금씩 가까이 다가설 수 있을 것이다.

한편 관점을 바꾸어서 생각해 볼 수도 있다. 주기적으로 재무상태를 분석해 본 결과, 설정한 재무목표가 지나치게 높다고 판단되는 경우에는 어떻게 할 것인가? 이때는 목표를 하향 조정해서 격차를 줄이는 것도 좋은 방법이 된다. 예를 들어 '3년 뒤 유럽여행'을 목표로 하고 필요금액 500만원을 모으기 위해 열심히 저축하였는데, 1년 경과시점, 2년 경과시점에 점검을 해보니 이 금액을 조성하는 것이 현실적으로 어렵다고 판단되었다고 하자. 그렇다면 여행지를 변경하거나 일정, 숙소 등을 조정해서 전체 금액을 하향 조정하여 Gap을 줄여야 결과적으로 목표를 달성할 수 있게 되는 것이다.

재무목표와 현실과의 괴리(Gap)를 줄이기 위해서는

첫째, 나의 재무상태를 계속 개선해 나아간다. (순현금흐름↑, 순자산↑)

둘째, 재무목표가 적합한지 주기적으로 점검하고 너무 높다면 현실을 고려하여 조정하도록 한다.

일정 기간에 걸쳐 현금 유입·유출 자료를 기록하고 이를 집계한 자료를 분석하여 보다 효과적인 재무목표 달성방법을 찾아내는 과정을

'재무상태 분석'이라고 한다. 재무상태 분석은 자산, 부채, 수입, 지출 등의 현황을 분석하여 한 가계경제의 '건전성'과 '성장성'을 평가하게 된다.

재무상태의 건전성이란 유입 대비 적절한 수준의 유출을 하고 있는지, 부채가 너무 많아 현금흐름에 부담은 없는지, 예기치 못한 위험에는 대비할 수 있는지, 유동성이나 환금성에는 문제가 없는지, 자산 구성이 위험수용성향에는 적합한지 등을 살펴보는 것이다. 다음으로 재무상태의 성장성은 저축이나 투자 규모가 얼마나 되는지, 소득이 중단된 뒤에도 일정 규모의 현금흐름을 유지할 수 있는지 등을 파악해 보는 것이다.

1.2 재무상태 분석방법

재무상태 분석은 절대값으로 평가하는 방법과 비율분석을 하는 방법으로 구분할 수 있다.

1.2.1 절대값 평가

절대값 평가(또는 절대값 비교라고도 함)는 나의 재무상태, 즉 자산, 부채, 소득, 지출 등의 항목을 평균 수치와 비교해 보고 현재 위치를 가늠해 보는 것이다. 우리나라 전체 평균과 비교할 수도 있고, 특정 연령이나 소득 등 내 상황과 유사한 대상을 찾아 비교해 볼 수도 있다. 비교자료로는 통계청에서 주기적으로 조사, 발표하고 있는 가계동향조사와 가계금융복지조사 등을 주로 활용하게 된다. 이 자료들은 소득분위별, 가구원수별, 소득구간별, 가구주 연령별, 가구주 교육정도별, 가구주 직업별 등 특성별로 조사된 데이터를 분기 또는 연단위로 제공해 준다.

〈표 4-1〉은 2018년 기준 가구주 연령대별 순자산 보유액을 나타낸

표 4-1 가구주 연령대별 가구당 순자산 보유액

(단위: 만원)

구분	전체	30세 미만	30대	40대	50대	60세 이상
2017년	31,572	7,489	21,904	31,246	37,026	33,772
2018년	34,042	7,509	23,186	34,426	39,419	35,817

출처: 통계청 가계금융 복지조사 보고서 2018.

것이다. 예를 들어 내가 만약 30대라면 이 표에 나타나 있는 30대의 순자산 평균값에 해당하는 2억 3,186만원보다 더 많은지, 적은지, 전체 평균인 3억 4,042만원에 비해서는 어떠한지 등을 따져 보는 것이 절대값 평가이다.

절대값 평가는 상황이 유사한 대상과의 비교를 통해 자신을 돌아볼 수 있다는 점에서 의미가 있다. 하지만 남과의 비교를 꺼려하는 정서가 있어, 이로 인한 거부감이 생길 수도 있다. 따라서 내가 아닌 타인의 재무상태를 분석하면서 절대값 평가를 진행할 경우에는 세심한 주의가 필요하다.

1.2.2 재무비율 평가

기업회계에서는 한 회사의 재무상태를 평가하기 위하여 재무상태표, 손익계산서, 현금흐름표 등 기본 재무제표의 수치들을 활용하여 다양한 지표들을 산출한다. 예를 들면 이 회사가 얼마나 부채를 많이 가지고 있는지를 평가하는 부채비율, 유동자산을 얼마나 가지고 있는지를 따져보는 유동비율 등이 비율분석의 대표적인 사례이다. 이렇듯 회계에서는 다양한 지표를 계산하여 해당 기업의 건전성과 성장성 등을 평가한다.

개인재무설계에서도 이러한 재무비율 분석 원리를 응용하여 소득, 지출, 자산, 부채 등의 요소들을 결합하여 다양한 지표들을 계산한다. 이

지표는 타인과 비교하는 것이 아니라 나의 재무상태를 활용하여 분석하는 것이므로 절대값 평가 대비 객관적이라는 장점이 있다. 또한 각 지표별로 가이드라인을 제시하고 있어, 이와 비교하여 건전성과 성장성을 평가할 수도 있다.

이러한 비율분석은 1990년대 후반부터 국내에 도입되어 개인재무상태 분석에 이용되었는데, 초기에는 미국의 지표와 가이드라인이 그대로 적용됨에 따라 국내 실정에 적합하지 않다는 문제가 제기되었다. 이에 재무설계를 전공한 국내 연구진들이 재무상태 평가지표와 가이드라인에 대한 연구를 거듭하여, 우리나라 상황에 적합한 지표를 개발하게 되었다. 이 책에서는 2013년에 한국FP학회, 한국FPSB 및 양세정, 주소현, 차경욱, 김민정 등이 함께 제안한 『한국형 가계재무비율 도출 및 가이드라인 제안』(*Financial Planning Review* 6(3), 2013. 8, pp. 143-181)의 내용들을 소개하고자 한다. 단 여기에서는 기본적인 재무비율지표의 특징과 산출방법을 안내하고, 각 지표와 관련된 세부 내용은 앞으로 설명될 해당 부분에서 추가로 살펴보기로 한다.

■ 가계수지지표

총소득 중 현재를 위해 지출하는 금액이 얼마나 되는지 확인하여 재무 건전성을 평가한다. 나이가 젊을수록 현재의 지출을 줄이고, 남은 금액을 미래를 위해 투자할 것을 권하고 있다.

재무비율	정 의	가이드라인	연령별 제안
$\frac{\text{총지출}}{\text{총소득}}$	• 총지출: 고정지출+변동지출 (저축 및 투자금액 제외) • 총소득: 경상소득(세전)	70% 이하	20대: 50% 30대: 70% 40대: 80% 50대: 90% 65세 이상: 95%

■ 부채적정성 평가지표

부채적정성 지표는 건전성 평가지표로서 크게 두 가지로 구분할 수 있다.

첫째는 총소득 대비 부채상환비율을 부채성격에 따라 구하는 것이다. 이 지표는 현금흐름표의 자료를 이용해 계산한다. 이 때 총소득은 경상소득(세전)을 기준으로 한다.

• 총부채상환지표

재무비율	정 의	가이드라인	연령별 제안
$\frac{\text{총부채상환액}}{\text{총소득}}$	• 총부채상환액: 용도와 상관없이 부채상환을 위해 지출하는 총액	30% 이하	30-40대: 25% 미만 65세 이상: 0%

• 소비생활부채상환지표

재무비율	정 의	가이드라인	연령별 제안
$\frac{\text{소비생활부채상환액}}{\text{총소득}}$	• 소비생활부채상환액: 의료비, 교육비, 생활비 마련 등을 위한 부채 상환액	10% 이하	20대: 5% 30대: 8% 40-50대: 10%

• 거주주택마련부채상환지표

재무비율	정 의	가이드라인	연령별 제안
$\frac{\text{거주주택마련부채상환액}}{\text{총소득}}$	• 거주주택마련부채상환액: 거주주택 및 전월세 보증금 마련을 위한 부채 상환액	20% 이하	–

둘째는 총자산에서 부채가 차지하는 비율로서 자산부채상태표의 데이터를 이용해 구할 수 있다. 총자산은 금융자산, 부동산, 기타실물자산의 합계금액을 기준으로 한다.

• **총부채부담지표**

재무비율	정 의	연령별 제안
총부채 / 총자산	• 총부채: 소비생활부채+거주주택마련부채+거주주택이외 자산관련 부채+기타부채 등 총부채의 현재 잔액	40% 이하

• **거주주택마련부채부담지표**

거주주택마련부채잔액 / 총자산	• 거주주택마련부채잔액: 거주주택 및 전월세 보증금 마련을 위한 부채의 현재 잔액	30% 이하

■ 저축 및 투자 성향지표

앞에서 살펴본 지표는 가계 재무상태의 건전성을 판단하는 지표라고 하면 저축 및 투자 성향지표는 성장성을 평가할 수 있는 지표이다. 총소득 대비 저축성향 또는 투자성향을 따져보는 지표와 총자산 대비 금융자산의 비율을 따져보는 지표로 구분할 수 있다.

저축성향과 투자성향 모두 낮은 연령대일수록 비중을 높게 유지할 것을 권장하고 있다. 투자는 연령이 높아질수록 비중을 점차 축소할 것을 권장한다. 이는 만약 원금손실이 발생될 경우 이를 복구할 수 있는 시간적 여력이 충분하지 않기 때문에 은퇴 후 현금흐름에 문제가 생기는 것을 방지하기 위함이다.

• **총저축성향지표**

재무비율	정 의	가이드라인	연령별 제안
총저축 / 총소득	• 총저축: 안전금융저축, 금융투자저축, 저축성 보험료 등에 저축하는 총액 • 총소득: 경상소득(세전)	30% 이상	20대: 50% 30대: 30% 40대: 20% 50대: 10% 65세 이상: 5%

• **금융투자성향지표**

금융투자저축 / 총소득	• 금융투자저축: 펀드, 유가증권, 파생상품에 불입하는 총액 • 총저축: 안전금융저축, 금융투자저축, 저축성 보험료 등에 저축하는 총액	30% 이상	20대: 50% 30대: 40% 40대: 30% 50대: 20%

• **금융자산비중지표**

금융자산 / 총자산	• 금융자산: 안전금융자산 + 투자금융자산의 현재가치 • 총자산: 금융자산 + 부동산 + 기타실물자산 등 총자산의 현재가치	40% 이상	–

■ 보장성보험준비지표

우리가 재무목표 실현을 위해 아무리 저축 및 투자를 열심히 한다고 하여도, 예기치 못한 사고나 질병으로 인해 어렵게 조성한 자금들을 치료비로 지출하게 된다면 여러 측면에서 곤란을 겪게 될 수밖에 없다. 이는 급작스럽게 발생할 수 있는 주택 화재나, 자동차 사고 등과 같은 위험도 마찬가지 결과를 가져올 수 있다. 따라서 발생 가능성이 있는 위험에 대해 적절히 대비하는 것은 개인 및 가계 재무관리에 상당히 중요하다. 이를 판단할 수 있는 지표로 보장성보험준비지표가 있으며, 아래와 같이 판단한다.

재무비율	정 의	가이드라인
보장성보험료 / 총소득	• 보장성보험료: 종신보험, 정기보험, 실손보험, 암보험, 자동차보험, 화재보험 등 보장성보험에 지출하는 보험료의 합계 • 총소득 = 총유입 − 기타유입	8~10%

한 가지 명심할 것은 위에서 제시한 재무비율과 가이드라인이 절대적인 기준이 아니라는 것이다. 개인의 재무상황, 환경, 가치관 등에 따라서 달라질 수 있다. 또한 권장 가이드라인을 충족하지 못한다고 실망하여 재무목표를 이루어 가는 과정을 포기할 필요가 없다. 이 기준은 재무상태 분석에 참고로만 활용할 것을 권장한다.

One Point

재무상태의 SWOT분석

SWOT분석이란 원래 '기업의 내부 환경과 외부 환경을 분석하여 강점(strength), 약점(weakness), 기회(opportunity), 위협(threat) 요인을 규정하고 이를 토대로 경영전략을 수립하는 기법'을 이야기한다. 이 분석의 가장 큰 장점은 내 · 외부 환경 변화를 동시에 파악할 수 있다는 것이다. 내부 환경을 분석하여 강점과 약점을 찾아내며, 외부 환경 분석을 통해서는 기회와 위협요인을 찾아내는 것이다. 이러한 기법을 개인재무설계에 응용하여 나의 재무상태의 강점은 살리고 약점을 보완하며, 기회 요소를 적극적으로 활용하고 위협 요소는 제거할 수 있는 재무설계안을 수립할 수 있도록 하여 실천 가능성을 높이는 것이다.

[SWOT 항목의 예]

[강점(Strength)]	[약점(Weakness)]
• 안정적인 소득 기대 • 정기적인 저축 • 높은 투자비중 • 정년보장이 되는 근무환경 • 은퇴 후 안정적인 연금재원 확보 • 맞벌이 소득구조 등	• 과도한 부채 • 순자산의 부족 • 소득 대비 과다한 지출 • 과다한 보험료 지출 • 재무지표 가이드라인을 벗어난 재무상태 등
[기회(Opportunity)]	[위협(Threat)]
• 부모님의 충분한 노후준비로 부양에 대한 부담 적음 • 부모님 사업의 승계 등	• 임차보증금 및 월세 인상 등 • 거주주택비용 부담 증가 가능성 • 장바구니 물가상승 • 투자환경의 불확실성으로 인한 투자가치 하락 • 불안한 고용환경 등

출처: 김민정 외, AFPK 재무설계 개론(한국FPSB, 2019)

2 예 산

2.1 예산의 정의

예산의 사전적 정의는 '필요한 비용을 미리 헤아려 계산함. 또는 그 비용'이라고 되어 있다. 또한 경제적인 의미를 살펴보면 '국가나 단체에서 한 회계연도의 수입과 지출을 미리 셈하여 정한 계획'이라고 설명하고 있다. 이렇듯 우리는 보통 예산이라고 하면 국가, 지방자치단체, 기업 등에서 한 해 또는 일정기간 동안의 살림살이를 위한 (돈과 관련된) 계획을 세우는 것이라고 생각하게 된다. 그런데 개인재무설계에도 이러한 예산의 개념이 요구된다. 앞에서 살펴본 바와 같이 우리가 돈 걱정 없는 안정적인 삶을 이어가기 위해서는 수입과 지출을 잘 관리하는 것이 매우 중요하다. 예산은 수입과 지출을 잘 관리할 수 있도록 하여 개인의 재무목표 달성을 돕는 가장 기초적인 재무관리방법이라고 할 수 있다. 『AFPK 재무설계 개론』(한국FPSB, 2019)에서는 예산을 '예상되는 소득을 바탕으로 재무목표를 달성하기 위한 지출을 계획하고 조정하는 것'이라고 정의하고 있다. 또 이기춘 등은 『소비자재무설계』(학현사, 2009)에서 예산을 '돈과 관련한 최소한의 훈련으로서, 돈을 다루는 방법을 체계적으로 학습하는 것'이라고 설명하고 있다.

이를 종합하면 재무설계에 있어서 예산은 다음과 같은 의미를 지닌다고 할 수 있다.

- 예산은 수입에 기초한 지출에 대한 세부 계획이다.
- 예산은 재무상태, 라이프스타일, 가치를 반영하게 된다.
- 예산은 현금을 계획적으로 사용할 수 있도록 도와준다.
- 예산은 지출의 정도를 가늠하게 해주는 지표가 된다.

이에 본 절에서는 예산의 필요성, 장단점, 예산수립 지침 등에 대해서 학습하고자 한다.

2.2 예산의 필요성과 장단점

2.2.1 예산의 필요성

만약 우리가 원하는 것은 모두 다 이룰 수 있는 무한한 자원(돈)을 가지고 있다면 굳이 복잡하게 예산을 세우고, 수입과 지출을 관리할 필요가 없을 것이다. 또는 아무것도 필요하지 않다는 무소유(無所有), 무엇도 욕심내지 않는다는 무욕(無慾)의 자세로 삶을 살아간다면 예산이 불필요할 것이다.

하지만 우리가 가진 자원과 앞으로 벌어들일 소득에는 분명히 한계가 있다. 1장에서 검토했듯이 평균수명 증가에 따라 필요한 노후자금은 점점 커지고 있고, 출산율은 지속적으로 낮아지면서 부양을 책임질 수 있는 젊은 세대도 감소하고 있으며, 금리도 매우 낮아 쉽게 돈을 불릴 수도 없다. 이러한 현대사회에서 재무목표를 해결하기 위한 계획 없이 살아간다는 것은 너무 위험이 크다. 계획과 대책 없이 버는 대로 다 써버리거나, 오히려 수입보다 더 많은 지출을 한다면 정작 우리가 돈이 필요한 시기에 돈이 없거나 부족하게 된다. 그래서 해야 될 일을 하지 못하게 되거나, 감당하기 어려운 빚을 지게 될 수 있다. 따라서 우리가 재무목표를 보다 원활하게 달성하기 위해서는 현재 내가 보유하고 있는 자산과 부채를 파악하고, 지금의 수입과 미래의 예상 수입을 잘 따져보고 꼼꼼하게 지출을 통제하여야 한다. 이처럼 수입·지출 관리를 합리적이고 현명하게 실행하기 위해서 예산은 꼭 필요한 것이라고 할 수 있다.

One Point

가계부와 예산

앞 장에서 현금유입 및 유출을 잘 기록하기 위한 수단으로 가계부에 대해서 이야기한 바 있다. 그런데 가계부와 예산관리는 큰 차이점이 있다. 가계부는 수입이나 지출이 발생된 '사후에' 기록을 남기는 장부로서 경제활동의 결과만을 적게 된다. 따라서 가계부는 수입·지출내역을 기록하고 이를 분석·관리한다는 면에서는 유용하다고 할 수 있다. 이에 비해 예산은 사전에 지출계획을 세우는 것이다. 그러므로 비효율적인 소비행태를 개선하고 재무목표를 위한 저축이나 투자자금을 증대시키기에는 예산이 더 효과적이라고 할 수 있다. 따라서 우리가 재무목표 달성을 위해 보다 체계적인 계획을 세우고,

이를 지켜나가기 위해서는 가계부 작성보다 예산관리가 훨씬 막강한 위력을 발휘한다고 할 수 있다.

2.2.2 예산의 장점

▪ 예산은 재무설계를 실행하고 점검할 수 있도록 해준다.

일정기간 동안의 현금흐름과 특정 시점에서의 자산 및 부채상태를 분석해서 만들어진 예산은 재무설계 실행의 원동력이 된다. 또한 예산이 계획대로 이루어지고 있는지, 집행에 문제가 없는지 등을 정기적으로 검토하여 재무목표 실현 가능성을 높여 가는 데 있어서 점검기준으로서의 역할을 한다.

▪ 예산은 재무목표 달성을 위한 동기부여 수단이 된다.

우리가 원하는 재무목표에 도달하기 위해서는 재무상태가 정확하게 반영된 예산을 꾸준히 잘 실천하여야 한다. 따라서 합리적인 예산은 목표 달성에 대한 의욕을 고취시키고, 이를 통해 행동을 촉진시키는 동기부여제로서의 역할을 하게 된다.

▪ 예산은 소비지출을 개선하는 데 도움을 준다.

계획 없이 즉흥적인 지출을 반복하게 되면 재무목표 달성은 요원한 일이 될 가능성이 크다. 세부적으로 지출계획이 잘 정리되어 있는 예산을 수립하고 이를 실행하고 점검해 나가면 충동구매, 과소비 등을 억제할 수 있다. 궁극적으로는 순현금흐름을 증가시켜 우리가 원하는 목표 달성에 도움을 주게 된다.

▪ 예산은 비상시를 대비할 수 있도록 한다.

예산을 잘 지켜 간다면 순현금흐름이 0 또는 음(−)으로 나타나는,

즉 지출이 소득과 같아지거나 소득을 초과하여 현금이 부족해지는 상황을 사전에 예방할 수 있다. 또한 계획을 통해 비상예비자금을 적절하게 마련할 수 있도록 함으로써 유사시에 능동적으로 대처할 수 있도록 도와준다.

이외에도 예산을 수립하는 과정은 나의 인생에서 정말 중요한 것은 무엇인지, 어떤 일을 우선적으로 해야 되는지 등 삶의 우선순위를 정할 수 있도록 해준다. 또한 가족 단위의 예산을 수립하게 되면, 가족 공동의 목표를 설정하고 이를 함께 실천해 나가는 과정을 통해 구성원 간의 공감대를 형성할 수 있다. 돈으로 인해 발생된 가족들 간의 갈등을 해소하는 것에도 긍정적인 역할을 한다.

2.2.3 예산의 단점

예산이 무조건 긍정적인 효과만 있는 것은 아니다. 적절하지 못한 예산에는 다음과 같은 단점도 따라올 수 있다.

■ **정확하지 못한 정보에 의한 예산은 효용성이 떨어진다.**

앞서 예산 수립을 위해 충분한 기간 동안 정확한 정보를 수집 및 분석해야 된다고 강조해서 설명한 바 있다. 대략적인 추정치로 작성하거나, 부족한 정보를 기반으로 만들어진 예산은 실현 가능성이 낮아지기 때문에 효용성이 매우 떨어지게 된다.

사실 잘못 세워진 예산으로 인해 실행을 포기하거나, 원하는 목표에 접근하지 못하게 됐을 때의 가장 큰 문제점은 '계획이 실패로 끝났다'는 것이 아니다. 오히려 예산을 수립하고 실행하는 과정에서 겪을 수 있는 몇 번의 실패는 성취를 위한 소중한 경험이 될 수도 있다. 진짜 문제는 돈과 관련해서, 또는 계획을 세우고 실천하는 행위에 대해서 부정적인 생각이 쌓일 수 있다는 것이다. 대충 분석하고, 건성으로 예산 세우고,

실천을 위한 노력도 제대로 하지 않고서는 '내가 다 해봤는데, 그런 거 의미 없다'는 식의 비관적·패배적 생각이 잠재하게 될 수 있다는 것이다. 그래서 현금흐름 분석도 꼼꼼하게 해야 하고, 예산도 현실성 있게 만들어야 된다. 그래야 재무계획들이 성공할 가능성이 높아지고, 이런 성취의 경험들이 쌓여 궁극적으로 행복한 생을 살아갈 수 있는 것이다.

■ 비현실적인 예산은 실효성이 없다.

필자는 매년 100명이 넘는 이들과 현금흐름 분석과 예산 수립을 진행해 오고 있다. 그런데 현금흐름 분석을 마친 사람들 중 그간의 잘못된 지출패턴을 개선하고자 상당히 의욕적인 목표를 제시하는 경우들이 있다. 매월 커피 값으로 20만원 이상을 쓰는데 이것을 당장 끊겠다고 결심하거나, 식대로 50만원 정도 지출하는 사람이 10만원 정도로 줄이겠다고 하는 것이다. 또는 저축을 전혀 하지 않는 이가 매월 꽤 큰 금액을 모으겠다는 계획을 밝히기도 한다. 이렇게 의욕적으로 계획을 세우는 것은 좋지만, 지나치게 무모하거나 비현실적인 경우에는 오래 가지 못하고 중도에 포기하게 될 가능성이 크다. 따라서 달성 가능한, 현실적인 예산을 세우는 것이 상당히 중요하다.

버킷리스트를 작성하는 것과 예산을 수립하는 것에는 큰 차이가 있다. 버킷리스트는 돈이나 시간의 제약을 받지 않고, 우리가 한번쯤은 이루고 싶은 일들을 제한 없이 적는 목록이다. 하지만 예산은 그렇게 작성하면 안 된다. 철저하게 나의 재무상태와 현금흐름에 기반을 두고 작성해야만 한다.

■ 예산이 심리적인 저항감을 불러올 수도 있다.

사람들 중에는 이렇게 계획을 세우고, 그것에 맞추어 실천을 하는 것에 대해 거부감을 갖는 경우가 있다. 때론 자신의 돈을 자기 마음대로 쓸 수 있는 자율성을 침해당한다고 생각하기도 한다. 또한 지나치게 타이트한 계획은 이러한 저항감을 더 크게 불러오는 경향이 있다. 따라서 모든 이에게 이러한 과정이 다 잘 맞는 것은 아니다. 본인의 성향에 맞추어 계획을 수립하고 실천하는 것이 좋다. 또한 예비자금 등을 여유 있게 책정해서 융통성 있고, 급작스런 변화에 대처할 수 있도록 계획을 수립하는 것이 바람직하다.

■ 지나치게 상세한 예산은 오히려 실행에 장애가 될 수 있다.

어떤 이들은 몇 백원 단위까지 예산을 세우거나, 아주 사소한 내용까지 모두 반영하려고 하는 경향을 보인다. 예를 들면 월 영화 1편 감상 11,000원, 공연 1편 관람 20,000원, 도서구입 2권 25,000원처럼 아주 상세하게 계획을 세우는 것이다. 이렇게 계획을 세우면 치밀한 느낌이 들 수는 있으나, 항목이 증가하여 관리도 복잡할 뿐만 아니라 매월 이 돈을 반드시 써야 될 것 같은 강박이 생기기도 한다. 즉 매월 영화를 한 편씩 보지 않으면 무언가 빠뜨린 것 같고 실행을 잘못한 것 같은 느낌이 드는 것이다. 따라서 지나치게 디테일한 계획을 세우는 것보다는 '문화생활비 50,000원'과 같이 융통성 있게 설정하는 것이 좋다. 그래야 해당 범위 안에서 자유롭게 사용하고, 남는 금액이 있으면 저축을 하거나 다음 달로 이월할 수 있는 것이다.

2.3 예산수립 기준

예산을 세울 때에는 다음 사항들에 유의하도록 하자.

■ 예산수립 기간을 고려하자.

재무설계는 인생 전체를 고려하여 돈에 대한 계획을 세우는 것인 반면, 예산은 특정기간 동안의 기대 수입에 기반을 둔 지출계획이라고 할 수 있다. 따라서 현금흐름표와 기간을 통일시켜 1년을 기준으로 하는 것이 좋다. 세부 실행계획은 1개월 단위로 설정해도 괜찮다. 연간 예산보다는 월간 예산이 확인 및 점검이 용이하여 진도 관리에 편리한 측면이 있다. 다만 월단위로 계획을 세울 때에는 등록금, 비정기 상여금, 자동차 보험료, 재산세 등과 같이 매월 발생되지 않고 분기, 반기, 연단위로 발생되는 유입·유출이 누락되지 않도록 잘 확인하여 반영해 주어야 한다. 또한 필요하다면 향후 3년, 5년과 같이 장기간의 예산을 세워보는 것도 미래의 수입과 지출에 대해 미리 예측하고 실천한다는 면에서 의미가 크다.

■ Needs(필수지출)와 Wants(욕구지출)를 구분하자.

의식주 해결과 같이 삶을 살아가는 데 필수적인 지출과 취미·취향 등을 반영하는 욕구지출을 구분하여 예산을 수립하여야 한다. 한정된 수입범위에서 지출계획을 세울 때에는 이런 기준을 가지고 우선순위를 설정하는 것이 바람직하기 때문이다.

■ 예산은 유연해야 된다.

예산에는 여유자금을 포함시켜야 한다. 융통성이 전혀 없는 경우에는 비상시에 대처하기가 힘들어지므로 전체 계획 실행에 어려움이 생기기 쉽다.

■ 예산은 단순하고 알기 쉬워야 하며 일관성이 있어야 한다.

앞에서 언급한 것처럼 지나치게 복잡하거나 상세한 예산은 오히려 실행에 방해가 될 수 있다. 따라서 쉽게 작성하되 그 기준이 꾸준히 적용될 수 있도록 하는 것이 좋다.

■ 고정지출과 변동지출을 구분하자.

이 내용은 3장 끝부분에서 이미 설명한 바 있다.

아울러 다음 사항들도 함께 고려하는 것이 권장된다.

- 미래에 발생될 소득 증가에 대해 과대평가하거나 지나치게 낙관적으로 전망하지 않으며, 소득이 감소하거나 변동이 있을 것으로 예상되면 이를 예산에 빠뜨리지 않고 반영한다.
- 수입은 보수적으로, 지출은 적극적으로 반영하는 것이 목표 달성에 용이하다.

2.4 예산수립 절차

예산수립은 [그림 4-2]와 같은 절차로 진행된다. 이 과정도 재무설계

그림 4-2 예산수립절차

재무목표 달성을 위한 필요자금 추정	재무목표별 달성시기 및 필요금액을 설정하고 이를 위한 저축 및 투자금액을 예측한다.
↓	
모든 종류의 기대소득 추정	해당 기간 동안 유입 가능한 모든 금액을 추정하여 기록한다.
↓	
지출비용 추정	현재 지출을 기반으로 빠짐없이 지출 예상 비용을 추정하여 기록한다.
↓	
기대소득과 지출비용을 비교·검토 조정	소득과 지출 금액을 비교하고 목표달성 가능성을 파악한다. 소득을 증가시키고, 지출을 감소시킬 수 있는 방안도 함께 모색한다.
↓	
예산안의 확정 및 실행	실현 가능한 예산안을 결정하고 이를 실행해 나간다.
↓	
주기적인 모니터링	예산안이 적절했는지, 집행에 어려움은 없는지를 지속적으로 점검한다.

와 마찬가지로 한번 이행하고 종료되는 일회성 절차가 아니다. 조금 거창하게 느껴질 수도 있지만 재무설계의 과정과, 예산을 세우고 실행하고 점검하는 과정은 우리가 생을 마감할 때까지 지속되는 과정이다. 계획 → 실행 → 점검 → (부족한 부분 보완) 계획 → 실행...과 같이 연속적으로 순환되는 과정임을 이해하여야 한다.

One Point

현명하게 예산을 세우기 위해서는

사실 재무설계에 대한 이론적인 배경이 많지 않은 사람들이 예산을 수립한다는 것은 결코 쉬운 일이 아니다.

첫 번째로 어려움을 느끼는 부분은 과거의 데이터가 충분치 않아서 과연 얼마나 벌고, 쓰는지 정확하게 모른다는 것이다. 이것을 위해 우리는 앞 장에서 일정기간 동안의 현금 유입 및 유출 자료를 수집하고, 정리·분석하는 것에 대해서 학습했다. 예산의 단점 항목에서도 살펴보았듯이 정확하지 않은 정보를 바탕으로 작성된 예산은 현실성이 떨어져 모래 위에 쌓은 성처럼 쉽게 무너질 수도 있다. 따라서 충분한 시간을 가지고 나의 유입, 유출을 검토할 필요가 있다. 1달 정도의 기록으로는 부족하다. 적어도 3개월~6개월 정도의 현금 유·출입 기록을 확보하고, 이를 토대로 예산을 수립하는 것이 바람직하다. 다만 이러한 기간 동안 데이터만 모으면서 무작정 기다릴 필요는 없다. 1~2개월 정도의 정보를 바탕으로 우선 기초적인 예산을 수립해서 크게 부담이 없는 사항들부터 실천을 시작하면 된다. 그리고 이를 조금씩 수정해 가면서 예산을 보완해 나가는 것이다. 대신 큰 금액이 유출될 계획 또는 오랜 기간 동안 이행해야 되는 계획 등은 실행을 뒤로 미루는 것이 좋다. 내가 해낼 수 있는 여력이 있는지에 대해 충분히 검토되지 못한 상태에서 큰 금액의 집행, 장기간의 투자, 대출 등을 결정하면 실행에 어려움을 겪거나 중도에 계획 진행을 포기하게 될 가능성이 있기 때문이다.

두 번째로는 어느 정도의 예산을 책정하는 것이 적합한지 잘 모르겠다는 것이다. 즉 한 달 기준 식대로는 30만원이 적합할지, 저축은 20만원을 하는 것이 좋을지 감이 잘 안 잡힌다는 이야기다. 이 문제는 두 가지 방법으로 해결해 보도록 하자. 하나는 앞서 재무상태 분석 파트에서 제시된 가이드라인을 참고하는 것이다. 해당 연령대와 권고안 등을 참조해서 정하는 것이다. 또 한 가지 방법은 확보된 데이터에 기초해서 적정 수치를 설정하는 것이다. 변동지출 중 식비 지출이 너무 많아서 이를 집중적으로 줄이겠다고 결심하는 것은 좋지만 너무 의욕적으로 높게 목표 설정을 하면 곤란하다. 평소 지출금액의 10% 전후로 줄이는 목표를 설정하고, 이것을 달성한 후 추가로 더 절감할 수 있겠다고 판단되면 그때 목표를 수정해도 괜찮다. 처음부터 평균 지출액의 50%와 같이 과도하게 높은 목표를 설정하면 하다가 쉽게 포기하게 되고, 예산 수립과 실행에 대한 부정적인 견해가 쌓일 수 있다. 조금씩 점진적으로 개선해 나가는 것이 바람직하다고 할 수 있다.

2.5 예산의 조정 및 실행

예산수립 과정에서 어떤 재무목표에 더 우선순위를 두고 실행할 것인지를 신중하게 결정해야 한다. 또한 이를 실행해 가는 과정에서도 예상치 못한 변수들로 인해 조정이 필요한 경우가 생길 수 있다. 따라서 한정된 재원으로 어떻게 해야 여러 재무목표를 현명하게 달성할 수 있는지에 대해서 알아보도록 하자.

2.5.1 예산의 조정

■ 재무목표 금액을 조정하자.

처음 예산을 수립하고 재무설계를 진행하는 경우, 각각의 재무목표 금액을 얼마로 정해야 되는지가 상당히 막연할 수 있다. 또 사람은 가급적 좋은 것들을 선호하는 경향이 있다. 누구나 다 가능하다면 좋은 차를 타고 싶고, 멋진 곳을 여행하고 싶고, 풍요로운 은퇴생활을 누리고 싶을 것이다. 하지만 한정된 재원으로 모든 것을 다 풍족하게 준비하는 것은 쉽지 않다. 따라서 적정한 재무목표 금액을 정해야 현실성 있는 예산을 수립할 수 있다. 넉넉하게 책정하는 것보다는 우선적으로 기본적인 금액을 준비하는 것이 현명하다. 예를 들어 '결혼자금'이라는 재무목표 금액을 설정할 때 호텔과 일반 예식장의 예식비용은 상당히 큰 차이를 나타낸다. 이럴 경우 우선 기본적인 예식비용을 기준으로 예산을 세우고, 추후에 여유가 생기면 더 상향 조정하도록 하는 것이다.

■ 재무목표 달성시기를 조정하자.

여러 상황을 고려했을 때, 목표로 하는 시기에 원하는 것을 이루기 어렵다는 판단이 든다면 시행시기를 조정하는 것이다. 대부분의 시기 조정은 예정시기를 뒤로 미루는 것이 될 것이다. 예를 들어 원래 올해 말에 가족 해외여행을 계획했는데, 사정상 달성이 어렵다면 가족들의 양해를 구하고 시기를 내년 이후로 미루는 것이다. 미루는 것은 포기하는 것이 아니다. 또한 미루어진 시간만큼 저축 및 투자를 추가로 진행하여 부족한 금액을 채우기 위한 노력을 해야 할 것이다.

■ 재무목표 간의 우선순위를 조정하자.

예산의 부족으로 모든 재무목표를 이루기 어렵다면 목표들 중 반드시 이루어야 되는 것들이 무엇인지 다시 따져보도록 한다. 이 결과 우선순위가 낮다고 판단되는 재무목표의 금액을 낮추거나 지출시기를 재조정하는 방법을 찾아보자. 경우에 따라서는 하위 재무목표의 실행을 완전히 배제시킬 수도 있다.

■ 주된 지출항목을 조정하자.

위의 방법들로 지출 통제가 어려울 때에는 가계 지출항목 중 가장 큰 것이 무엇인지를 살펴보고 이를 조정하는 것이다. 상담을 통해서 살펴보면 보통 주거 관련 비용 또는 자녀 교육비가 지출에서 상당히 높은 비중을 차지한다. 주거비용은 대출상환 원리금, 관리비, 재산세, 하자보수비용 등 다양한 항목으로 나타나고, 금액이 큰 편이다. 만약 필요 이상으로 넓은 주택에 거주하고 있다면, 평형을 줄이거나 거주비용이 상대적으로 적은 지역으로 이전하는 것을 고려해 보도록 하자. 또한 자녀 교육비의 경우, 워낙 교육열이 높은 우리 사회 분위기상 무조건 줄이기만은 쉽지 않지만 소득 대비 과한 교육비가 지출되지 않도록 현명한 조정이 필요한 부분이다.

2.5.2 예산의 실행

이러한 과정을 통해 세운 예산은 꾸준히 실행하는 경우에만 빛을 발할 수 있다. 물론 예산수립의 과정만으로도 여러 의미가 있기는 하지만, 정작 실행을 하지 않는다면 그 의미는 퇴색되고 말 것이다. 지속적인 실행과 정기적인 점검을 통해 재무목표 달성을 위해서 진전해 나가야 한다. 예산을 실행하는 데 유용한 여러 방법들은 앞으로 제시될 여러 상품들과 함께 설명하도록 하겠다. (가계부 등 앱과 관련해서는 3장 내용 참조)

One Point

재테크 책에 보면(1) – 봉투사용법

재테크 책들을 보면 절약하는 방법, 투자 수익을 높이는 방법, 금융상품 활용법 등 돈과 관련된 다양한 기법들을 소개하고 있다. 하지만 이 중에는 틀린 정보를 포함하고 있거나, 현실성이 없거나, 시대에 뒤처지는 방법들도 여럿 있다.

우리가 돈에 쫓기지 않고, 삶에 넉넉함이 있는 '부자'가 되기 위해선 당연히 돈에 관심을 가지고, 여러 정보에 귀를 기울여야 할 것이다. 하지만 오류가 있는 정보는 자칫하면 돈에 대한 부정적인 견해를 가지게 만들 가능성이 크다.

이번 장에서 학습한 예산과 관련하여 여러 책에 소개되고 있는 기법 중에 '봉투사용법'이라는 것이 있다. 이것은 예산을 세운 뒤 항목별로 봉투를 만들어서 여기에 해당 금액을 넣고 지출을 하는 방법이다. 식비로 15만원을 정했으면 겉면에 〈식비〉라고 쓰인 봉투에 돈을 넣고 다니면서 쓸 때마다 여기서 지출하는 것이다. 이론적으론 그럴싸해 보인다. 남은 잔액을 보면 얼마 썼는지도 알 수 있고, 현금을 직접 쓰면 불필요한 지출도 줄일 수 있다. 하지만 식비, 피복비, 문화생활비... 등등 여러 봉투를 들고 다녀야 하는 것이 얼마나 불편하겠는가? 만약 분실하기라도 하면 또 어쩔 것인가? 또한 교통비 같은 경우에는 현금 이용 시 환승 혜택도 없고 기사님 눈치를 보게 될 가능성이 매우 크다. 이렇게 지속하기 어렵고 불편하고 복잡한 방법은 좋지 않다. 어렵지 않게 지속할 수 있는 방법으로 꾸준히 실천하는 것이 가장 좋다.

실전연습

• 예산 수립하기

앞에서 작성한 현금흐름표와 나의 재무상태의 강점과 개선점을 참조하여 예산을 만들어 본다. 재무목표는 1장 실전연습에서 작성한 내용을 참조하도록 한다.

– 나의 재무목표

단기 재무목표(1년 이내)	장기 재무목표
– 노트북 구입: 100만원 –	– 결혼자금: 5년 뒤 4,000만원 –

– 나의 수입·지출 계획

유입			유출		
구분	내용	금액	구분	내용	금액
근로소득			저축 및 투자		
사업소득					
재산소득			고정지출		
연금소득					
이전소득			변동지출		
기타소득					
기타유입					
계			계		

– 연간 또는 월간기준으로 작성

• **예산 수립 근거**

– 위 예산을 수립하게 된 근거(3장에서 작성한 현금흐름표와의 차이를 기준하여)를 기록한다.

[예] 택시 탑승을 줄여 교통비 월 5만원 절감

핸드폰 요금제 변경을 통해 통신비 매월 1만원 절감

제 5 장

수시인출자금과 비상예비자금

학습목표

- 수시인출자금의 의미에 대해서 이해한다.
- 수시인출자금에 적합한 금융상품은 어떤 것들이 있는지 학습하고, 각각의 특징에 대해서 구분하여 설명할 수 있다.
- 비상예비자금의 의미에 대해서 이해한다.
- 소득 상황별, 연령별 적합한 비상예비자금의 규모에 대해서 설명할 수 있다.
- 비상예비자금 운용에 적합한 금융상품에 대해서 이해하고 이를 제시할 수 있다.

1 수시인출자금

우리는 1장부터 4장에 걸쳐서 재무설계의 개념, 개인재무제표의 작성, 예산의 수립과 실행, 금융상품의 선택기준 등에 대해서 학습하였다. 이번 장부터는 그동안 학습한 내용에 기초하여 각각의 재무목표와 그에 부합하는 금융상품의 특징과 적절한 활용방법에 대해서 학습하고자 한다. 다만 사전에 이해할 것은 시중에 나와 있는 금융상품의 종류가 헤아릴 수 없을 정도로 많아서 각각의 상품을 세세하게 분석하는 데에는 한계가 있다. 따라서 이 책에서는 일상에서 흔히 접할 수 있고, 누구나 쉽게 접근할 수 있는 보편적인 상품들을 위주로 설명을 할 것이다. 이러한 상품들만 잘 이해해도, 기본적인 재무목표를 달성하는 데에는 큰 문제가 없다. 우선 그 첫 번째로 수시인출자금과 이에 적합한 금융상품에 대해서 알아보도록 하자.

1.1 수시인출자금과 금융상품

수시인출자금은 말 그대로 언제든지 현금이 필요할 때, 인출할 수 있는 자금을 말한다.

우리가 현대사회에서 경제생활을 하려면 금융기관의 계좌를 통해 급여도 받아야 되고, 이를 찾아 먹거리나 옷가지를 구입하는 등 생활비로도 사용해야 한다. 전기, 수도, 가스 등의 공과금도 밀리지 않고 납부해야 불편 없이 이용할 수 있다. 또한 물품을 구매하고 그 대금을 결제하기 위한 체크카드나 신용카드를 사용하기 위해서도 수시인출자금이 필요하다. 보험료, 통신비 등 각종 요금의 자동이체도 해야 하고, 필요시 누군가에게 돈을 보내주려면 온라인 송금도 해야 한다.

과거에는 이와 같이 매월 발생되는 여러 지불 의무를 각각의 고지서를 모아서 월말에 은행에 가서 한꺼번에 납부하곤 했다. 하지만 요즘은 금융기관의 계좌를 하나 정해두고, 거기서 일정한 시점에 자동적으로 지불되도록 하는 것이 일반적이다. 이렇게 수시로 인출해서 써야 되는 자금에 적합한 금융상품을 '수시인출상품', '입출금식 상품' 또는 '요구불 예금'이라고 한다.

요구불 예금

예금자가 언제든지 찾아 쓸 수 있는 예금.

또한 이 상품은 인출뿐만 아니라 입금도 자유로우며, 다른 계좌로의 송금 등에 제약이 없는 특징을 가지고 있다. 이러한 수시인출상품은 취급 금융기관 등에 따라 다음과 같은 종류들이 있다.

1.1.1 저축예금

성격	보통예금처럼 예치금액, 예치기간 등에 대한 제약이 없고 입출금이 빈번한 자금을 운용하기에 적합.
판매기관	은행
가입대상	개인
금리	자유화(2019년 말 현재 평균 연 0.10%)
특징	• 체크카드를 연계해서 지불수단으로도 많이 활용함 • 일부 금융기관에서는 일정기간 동안 평균잔액이 정해둔 금액 이하인 경우 이자를 지급하지 않거나, 계좌유지 수수료를 부과하기도 함.

One Point

저축예금(보통예금)은 이자를 얼마나 줄까?

사람들은 대부분 은행의 저축예금을 수시인출자금용 상품으로 활용하고 있다. 그런데 이 상품의 금리가 얼마나 되는지 아느냐고 물어보면 대체로 연 0.5%~1.0% 정도일 거라는 답을 한다. 하지만 2019년 12월 현재 주요 은행에서 판매되고 있는 수시인출상품 소개화면을 보면, 금리가 모두 연 0.1%로 안내되어 있다.

신한은행 수시인출상품 안내 화면

입출금자유상품 [총 23건]

✔ 추천순 | 판매순 | 출시순 | 상품명순 | 10개씩 조회

최저 연 0.10%
최고 연 0.10%
(6개월 세전)

인터넷 | 영업점

신한 주거래 우대통장(저축예금)

만 15세 이상의 고객 대상의 상품으로 수수료 면제, 환율우대 등의 금융혜택이 제공되어 편리한 금융거래가 가능한 주거래 통장입니다.

전환하기 | 상세보기

최저 연 0.10%
최고 연 0.10%
(6개월 세전)

인터넷 | 모바일

쏠편한 입출금통장

이체수수료(모바일, 인터넷, 폰뱅킹ARS), 인출수수료 (신한은행CD/ATM), 타행자동이체수수료가 무제한 면제되며, 쏠편한 저금통을 이용할 수 있는 상품

전환하기 | 상세보기

최저 연 0.10%
최고 연 0.10%
(6개월 세전)

인터넷 | 영업점

신한 주거래 S20통장

- 만 18세 이상 만 30세 이하 고객 가입 가능한 상품(1인 1계좌)
- 쉽게 충족할 수 있는 우대요건으로 금리우대와 수수료면제를 동시에!
- 전자금융수수료, CD/ATM 마감 후 인출수수료 면제를 동시에!
- 인크루트 취업상품권 1만원까지!

전환하기 | 상세보기

최저 연 0.10%
최고 연 0.10%
(6개월 세전)

인터넷 | 영업점

신한 주거래 미래설계 통장

은퇴고객 또는 은퇴준비 고객을 대상으로 여유로운 노후생활을 지원하기 위해 은퇴 이후 연금소득에 해당하는 『공적연금, 퇴직연금,개인연금』 입금시 다양한 우대서비스를 제공하는 종합연금통장

전환하기 | 상세보기

(출처: 신한은행 홈페이지)

이게 어느 정도인지 감이 잘 안 잡힐 수 있는데, 1억원을 1년 동안 은행에 넣어두면 10만원의 이자를 준다는 것이다. 만약 투입한 원금이 1,000만원이라면 고작 1만원!

현재의 소비 욕구를 참고, 1억원을 맡겨 둔 대가가 겨우 10만원. 그렇다면 이 돈은 다 받을 수 있을까? 금융소득 종합과세자가 아닌 일반적인 경우에는 여기에서 이자소득세 15.4%를 부담해야 한다. (금융소득

종합과세대상자는 이보다는 더 많은 세금을 내게 된다.) 즉 세금 15,400원을 빼고 84,600원만 받을 수 있다. 1억이라는 큰돈을 1년 동안 쓰지 않고 맡긴 결과가 84,600원. 너무 적지 않은가? 물론 금융기관 입장에서는 언제든지 찾아갈 수도 있고, 공과금이나 카드 대금 등 여기저기 빠져나갈 수 있는 돈에 높은 이자를 지급하기는 어려울 것이다.

그런데 돈을 여기저기 옮기기 번거롭다는 이유로 이러한 저축예금 계좌에 적지 않은 돈을 넣어두고 쓰는 사람들이 꽤 많다. 그래서는 안 된다. 입출금이 자유로운 상품 중에도 저축예금보다 높은 이자를 주는 상품들이 있다. 따라서 수시인출자금은 이렇게 상대적으로 높은 금리를 제공하는 상품을 이용하도록 하고, 필요한 정도의 금액만 남겨두고 나머지 금액은 적절한 저축상품이나 투자상품에 투입하여야 돈의 가치가 하락하는 것을 방지할 수 있다. 이후에 소개될 상품들이 저축예금 대비 상대적으로 높은 금리를 주는 상품들이다.

1.1.2 시장금리부 자유입출식예금 (MMDA)

성격	시장금리부 자유입출식예금(Money Market Deposit Account)은 은행의 수시입출 및 결제기능을 가진 요구불예금에 시장금리를 지급하는 예금
판매기관	은행
가입대상	개인, 법인
금리	예치금액에 따라 차등금리 지급
특징	• 자유로운 입출금이 가능하며, 저축예금 대비 상대적으로 높은 금리 적용 • 각종 공과금, 신용카드대금 등의 자동이체용 결제통장으로 활용 가능

MMDA는 금리가 자유화되며 등장한 상품으로 수시입출상품인 저축예금 또는 보통예금에 시장이자를 지급해 주는 상품이다. 이 상품은 뒤

표 5-1 KB국민은행 KB우대저축통장(개인 MMDA) 금리

금액	금리(연)
5,000,000원 이상 ~ 10,000,000원 미만	0.10%
10,000,000원 이상 ~ 30,000,000원 미만	0.20%
30,000,000원 이상 ~ 50,000,000원 미만	0.30%
50,000,000원 이상 ~ 100,000,000원 미만	0.40%
100,000,000원 이상	0.70%

출처: KB국민은행 홈페이지

에서 설명하게 될 하루만 맡겨 두어도 높은 금리를 지급해 주는 특징을 가지고 있는 자산운용사의 MMF, 종합금융회사의 CMA 상품에 경쟁하기 위한 목적으로 개발되었다. 〈표 5-1〉은 실제 국민은행에서 판매되고 있는 MMDA 상품의 금리 예시(2019년 12월 기준)이다.

이 표를 보면 금액 규모에 따라 금리를 차등해서 지급하고 있는 것을 알 수 있다. 다만 500만원 미만의 금액은 가입할 수 없다. 그리고 1억원 이상을 가입했을 때 연 0.7%의 금리를 제공하고 있다. 따라서 일반 서민들이 수시인출자금을 운용하기 위한 상품으로 사용하기에는 적합하지 못하다. 또한 목돈을 굴리기에는 정기예금에 비해 금리가 유리한 것이 아니기 때문에 특별한 장점이 없다고 할 수 있다. 500만원 이상의 돈을 1개월 정도 짧은 기간 동안 운용하는 경우에 한하여 효과적이라고 할 수 있을 것이다.

또한 이 상품은 보통 은행에서 MMDA라는 명칭이 아니라 'KB우대저축통장(국민은행)', 'Yes골드점프예금(하나은행)', '고단백MMDA(우리은행)'과 같이 별개의 상품명 또는 혼합 상품명으로 판매되는 경우가 많다. 따라서 이 상품을 가입 및 이용하고자 하는 경우에는 사전에 검색 등을 통해 충분히 알아볼 필요가 있다.

1.1.3 단기금융집합투자기구(MMF)

성격	• MMF(Money Market Fund)는 국채, CD, CP, BA 등 단기 금융상품에 투자하는 펀드 • 신종 MMF: 5년 이하 국채, 투자등급 이상의 회사채와 CP 편입 가능
판매기관	증권사, 은행
운용회사	자산운용사
가입대상	개인, 법인
금리	실적에 따라 변동
특징	• 금융시장 혼란을 막기 위해 당일환매제에서 익일환매제로 변경되었음(단, 사전 약정을 하거나 CMA 연계 개인고객은 당일환매 가능)

MMF는 원래 증권사에서 은행의 단기상품과 경쟁하기 위하여 출시되었다. (판매는 증권사가 하고 운용은 자산운용사에서 한다.) 증권계좌와 연계하여 투자대기자금 예치 시 상대적으로 높은 수익을 제공하는 형태였다. 그런데 2008년 자본시장통합법이 시행된 이후에는 은행에서도 펀드와 같은 간접투자상품 판매가 허용되었다. 따라서 최근에는 증권사뿐만 아니라 은행에서도 MMF 상품을 가입할 수 있게 되었다.

펀드의 형태로 운용되기 때문에 운용사의 실적에 따라 수익률은 변동된다. MMF의 수익률은 일반적으로 은행의 저축예금이나 MMDA보다는 높고, 정기예금보다는 낮은 수준으로 나타난다. 따라서 수시인출자금이나 투자처를 정하지 못한 투자대기자금을 운용하기에 적합하다.

[그림 5-1]은 삼성증권에서 판매 중인 MMF 상품의 예시이다. 2019년 말 현재 연 1% 전후의 수익을 나타내고 있다. 종류에 따라 수익률이 다르게 나타나는 것을 확인할 수 있다.

그림 5-1 증권사에서 판매되고 있는 MMF

출처: 삼성증권 홈페이지

한편 MMF는 국채, AAA등급 이상의 채권 등 매우 안전한 자산에 투자하여 운영 위험을 최소화하고 있지만, 투자라는 상품의 특성상 이론적으로는 원금손실이 발생할 가능성도 있다. 하지만 MMF가 투자하고 있는 대상이 극히 안전한 자산이므로 만약 손실이 발생된다 하더라도 폭은 크지 않을 것이다. 또한 MMF를 운영하는 금융회사에서 고객들의 자금 이탈을 우려하여 손실이 발생될 경우 이를 자체적으로 보전 조치하는 등 다양한 대응을 하고 있으므로 현실적으로 이 상품을 이용하면서 원금손실로 인한 손해가 발생될 가능성은 거의 없다고 볼 수 있다.

1.1.4 종합자산관리계좌(CMA)

성격	• CMA(Cash Management Account)는 단기금융상품에 결제기능을 결합한 상품 • RP(환매조건부채권), 국채, 통안채, AAA등급 이상의 우량채 등에 투자하여 안정성과 수익성을 동시에 추구하는 형태
판매기관	증권사, 종합금융회사
가입대상	개인
금리	유형에 따라 다름
특징	• 급여이체, ATM입출금, 자금이체, 카드대금 납부, 체크카드 연계, 캐시백 제공 등 다양한 부대서비스 • 회사에 따라 MMF형, RP형, MMW형, 종금형 등 다양한 유형으로 제공되고 있으며, 이 중 종금형은 예금자보호가 적용되나, 대부분 판매가 중단되었음.

CMA는 원래 종금사라고 불리던 종합금융회사에서 은행의 저축예금 등 단기상품에 대응하여 초단기자금을 유치하기 위해 개발된 상품이나, 현재는 대부분의 종합금융회사의 영업이 중단됨에 따라 증권사에서 주로 판매되고 있다. 이 상품은 같은 CMA라는 이름으로 판매되고 있지만 RP형, MMF형, MMW형 등 운용방식에 따라 특성이 각각 다르다. 이 상품은 저축예금의 이자가 거의 없는 점을 집중적으로 공략하여, '하루만 맡겨 두어도 연 ○%'와 같은 홍보를 통해 은행에서 잠자고 있던 부동자금 등을 유인하였다. 초기에는 이렇게 상대적으로 높은 금리를 제공한다는 점을 부각시켰으나, 계속 기능을 추가하여 급여이체, 체크카드 연계, 공과금 납부 등의 부가서비스를 개발, 제공하여 은행 입출금 상품과의 차이를 줄이는 데 주력하였다. 최근에는 제휴를 체결한 은행 ATM기를 이용하여 입금 및 출금도 쉽게 처리할 수 있다.

[그림 5-2]는 삼성증권에서 CMA의 다양한 기능을 홍보하고 있는 내용이다.

그림 5-2 CMA의 다양한 기능 안내

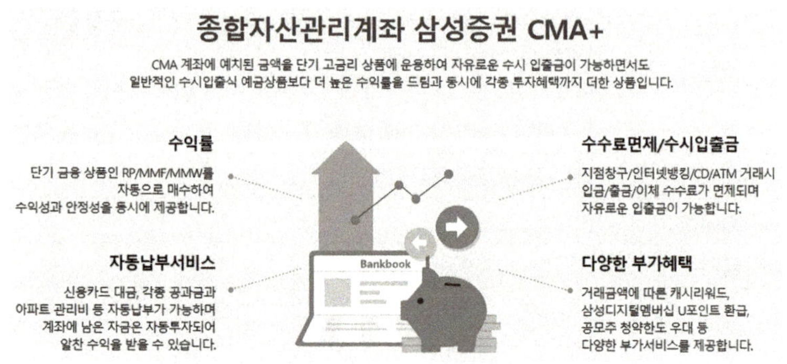

출처: 삼성증권 홈페이지

One Point

언제든지 쉽게 찾을 수 있고, 다양한 목적으로 이용해야 되는 수시인출자금에 가장 적합한 상품으로는 CMA를 추천한다. CMA는 기능상 저축예금과 차이가 거의 없고, 상대적으로 높은 이자를 받을 수 있는 장점을 가지고 있다.

2 비상예비자금

2.1 비상예비자금의 의미

불확실성이 큰 현대사회에서 우리는 재무목표를 실현하기 위하여 예산안을 수립하고 이를 지속적으로 실행해 가야 한다. 그런데 그 과정에서 예상치 못했던 일들로 인해 금전적인 어려움에 직면할 수 있다. 일시적으로 큰돈을 써야 되거나, 소득이 급격하게 감소하거나 심지어 중단되는 일들이 생길 수도 있다. 이렇게 위기와 마주했을 때 재무목표를 위한 노력을 중단하거나 포기하게 되기 쉽다. 그렇게 된다면 우리가 계획했던 삶을 사는 것은 매우 어려워지게 된다. 따라서 이러한 위기상황에 부딪혔을 경우에도 일정한 수준의 생활을 유지하기 위한 자금이 필요하다. 이렇게 유사시를 대비하여 사전에 준비해 두는 돈을 비상예비자금이라고 한다. 현대사회는 고용보장을 기대할 수 없으며, 성장의 둔화로 소득이 규칙적이지 않을 수 있다. 이러한 위험은 우리 인생에 항상 잠재해 있다. 따라서 일정 규모의 비상예비자금이 필요하며, 예산 수립 시에도 이러한 점을 고려하여 융통성 있게 계획을 세워야 여러 상황에 능동적으로 대처할 수 있을 것이다.

2.2 비상예비자금의 필요성

비상예비자금은 특히 다음과 같은 상황에 절실하게 요구된다.

- 근로소득자의 경우 구조조정, 실직, 휴직 등으로 인한 소득 중단
- 자영업자의 불규칙한 소득 구조, 불황으로 인한 급격한 소득 감소
- 사고, 질병 등으로 인한 휴직 또는 휴업, 치료비 발생
- 가족의 결혼, 장례 등 경조사로 인한 급격한 지출 발생

위와 같은 상황에서 사전에 준비된 자금이 충분치 않으면, 여러 어려움에 봉착할 수 있으므로 적정한 규모의 자금을 준비해 두어야 한다.

2.3 비상예비자금 분석

비상시를 대비하여 준비한 예비자금이 적정한지에 대한 평가는 비상예비자금지표를 통해 판단할 수 있다. 이 지표는 가계의 월평균지출금액 대비 유동성자산의 비율로 산출한다. 유동성자산은 언제든지 쉽게

현금화할 수 있고, 원금손실의 우려가 크지 않은 자산이다. 1장에서 학습한 자산과 부채의 분류표에 반영된 자산항목 중 현금성자산(현금, 보통예금, CMA, MMF, MMDA, 만기가 6개월 미만인 CD 등)과 저축성자산(정기예금, 정기적금, 저축성보험 등)이 여기에 해당된다.

• **비상예비자금지표**

재무비율	정 의	가이드라인	연령별 제안
총지출 / 총소득	• 유동성자산= 현금성자산+저축성자산 • 월평균지출=[(고정지출 +변동지출)−소득세]/12	월평균지출의 3~6배	20대: 2배 이상 30대: 3배 이상 40대: 4배 이상 50대: 5배 이상 65세 이상: 6배 이상

비상예비자금지표를 산출할 때 신중하게 고려할 것은 현금성자산 또는 저축성자산 중 특정한 재무목표를 위해 준비된 자산이 있지 않은지 따져봐야 된다는 것이다. 예를 들어 다음해에 대학에 입학하는 자녀의 등록금을 납부하기 위해 준비해둔 정기예금의 경우에는 상품의 성격만 검토하면 저축성자산이 맞다. 하지만 이 자금을 쓰고자 하는 목표가 명확하게 설정된 자산이므로 비상예비자금 분석에 포함하기에는 부적합하다. 만약 이 예금을 비상예비자금 용도로 배정을 하고 긴급한 상황이 생겨 사용해 버리게 된다면, 막상 자녀가 입학하는 시점에서 등록금이 준비되지 못해 곤란을 겪을 수 있기 때문이다. 또한 저축성자산으로 분류해 놓은 저축성보험의 경우에도 잘 살펴보아야 한다. 보험은 상품 구조상 가입 후 짧은 기간 내에 해약을 하게 되면 환급금이 원금에 못 미치게 될 가능성이 크다. 따라서 저축성보험은 가입시점 및 유지기간에 따라 환금성(원금손실을 감수하고 현금화 가능)은 있어도 유동성은 떨어지는 자산이 될 수 있다. 또한 저축성보험도 별도의 재무목표가 있는지를

확인해 보아야 한다. 보통 저축성보험은 10년 이후의 장기 재무목표, 즉 어린 자녀의 교육자금, 주택구입자금, 은퇴자금 등을 위해서 준비하는 경우가 많은데 이렇게 사용목적이 정해진 자산은 비상예비자금에 반영하지 않는 것이 맞다.

월평균지출의 계산식을 살펴보면 [(고정지출+변동지출)−소득세]/12로 되어 있다. 고정지출의 대표적인 항목 중 하나인 소득세를 제외하고 계산하는 이유는 무엇일까? 그것은 소득이 중단되면 소득과 관련된 세금의 지출도 중단되기 때문에 이를 따로 반영하지 않아도 무방하기 때문이다. 또한 우리가 현금흐름표를 작성할 때에는 유출에 저축 및 투자를 포함해서 반영했지만 비상예비자금 산출 시에는 저축 및 투자 금액 또한 제외한다. 비상 상황에서 저축과 투자는 중단될 수 있다고 보기 때문이다. 즉 고정지출과 변동지출 항목만을 반영하여 계산토록 한다.

그러면 비상예비자금의 규모는 어느 정도가 되어야 적합할까? 앞의 가이드라인에서 제시된 바와 같이 월평균지출 금액의 3배~6배 정도가 적합하다. 그럼 3배와 6배를 나누는 기준은 무엇일까? 이에 대한 명확한 기준이 있다고 보기는 어렵다. 하지만 전문가들은 가계 소득원이 1명인 경우, 즉 외벌이인 경우에는 보다 많은 비상예비자금을 준비하도록 권한다. 이유는 맞벌이와 같이 소득원이 2명 이상인 경우에는 누군가의 소득이 감소하거나 중단되더라도 다른 구성원이 소득활동을 지속할 수 있기 때문이다. 따라서 실무에서는 이러한 기준을 적용하여 다음과 같이 제시하고 있다.

가계 소득원의 수	권장 비상예비자금
1명 (외벌이)	월평균지출의 6배 이상
2명 이상 (맞벌이 등)	월평균지출의 3배 이상

또한 앞에서 제시한 가이드라인과 같이 연령대가 증가할수록 비상예비자금을 넉넉하게 준비하는 것이 권장된다. 여러 가지 이유가 있을 수 있지만 상대적으로 연령이 높아질수록 고용불안에 노출될 가능성이 커지고, 질병이나 사고 등의 사유로 소득이 감소하거나 중단될 가능성이 커지기 때문이다. 반대로 20~30대와 같은 젊은 세대의 경우에는 비상예비자금 비중을 상대적으로 낮게 준비하고, 저축이나 투자 비중을 늘리는 것이 바람직하다. 아직 대학에 재학 중인 학생들 또는 사회생활을 하고 있지만 아직 부모로부터 독립하지 않은 경우에는 월평균지출의 2배 정도를 비상예비자금으로 확보해 두면 충분할 것으로 판단된다. 이유는 부양가족이 없고, 대부분의 생활을 부모나 가족과 함께 영위하고 있기 때문이다. 결론적으로 적정한 비상예비자금의 규모는 가계의 소득원 구성, 연령 등을 복합적으로 고려하여 정하는 것이 바람직하다고 할 수 있다.

2.4 비상예비자금 운용을 위한 금융상품의 선택

비상예비자금은 그 명칭에서도 알 수 있듯이 긴급자금이 필요한 경우에 지체 없이 빠른 시간 내에 현금화할 수 있어야 한다. 그러므로 유동성이 가장 좋은 현금성자산 또는 저축성자산으로 운용을 하는 것이 좋다. 이에 해당되는 금융상품들은 아래와 같다. 현금성자산의 주요 상품은 앞 절에서 설명했으니 참조하도록 하고, 저축성자산의 세부 특징은 다음 장에서 살펴보기로 한다.

표 5-2 비상예비자금 운용에 적합한 금융상품

현금성자산	보통예금, CMA, MMF, MMDA, 만기가 6개월 미만인 CD 등
저축성자산	정기예금, 정기적금, 저축성보험 등

빠르게 현금화해야 한다는 비상예비자금의 성격만을 생각하면, 저축성자산보다는 현금성자산이 더 적합하다. 언제든지 인출이 가능하며, 금융기관을 직접 방문하지 않고, 모바일이나 인터넷 등을 이용해서 송금 등을 간편하게 처리할 수 있기 때문이다. 저축성자산의 경우에는 보통 해약이라는 절차를 거쳐야 하므로 유동성, 환금성 측면에서는 현금성자산보다 적합하지 않을 수 있다. (최근에는 대표적인 저축성자산인 정기예금, 정기적금 등도 금융기관 홈페이지나 모바일 어플리케이션 등을 이용해 쉽게 해지·해약 처리할 수 있다. 다만 기관이나 상품에 따라 주간 업무시간 중에만 처리되는 경우가 있어 환금성 측면에서 현금성자산 대비 다소 뒤처질 수 있다.)

그런데 수시인출상품을 비상예비자금을 위한 상품으로 활용하는 경우 우리가 생각해 볼 것은 금리이다. 앞 절에서 살펴본 것과 같이 수시인출상품은 대부분 아주 낮은 금리를 제공한다. 우리가 자금을 운용할 때에는 적어도 물가상승률과 같거나 이보다 큰 상품을 통해서 관리를 해야 돈의 가치, 구매력이 하락하는 일이 없다고 했다. 그런데 비상시를 대비한다는 이유로 이러한 초저금리 상품군에 너무 많은 자금을 투입하게 되면 금융자산의 가치가 지속적으로 감소하게 된다. 그러므로 수시인출자금 중에서 이자가 거의 발생되지 않는 보통예금, 저축예금은 배제하고 연 1% 내외의 이자를 지급하는 CMA 또는 MMF와 같은 상품을 활용하는 것이 좋다. 또한 환금성이 크게 문제되지 않는다면 정기예금을 활용하는 것도 고려해 볼 수 있다.

비상예비자금이 하나도 없으면 곤란하겠지만 이를 필요 이상으로 너무 많이 준비하는 것도 비효율적이다. 따라서 꼭 필요한 만큼만 준비해 두는 것이 바람직하다.

One Point

금융자산을 깨지 않고 비상예비자금 확보하기

위에서 설명한 바와 같이 비상예비자금은 현금화가 용이한 현금성자산이나 저축성자산으로 운용하는 것이 좋다. 그러나 학생이거나 사회생활을 막 시작한 신입사원, 소득이 많지 않아 경제적 여력이 크지 않은 사람이 3~6개월 정도의 월평균지출 금액을 따로 떼어놓는다는 것은 쉽지 않은 일이다. 그렇다고 비상예비자금을 전혀 준비하지 않고 있기에는 여러모로 불안할 수 있다.

이럴 때에는 준비해둔 저축성자산을 임시로 이용하는 방법을 생각해 볼 수 있다. 보통 금융기관에서는 고객의 예치금을 담보로 돈을 빌려주는 제도를 운영하고 있다. 은행의 '예금담보대출', 보험사의 '약관대출' 등이 그러한 제도이다. 증권사에서도 고객이 투자하고 있는 주식이나 투자상품을 담보로 대출을 시행하고 있다. 즉 맡겨둔 금액의 일정 부분을 긴급자금 필요시 활용할 수 있도록 하고, 그에 대한 대가로 이자를 받는 것이다.

예를 들어 내가 A은행에 1,000만원의 예금을 예치해 두었다고 하자. 그러면 이 돈을 근거로 하여 대출가능비율까지 빌려 쓰는 것이다. 만약 대출이 90%까지 가능하다면 900만원까지는 언제든지 사용할 수 있다. 그리고 대출이자는 예금금리에 일부를 가산해서 결정된다. 만약 예금금리가 연 2%라면, 대출이율은 여기에 1%를 더해 3%가 되는 식이다.

이때 사용자는 해당 금융상품을 해약할 필요가 없다. 즉 긴급상황이 해소된 뒤에 대출받은 금액을 상환하면, 원래 계획했던 재무목표 달성에도 지장이 없게 되는 것이다. 또한 예치한 금액은 대출을 사용하는 중에도 계속 이자가 붙는다. 앞의 경우 예치금 1,000만원에 대해서는 연 2%의 예금이자가 더해지고, 빌린 돈 900만원에 대해서는 연 3%의 대출이자가 계산되는 것이다. 따라서 별도로 대출을 받는 경우와는 달리 이자에 대한 부담이 크지 않다는 장점이 있다. 단 금융기관과 가입 상품에 따라 대출방식, 대출가능비율, 금리 등이 상이하므로, 반드시 사용 전에 조건을 꼼꼼히 확인하고 이용하는 것이 좋다.

이와 관련하여 한 가지 더 고려해 볼 것이 있다. 그것은 이렇게 빌린 대출금을 얼마동안 쓸 것인가에 대한 것이다. 즉 이용기간에 대해서 생각해 봐야 한다는 이야기다. 자금이 일시적으로 필요하여 잠깐 빌리고 단기간 내에 상환할 수 있다면 위에서 설명한 대출제도를 이용하는 것이 유리하다. 보유한 금융자산을 유지하면서, 긴급자금도 해결할 수 있기 때문이다. 하지만 오랜 기간 동안 갚기가 어렵다면 대출제도를 이용하는 것보다 해당 상품을 해지하고, 환급금을 찾아서 쓰는 것이 낫다. 이자가 크지는 않다고 해도 대출을 이용하는 기간 동안에는 지속적으로 이자를 내야 하기 때문이다. 이런 경우에는 그 금융자산이 특정한 재무목표를 위해 준비한 것인지를 잘 살펴보고, 해지 여부를 결정하여야 한다. 특히 저축성보험의 경우에는 가입하고 시간이 많이 경과되지 않았을 경우에는 환급금이 투입원금에 현저히 미치지 못하기 때문에 매우 신중하게 결정해야 될 것이다.

One Point

비대면 계좌개설

앞에서 살펴 본 바와 같이 수시인출자금, 비상예비자금을 운용하기에 상당히 좋은 상품 중 하나가 CMA이다. 일반적으로 이 상품은 증권사에서 가입할 수 있다. 하지만 아직도 많은 사람들은 증권사에 방문하는 것을 부담스러워 하는 경향이 있다. 아마도 증권사라고 하면 '투자'를 생각하게 되고, 곧 원금손실 등을 걱정하게 돼서가 아닌가 싶다. 또한 상대적으로 은행점포에 비해 증권사의 점포 숫자가 적어서 직접 방문도 용이하지 않다. 따라서 CMA 상품을 가입하고 사용하려고 하여도 증권사 지점을 찾기가 어려워, 개설을 하지 못해 포기하는 경우도 있다. 또한 최근에는 은행도 오프라인 점포를 지속적으로 축소하고 있는 추세라, 새롭게 계좌를 만드는 것이 쉽지 않다.

이럴 때 유용하게 사용할 수 있는 방법이 '비대면 계좌개설'이다. 말 그대로 얼굴을 서로 마주하지 않고, 계좌를 개설하는 방법이다. 즉 점포 방문 없이 모바일 등 온라인을 이용해서 계좌를 만드는 것이다. 비대면 계좌개설은 기관마다 절차의 차이는 있을 수 있지만, 대략 다음과 같은 과정을 거쳐 계좌 개설이 이루어진다.

모바일 어플리케이션 설치 → 계좌개설 메뉴 선택 → 신분증 촬영 및 본인인증 → 개설완료 거래시작

비대면으로 계좌 개설을 한 뒤에는 일반적으로 은행이나 증권사 지점에 방문해서 계좌를 만든 경우와 차이 없이 동일하게 계좌를 이용할 수 있다.

실전연습

• CMA 계좌 개설해 보기

교재에서 학습한 내용을 참조하여, 온라인 검색 등을 통해 CMA 상품을 취급하는 증권사를 선택하여 가까운 점포를 방문하거나, 비대면 계좌개설 절차에 따라 계좌를 개설해 보도록 하자.

• 양준호, 이지연씨는 중학교 1학년생인 딸 양혜진을 두고 있는 맞벌이 부부이다. 이들의 현금흐름표는 아래와 같다. 이 부부는 비상예비자금으로 어느 정도가 적절한지를 궁금해 하고 있다. 당신은 얼마를 비상예비자금으로 책정하라고 조언을 해줄 것인가? 그리고 어느 금융상품을 활용하라고 할 것인가?

그 근거에 대하여 설명하시오.

현금흐름표
(20××년 1월 1일~12월 31일, 단위: 만원)

유 입		유 출	
양준호 소득	4,800	**저축 및 투자**	2,400
이지연 소득	3,600		
		고정지출	
		주택대출상환	1,200
		자동차 할부	400
		기타 고정지출	1,800
		소득세	200
		변동지출	1,800
유입 계	8,400	**유출 계**	7,800
		순현금흐름	600

제 6 장

단기목적자금과 저축상품

학습목표

- 단기목적자금의 특징에 대해서 이해한다.
- 단기목적자금을 조성하기 위한 금융상품의 종류에 대해서 구분하여 설명할 수 있다.
- 정기예금의 성격과 특징에 대해서 이해한다.
- 정기적금의 금리와 수익률에 대해서 이해한다.
- 예금금리와 예치기간, 금리의 적용방식에 대해서 이해한다.
- 예금자보호제도에 대해서 설명할 수 있다.

1 단기목적자금

1.1 단기목적자금의 의미

우리는 1장에서 재무목표를 기간별로 설정할 필요가 있다고 학습하였다. 이때 단기목표는 1~2년, 중기목표는 3~5년, 장기목표는 10년을 기준으로 구분하였다. 이러한 기간 분류는 절대적인 것이 아니며 개개인의 상황에 맞게 적절하게 정하여 적용하면 된다고 전제하였다. 예를 들어 결혼적령기인 사람에게는 결혼자금이 단기목표에 해당되지만, 20대 초반의 대학생에게는 장기목표가 될 수 있기 때문이다.

1~2년 뒤처럼 비교적 짧은 기간 내에 발생될 수 있는 재무목표를 위해 준비된 자금을 '단기목적자금'이라고 표현한다. 여기에 해당될 수 있는 재무목표의 예로는 등록금, 여행자금, 자동차 구입비용, 결혼자금, 전세자금, 양육 및 출산 자금, 자녀 교육자금 등 여러 가지가 있을 수 있다. (이 또한 개인의 상황에 따라 달라질 수 있음을 잊지 말아야 한다.) 이러한 단기목적자금은 중기자금 또는 장기자금에 비해 준비기간이 짧으므로 이러한 점을 충분히 고려해서 적합한 금융상품을 선택해야 할 것이다.

1.2 단기목적자금의 특징

■ 유동성이 가장 중요하다.

단기자금은 준비할 수 있는 기간이 짧다. 따라서 필요한 시점에 원금 손실의 걱정 없이 현금화할 수 있는지를 각별히 신경써야 한다. 예를 들어 2년 뒤에 중요한 계약의 잔금을 치러야 하는데 쉽게 해약할 수 없는 장기상품에 자금이 묶여 현금화하려면 많은 페널티를 부담해야 된다면 잘못된 금융상품을 선택해서 준비한 것이다. 따라서 필요시점에 손쉽게 인출할 수 있도록 유동성을 최우선 기준으로 판단하여야 한다.

■ 수익률보다는 안정성이 더 중요하다.

사람들은 누구나 낮은 수익보다는 높은 수익을 선호한다. 가능하다면 짧은 기간에도 더 많은 이자나 투자이익을 얻고 싶어한다. 이러한 생각을 바탕으로 1년 뒤 결혼식에 쓸 자금을 전망이 좋다고 하는 주식에 투자했다고 생각해 보자. 이 주식이 기업실적도 좋고, 시장가치도 점점 상승하여 결혼식을 치루는 시점에 높은 수익을 얻게 되었다면 더할 나위 없이 좋은 일일 것이다. 하지만 찾아서 써야 될 시점에 해당 기업가치에 악영향을 미치는 사건이 발생하여 자산가치가 폭락하였다면 어떻게 할 것인가? 아마도 손실로 인해 모자라는 부분을 대출을 받아서 메꾸던지, 최악의 경우 결혼식을 미루게 될 수도 있을 것이다. 높은 수익에는 그만큼의 위험이 따른다. 우리에게 시간이 충분하다면 투자과정 중에 손해가 발생하여도 이를 복구할 수 있는 여유가 있지만 1~2년의 단기목표는 이러한 복구시간이 충분치 않다. 따라서 수익률보다는 안정성에 더 중점을 두고 상품을 선택하여야 한다.

1.3 단기목적자금에 적합한 금융상품

단기재무목표는 무엇보다 유동성과 안정성이 우선된다고 하였다. 이러한 특성에 가장 부합하는 금융상품은 정기예금과 정기적금, 채권, 채권형펀드, 원금보장형 구조화상품 등이 있을 수 있다. 이 장에서는 원금이 보장되는 저축상품에 대해 주로 알아보고, 나머지 상품은 투자상품 파트에서 구체적인 내용을 검토하도록 하겠다.

2 정기예금과 정기적금

예금과 적금의 차이는 한자를 보면 쉽게 이해가 된다. 예(預)는 '맡기다'라는 의미를 가지고 있다. 반면 적(積)은 '쌓다'라는 뜻이다. 즉 예금은 내가 보유하고 있는 돈을 금융기관에 맡겨서 이자를 얻기 위한 것으로 '목돈굴리기' 상품이라고 할 수 있으며, 적금은 꾸준히 돈을 모아가는 '목돈만들기' 상품이라고 할 수 있다. 예금과 적금은 대표적인 저축상품으로 다음과 같은 특징을 가지고 있다.

2.1 정기예금

성격	• 이자수익을 목적으로, 일정기간 동안 예치하기로 약정하는 상품
판매기관	은행, 상호저축은행, 상호금융(새마을금고 등)
가입대상	개인, 법인
금리	상품 종류, 가입기간에 따라 달라짐
특징	• 약정기간 이전 해약 시 중도해지이율 적용 • 예금자보호제도 적용

정기예금은 정해진 기간 동안 돈을 맡기고 그에 대한 이자를 받는 금융상품이다. 주로 1~3년 정도의 기간 동안 목돈을 운영하기 위한 목적으로 많이 활용된다. 상품의 자세한 특징은 사례분석을 통해 알아보도록 하자.

[사례분석: KB Star 정기예금]

사례분석을 통해 현재 시중에서 실제 판매되고 있는 정기예금 상품을 분석해보도록 하겠다. 미리 전제할 것은 분석내용은 대상 상품에 국한된 것이며, 금융기관과 상품 종류에 따라 조건이 상이할 수 있다는 것이다. 하지만 금리, 가입기간 등의 세부 조건은 달라도, 일반적인 내용들은 크게 다르지 않으므로 아래의 상품 분석을 이해하고 나면, 다른 저축상품 이해에 도움이 될 것이다. 다음 표는 국민은행 홈페이지에서 'KB Star 정기예금' 상품 내용을 발췌한 것이다(2019년 12월 기준).

최고금리	연 1.75%	2019.12.3.현재 세전, 36개월 기준 신규(또는 재예치)일 당시 영업점 및 인터넷 홈페이지에 고시한 계약기간별「고객적용이율」 적용
가입기간	1개월 이상 36개월 이하	월단위
가입금액	1백만원 이상	추가입금 불가
분할인출	○	가입일로부터 1개월 이상 경과된 계좌에 한하여 계좌별 3회(해지 포함)까지 일부금액 인출 가능
재예치	○	자동재예치(원금), 자동재예치(원금+이자) 선택 가능
예금담보대출	○	계좌잔액의 95%까지 가능
예금자보호	○	원금과 이자 포함 1인당 최고 5천만원까지 가능
세제혜택	○	비과세종합저축으로 가입 가능
만기이자 계산방법	신규금액×약정이율×약정개월수÷12 ※ 일수: 입금일부터 만기일 전일까지	
중도해지이율	최저 연 0.1%	
예금만기	만기해지방법 중 자동해지, 자동재예치(원금), 자동재예치(원금+이자) 선택	

① **최고금리:** 금융기관에서는 일반적으로 상품 예시를 할 때, '최고 연 ○%'와 같이 표시한다. 그런데 이 금리는 모든 조건이 다 충족되었

을 때 받을 수 있는 금리를 의미한다. 상품에 따라 가입기간, 급여이체, 카드실적, 공과금 자동이체 등 우대금리를 받을 수 있는 조건이 각각 다르게 제시되어 있다. 이를 채울 때마다 해당되는 금리를 가산해 주는 방식으로 금리가 결정된다.

우대금리조건

그림 6-1 국민은행 우대금리조건

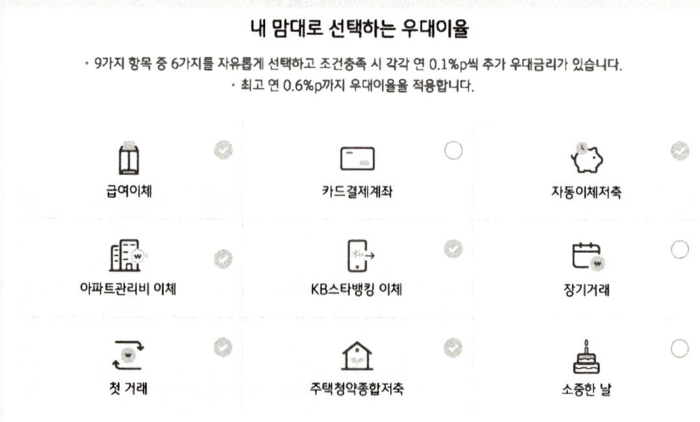

출처: 국민은행 홈페이지

국민은행의 예·적금상품 중에는 위 그림과 같이 여러 조건을 제시하고, 이에 부합되는 경우에 우대금리를 제공한다. 위 상품 예시에서는 총 9가지 조건 중 최대 6가지를 선택할 수 있으며, 매 조건마다 연 0.1%p씩 최대 연 0.6%p까지 우대금리를 받을 수 있도록 되어있다.

따라서 저축상품을 가입할 때에는 최고금리를 보고 판단해서는 안 되고, 기본금리를 확인하고 여기에 나에게 해당되는 가산항목이 있는지를 따져 보아야 한다. 최고금리는 높게 제시되어 있지만, 나에게 적용

표 6-1 'KB Star 정기예금' 가입기간별 적용금리

기 간	기본이율(%)	고객적용이율(%)
1개월 이상 ~ 3개월 미만	1.10	1.23
3개월 이상 ~ 6개월 미만	1.20	1.36
6개월 이상 ~ 12개월 미만	1.40	1.46
12개월 이상 ~ 24개월 미만	1.50	1.53
24개월 이상 ~ 36개월 미만	1.50	1.52
36개월	1.75	1.75

출처: KB국민은행 홈페이지

되는 것은 기본금리 외에는 아무 것도 없는 경우도 있다. 이것은 정기예금뿐만 아니라 정기적금에서도 동일하게 적용되는 원리이니 꼭 기억하고 있어야 한다.

앞의 사례분석에서 제시된 최고 연 1.75%의 금리를 받기 위해서는 가입기간을 36개월로 해야 된다. 〈표 6-1〉은 이 정기예금의 가입기간별 적용금리이다.

② **가입기간**: 이 상품은 예치기간을 1개월에서 36개월까지 월단위로 선택할 수 있도록 되어있다. 과거 정기예금은 6개월, 1년, 2년, 3년처럼 일정한 기간을 정하도록 했는데, 최근에는 월단위로 자유롭게 설정할 수 있다. 예금상품의 예치기간은 보통 3년이 가장 길다. 여기서 우리는 두 가지를 생각해 볼 수 있다. 첫 번째는 위 표에서 볼 수 있듯이 예치기간이 길어질수록 적용되는 이자가 점점 커지는데 왜 그런지에 대한 것과 두 번째로는 왜 5년짜리, 10년짜리 예금은 없고 3년짜리가 가장 긴 것인가에 대한 것이다. 이 내용은 뒤에 one point에서 살펴보도록 하겠다.

③ **가입금액**: 1백만원 이상 자유롭게 설정하게 되어 있다. '추가입금

불가'라는 조건은 처음 예치한 금액 외에 추가로 더 예치할 수 없다는 의미이다. 은행에서는 예금이 많이 들어올수록 사용 가능한 자금이 많아지므로 좋을 텐데 추가 납입을 막는 이유는 무엇일까? 그것은 예금과 같은 저축상품은 가입시점에서 이미 금리가 결정되기 때문이다. 즉 100만원에 대하여 연 2%의 이자를 지급하기로 약정을 하였는데, 시중금리가 하락하여 연 1%대로 떨어졌다고 가정해보자. 그러면 사람들은 상대적으로 높은 금리가 적용되는 이 상품에 더 많은 돈을 예치하고 싶어할 것이다. 이를 허용하면 은행입장에서는 애초에 약정했던 금액보다 훨씬 더 많은 돈에 대해서 시중금리보다 높은 이자를 지급해 줘야 하는 상황이 된다. 이렇게 되면 은행입장에서는 금리 차이로 인한 손해가 발생하게 되므로 이를 방지하기 위해서 추가 납입을 제한하는 것이다.

④ **분할인출**: 1,000만원을 예금에 넣어뒀는데, 갑자기 300만원 정도가 급하게 필요하게 된 경우를 생각해 보자. 과거에는 이런 경우에 전체 금액을 다 해지해서 인출해야만 했다. 그러면 만기까지 채우지 못하므로 최초 약정했던 이자를 다 받지 못하게 된다. 따라서 이렇게 중도해지로 인해 이자를 손해 보는 불편을 해소하고자 자금 필요 시 전체금액을 해지하지 않고, 필요한 금액만큼만 나누어서 인출할 수 있도록 한 것이다. 이 상품은 계약 종료 시 해지를 포함해서 최대 3회까지 인출할 수 있도록 되어있다.

⑤ **재예치**: 예금이 만기가 되면 원금과 이자를 인출하지 않고 다시 은행에 예치하는 것을 재예치라고 한다. 자동재예치(원금) 방식은 만기일에 원금부분만 재예치하고 이자는 출금할 수 있는 방식이고, 자동재예치(원금+이자) 방식은 만기해지 시점에 찾을 수 있는 원금과 이자 전액을 다시 예치하는 것이다. 재예치를 할 때에는 원래 약정했던 금리가 적용되는 것이 아니라 재예치 시점의 금리가 적용된다.

⑥ **예금담보대출**: 앞 장의 비상예비자금에서 설명한 바 있는 내용으로서, 예치해 둔 금액의 일정 비율까지 대출을 할 수 있는 제도이다. 이 상품은 계좌잔액의 95%까지 대출할 수 있으므로, 현재 잔액이 만약 100만원이라면 95만원까지 빌릴 수 있는 것이다. 이때 이자는 이 상품의 예금금리 +1%로 결정된다.

⑦ **예금자보호**: 이 상품은 예금자보호법에 의해 보호된다는 의미이며, 예금자보호에 대한 자세한 내용은 뒤에서 다시 설명한다.

⑧ **세제혜택**: 이 상품은 비과세종합저축 가입이 가능하다. 비과세종합저축에 대해서는 12장 금융과 세금 부분에서 설명하도록 한다.

⑨ **만기이자계산방법**: 앞에서 이 상품의 가입기간은 1개월에서 36개월까지 월단위로 자유롭게 설정할 수 있다고 했다. 이때 이자계산은 다음과 같이 계산할 수 있다.

신규금액 × 약정이율 × 약정개월수 ÷ 12

예를 들어 1,000만원을 20개월 동안 예치하기로 한 경우, 금리예시표에 따르면 기본금리는 연 1.50%이다. 그러면 만기에 받을 수 있는 이자금액은 1,000만원×1.5%×20÷12로 계산해서 25만원이 되는 것이다.

⑩ **중도해지이율**: 예금을 만기까지 유지하지 못하고, 중간에 해지를 하게 되면 받게 되는 이율이다. 이 이율은 만기에 받을 수 있는 약정이율보다 훨씬 작다. 표에는 최저 0.1%라고 되어 있는데, 이것은 우리가 앞에서 살펴본 저축예금 금리와 동일하게 낮은 수준이다. 다만 항상 이 금리가 적용되는 것은 아니고, 계약 후 얼마나 경과한 뒤에 해지를 했는지에 따라서 적용되는 금리는 달라진다. 예시 상품의 기간별 중도해

지이율은 다음과 같다.

예치기간	이 율
1개월 미만	0.1%
1개월 이상 ~ 6개월 미만	기본이율×50%×경과월수/계약월수
6개월 이상 ~ 8개월 미만	기본이율×60%×경과월수/계약월수
8개월 이상 ~ 10개월 미만	기본이율×70%×경과월수/계약월수
10개월 이상 ~ 11개월 미만	기본이율×80%×경과월수/계약월수
11개월 이상	기본이율×90%×경과월수/계약월수

* 단 위 산식대로 계산하되 경과기간이 1개월 이상 ~ 3개월 미만인 경우 최저금리 0.3%, 3개월 이상인 경우 최저금리 0.5% 적용

> 정기예금을 가입할 때는 만기까지 유지하지 못할 경우 이자 손해를 볼 수 있으므로, 자금을 찾지 않고 묶어 둘 수 있는 기간을 냉정하게 고려해서 가입기간을 결정해야 된다. 가입기간이 길수록 높은 금리를 준다고 해서 무조건 기간을 길게 설정하는 것은 바람직하지 못하다.

⑪ **예금만기:** 만기가 되면 원금과 이자를 다시 예치할 것인지 아니면 인출할 것인지를 선택할 수 있다. 자동재예치에 대해서는 앞에서 설명했고, 자동해지는 만기가 도래하면 해지 처리하여 원금과 이자를 지정한 계좌로 입금하여 주는 것이다. 최근에는 대부분의 예·적금 상품이 만기와 함께 자동으로 해지 처리가 되는데 과거에는 가입자가 요청해야 인출 등의 처리가 가능했다. 이때 유의하여야 할 것은 은행의 예·적금 상품은 만기 이후에는 약정이자를 지급하는 것이 아니라, 이자를 전혀 안 주거나 저축예금 정도의 아주 낮은 이자만 준다는 것이다. 따라서 자동해지나 자동재예치가 적용되지 않는 상품의 경우에는 만기 관리를 각별히 해야만 한다. 이를 방치할 경우 소중한 나의 자산이 시간이 지날수록 계속 가치가 하락하는 상황이 되기 때문이다.

One Point

정기예금 가입기간과 금리

Q1. 왜 정기예금은 가입기간이 길수록 금리가 높을까?

앞에서 살펴본 바와 같이 예금은 가입기간이 길어질 수록 높은 금리를 제공한다. 이것은 은행 사업구조에 대한 이해가 필요하다. 은행은 기본적으로 돈을 맡기고 싶어하는 사람에게 예금을 받아서, 돈이 필요한 사람에게 대출을 해준다. 예를 들면 연 1.75%를 주기로 하고 예금을 확보한 후 이 자금을 연 3~4% 이자를 받기로 하고 빌려준다. 이러한 예금금리와 대출금리의 차이를 '예대마진'이라고 하고, 이것이 은행의 가장 핵심적인 수입원이다. 따라서 은행은 장기간 안정적으로 운영할 수 있는 자금이 많을수록 좋다. 그렇기 때문에 1년짜리보다 3년짜리 예금에 더 높은 금리를 제공하는 것이다.

Q2. 그러면 왜 5년, 10년짜리 예금은 없는가?

예치기간이 긴 예금이 은행에게 유리하다고 하였는데, 그러면 왜 대부분의 예금상품은 최대 3년 정도로 되어 있을까? 5년, 10년 등 만기가 아주 긴 상품을 판매하면 은행입장에서는 자금 조달이 더 쉽지 않을까? 이런 의문이 생길 수 있다. 일반적으로 예금은 가입 시점에 이자를 얼마나 받을 것인지를 결정한다. 그런데 아주 긴 기간 동안 이자를 고정시키면 어떤 문제가 있을까? 예를 들어 은행에서 장기자금을 확보하기 위하여 10년 만기 예금을 판매하며, 연 2%의 이자를 지급하기로 약속했다고 하자. 그런데 만약 시중금리가 1%, 0.5%대로 하락한다면 은행의 재정상태는 점차 악화될 것이다. 따라서 예금기간이 어느 정도 금리 변동을 예측할 수 있는 1개월~3년 정도로 정해지는 것이다. 은행에도 10년 정도의 긴 상품이 있다. 하지만 이런 상품들은 고정금리가 아닌 변동금리로 운영된다.

One Point

예금자보호제도

정기예금, 정기적금과 같은 저축상품은 대부분 예금자보호법에 의해 보호가 된다. 이 제도에 대해서 알아보도록 하자.

이 제도는 만약 금융회사가 가입자들의 예금을 지급할 수 없는 상황에 처하면 예금보험공사(KDIC)가 일정 금액까지 원금과 이자에 대한 지급을 보장해 주는 것이다.

이 제도는 다음과 같은 특징을 가지고 있다.

- 보호대상은 예금자보호금융상품에 한함.
- 원금손실의 가능성이 있는 투자상품은 해당되지 않음.
- 보장한도는 다음과 같다.

① 원금과 소정의 이자를 합하여 1인당 최고 5천만원(세전)까지 보호

② ①과 별도로 예금보호대상 금융상품으로 운용되는 확정기여형퇴직연금제도(DC형) 또는 개인형퇴직연금제도(IRP)의 적립금을 합하여 가입자 1인당 최고 5천만원(세전)까지 보호(2015년 2월 26일부터 적용)

- 소정의 이자는 다음과 같이 계산한다.

  Min(해당 금융회사의 약정이자, 예금보험공사 공시 이자)

  예를 들어 금융기관과 약정한 이자율이 1.8%이고 예금보험공사가 공시한 이자율이 1.0%라고 하면, 둘 중 적은 금리인 1.0%를 적용해서 계산한다는 의미이다.

2.2 정기적금

성격	• 목돈 형성과 이자수익을 목적으로, 일정기간 동안 일정 금액을 적립하기로 약정하는 예금
판매기관	은행, 상호저축은행, 상호금융(새마을금고 등)
가입대상	개인, 법인
금리	상품 종류, 가입기간에 따라 달라짐
특징	• 약정기간 이전 해약 시 중도해지이율 적용 • 예금자보호제도 적용

정기예금이 이미 만들어진 목돈을 굴리기 위한 상품이라면, 정기적금은 목돈을 조성하기 위한 상품이다. 계약기간과 계약금액을 정하고, 만기가 될 때까지 정기적으로 예입하는 금융상품이다. 상품 종류에 따라서는 정해진 금액 및 기간이 아니라 자유로운 금액을 아무 때나 불입할 수 있는 자유적립식 상품도 있다. 또한 정기예금이 월단위로 가입기간을 설정할 수 있는 반면, 정기적금은 일단위로 설정할 수도 있다. 정기적금은 보통 36개월까지를 저축기간으로 정하는 경우가 많다.

2.2.1 정기적금의 활용

정기적금은 예금자보호제도의 적용을 받는다. 따라서 단기목적자금이 1~2년 사이에 필요하다고 볼 때, 정기적금은 원금손실에 대한 우려 없이 이러한 단기자금을 조성하는 데 매우 적합하다. 만약 약정기간 만기가 도래하지 않은 상태에서 해약을 하는 경우에도, 비록 약정이자는 다 받지 못하더라도 원금은 손실 없이 회수할 수 있다는 장점이 있다. 또한 적립금액이 어느 정도 쌓이면 예금담보대출제도를 활용해서 비상예비자금으로 사용할 수도 있다.

또한 정기적금은 투자를 위한 종자돈을 조성하는 데에도 유리하다. 개인마다 편차가 있을 수 있지만 일정 규모까지는 손실 걱정이 없는 저축상품을 활용해서 목돈을 조성하고, 이 돈이 목표한 금액에 도달하면 예금에 예치하거나 투자상품에 투입하여 전체 자산의 수익률을 높일 수 있다.

이렇게 조성된 자금으로 결혼자금, 전세보증금, 자녀 등록금 등의 재무목표를 해결할 수 있을 것이다.

2.2.2 정기적금의 금리와 수익률 이해하기

은행의 상품 안내를 보면 정기예금보다 정기적금의 금리를 상대적으로 더 높게 책정하는 것을 알 수 있다. [그림 6-2]에서 보듯이 예금은 1.4~1.75% 수준인데 적금은 2.6% 전후로 금리차이가 꽤 많이 난다. 예금은 목돈을 맡기는 것이고 적금은 정기적으로 납입을 하는 것인데, 왜 적금 금리가 더 높은 것일까? 은행 입장에서는 목돈으로 예치되는 예금이 더 유리한 것이 아닐까? 여기에 대한 의문을 풀려면 적금의 금리 적용방식과 수익률 계산에 대해서 우선 이해를 해야 한다.

연 2%를 지급한다고 안내되어 있는 1년짜리 적금에 가입한다고 가정해 보자. 매월 100만원씩 납입을 한다면 원금은 총 1,200만원. 만기까지 유지를 하고 해약을 한다면 원금에 이자가 얼마나 붙을까? 1,200

그림 6-2 국민은행의 예금과 적금 금리 비교

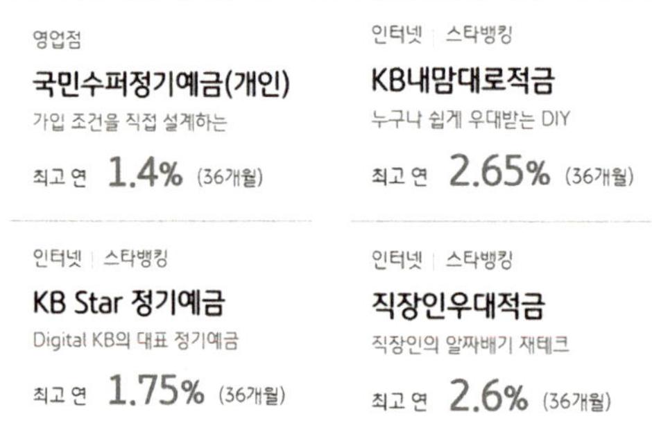

2019년 12월 현재

그림 6-3 정기적금의 이자 지급 구조

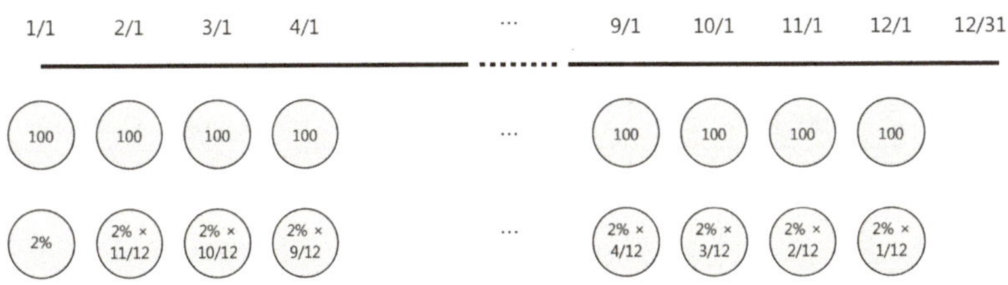

만원×0.02=24만원?

결론부터 말하면 그렇지 않다. 상담을 해보면 많은 사람들은 위와 같이 계산된다고 생각한다. 위의 계산방법은 정기예금인 경우에는 맞다. 1,200만원을 예치해 두고, 1년 뒤에 찾으면 원금과 이자를 합쳐 1,224만원(세금공제 전)을 받을 수 있을 것이다. 그러면 정기예금과 정기적금은 어떤 차이가 있는가? 투입되는 원금은 총 1,200만원으로 동일해도, 예금은 일시에 투입되고 적금은 매월 나누어서 투입된다. 이것을 그림으로 나타내면 [그림 6-3]과 같다.

쉬운 이해를 위해, 편의상 1월 1일에 은행에 가서 1년짜리 적금을 가입하고, 12월 31일에 찾는다고 하자. 그리고 매월 1일에 100만원씩을 납입한다고 하자. 그러면 첫 번째 100만원은 1월 1일에 투입되어서 12월 31일에 찾을 때까지 365일 동안 이 계좌에 머무르게 된다. 연 2%의 이자를 준다는 것은 은행에 꼬박 1년 동안 예치했을 때 그만큼 준다는 것이니 첫 번째 입금 금액은 2%의 이자가 온전하게 붙게 된다. 그런데 두 번째 2월 1일에 투입된 100만원은 11개월만 예치되므로 2%를 다 주지 않고, $\frac{11}{12}$에 해당하는 이자만 적용하게 된다. 이런 방식으로 3월 1일에 맡긴 돈은 10개월에 해당되는 이자를 계산하고, 마지막 12월 1일에 맡기는 돈은 만기까지 1개월 동안만 계좌에 예치되므로 1달치 이자만 계산되게 되는 것이다. 따라서 이 적금은 연 2%가 적용되는 것

표 6-2 정기예금과 정기적금의 이자 비교

구분	예치금액	총액	금리	이자	수익률
정기예금	1,200만원 일시	1,200만원	1.75%	210,000원	1.75%
정기적금	100만원×12회	1,200만원	2.65%	172,940원	1.44%

※ 수익률=이자 / 총투입금액

이 맞지만, 만기에 받는 이자는 24만원이 아니라 13만원 정도가 된다. 그러므로 이 적금에 가입했을 때의 수익률은 2%가 아니라 1.09%로 계산되어야 맞다.

그러면 다시 앞의 국민은행 상품 예시로 돌아가 연 1.75% 예금에 1,200만원을 가입했을 때와 연 2.65% 적금에 매월 100만원을 가입하였을 때의 이자가 각각 얼마나 되는지 계산하여 비교해 보자.

〈표 6-2〉에서 볼 수 있듯이 수치상으로는 정기예금(연 1.75%)보다 정기적금(연 2.65%)에 더 많은 이자를 주는 것처럼 보이지만 이자를 계산하는 방식이 다르기 때문에 실제 수령하는 이자는 정기예금이 더 많게 되는 것이다. 또한 정기예금은 금리와 수익률(=이자/총투입금액)이 같지만, 정기적금은 금리와 수익률이 다르게 나타나는 것도 알 수 있다. 이러한 이자계산 구조를 알면 정기예금과 정기적금의 실제 수령이자를 계산할 수 있게 된다. 단 위 내용에서 이자소득세에 대한 내용은 고려하지 않았다.

이자소득세(15.4%)를 계산하게 되면, 정기예금은 이자 210,000원에 대해서 32,340원의 세금을 내게 되므로 세후 수익률은 1.48%가 된다. 정기적금은 이자 172,940원에 대해 26,633원의 세금을 내야 되고, 이때 세후 수익률은 1.22%가 된다. 따라서 우리가 저축상품을 선택할 때에는 표면금리가 아닌 세후 실질수익률을 따져보아야 할 것이다.

One Point

고정금리, 변동금리, 혼합금리

적금과 예금의 이자에 대한 이야기를 했는데, 앞의 예시 상품들은 모두 고정금리 방식이다. 이것은 한번 이자율을 정하면 그 상품을 해약할 때까지 이자가 '고정'되서 적용된다는 의미이다. 즉 '연 2% 정기예금'이라고 하면 약정기간 내내 2% 이자가 적용되는 것이다. 이러한 상품을 '확정금리형'이라고도 한다. 대부분의 예·적금은 고정금리, 확정금리 방식이 많지만 꼭 그런 것은 아니다.

이와 다른 이자계산 방식으로 '변동금리' 방식이 있다. 이것은 약정기간 동안 시중금리의 변동에 따라 적용되는 이자가 연동되는 형태이다. 즉 시중금리가 오르면 같이 오르고 내리면 같이 내리는 것이다. 금리의 변동내용은 금융기관이 정한 주기(일반적으로는 매월)마다 공시된다. 그래서 이렇게 이율이 변동되는 상품을 '공시이율형 상품'이라고도 한다.

혼합금리 방식은 위에 설명한 고정금리와 변동금리가 섞여서 적용되는 이자계산 방식이다. 이 방식은 저축기간이 긴 상품에 적용된다. 앞서 설명한 것처럼 5년, 10년의 장기약정 상품의 경우 전 기간에 대해 이자를 고정 계산한다는 것은 금융기관 입장에서 상당히 위험스러운 일이다. 따라서 가입 후 2~3년 정도까지는 고정금리를 적용하고, 이후에는 시중금리에 연동해서 변동금리를 적용하는 방식이다.

이자적용 방식은 시중금리의 인상 또는 인하 여부에 따라 장·단점이 교차된다. 이를 정리하면 다음과 같다.

시중금리	고정금리 예금		변동금리 예금	
	고객	금융기관	고객	금융기관
인상	불리	유리	유리	불리
인하	유리	불리	불리	유리

One Point

주택청약저축은 필수?

20대를 대상으로 가입하고 있는 저축상품을 조사해 보면 가장 높은 비중을 차지하는 상품은 '주택청약종합저축'이다. 배경을 확인해 보면 부모님이나 은행 직원의 권유로 가입했다는 내용이 대부분이다. 이러한 것은 과거 부동산 특히 주택을 최우선순위 자산으로 생각하던 우리 사회의 분위기를 원인으로 꼽을 수 있을 것이다. 금융상품을 선택할 때 가장 중요한 것은 언제, 어디에 쓸 것인지를 정하는 것이라고 했다. 사실 대부분의 20대 청년들이 주택을 구입하게 되는 것은 빨라야 15년, 늦으면 20년 이후의 아주 먼 미래일 것이다. 그런데 이 주택청약종합저축의 치명적인 단점은 복리가 아닌 단리 상품이라는 것이다. 앞에서 장기 재무목표를 위한 상품은 반드시 복리 상품을 선택하는 것이 좋다고 한 바 있다. 주택청약저축의 목적은 아파트 분양을 받기 위한 것이다. 그런데 너무 먼 미래에 언제일지도 모르는 일을 위해서 아무 목적 없이 저축을 하고 있는 것이다. 물론 저축을 한다는 것은 좋은 일이고, 이 상품이 나쁘다는 것은 아니다. 다만 주택청약보다 우선되는 본인의 재무목표가 있다면 거기에 맞는 상품을 먼저 가입하는 것이 맞다는 이야기이다.

그림 6-4 주택청약저축 이자 예시

• 적용이율

구분	기간 및 금액	금리(연)
약정이율	1개월 이내	0.00
	1개월 초과 1년 미만	1.00
	1년 이상 2년 미만	1.50
	2년 이상	1.80

• 세제혜택 비과세종합저축 가입가능 (본인한도 내)

• 이자지급방법 해지시 원금과 이자 일괄지급

• 이자계산방법 단리식

출처: 우리은행 홈페이지

One Point

시중은행의 정기예금 금리가 너무 낮다면?

유동성과 안정성이 중요시되는 단기목적자금에 가장 적합한 상품으로 정기예금과 적금을 들 수 있다고 했다. 그런데 이 상품들의 금리(수익률)가 생각보다 낮다. 앞에서 든 사례의 상품은 연 1.75%였는데 이는 물가상승률과 크게 차이가 나지 않는다. 자산의 가치를 하락시키지 않으려면 물가상승률보다 높은 수익을 얻는 것이 중요하다고 했는데 만족스럽지 못하다. 하지만 단기간에 써야 되는데 큰 위험을 감수하는 것도 불안하다. 이럴 때 조금이나마 수익을 개선할 수 있는 방법이 있다. 우선 저축은행이나 신협, 새마을금고 등의 예금을 이용하는 방법이 있다. 이런 기관은 인지도에서 시중은행에 비해 취약하므로 자금을 유치하기 위해 상대적으로 높은 금리를 제공한다. 저축은행은 중앙회 홈페이지(www.fsb.or.kr)에서 각 회사별 예금금리를 쉽게 확인할 수 있는데, 시중은행 대비 연 0.5~1.0% 정도 높은 것을 볼 수 있다.

그림 6-5 저축은행 예금금리 비교

저축은행 ▲	단리				복리			
	6개월 ▲	12개월 ▲	24개월 ▲	36개월 ▼	6개월 ▲	12개월 ▲	24개월 ▲	36개월 ▲
[OSB] CD연동장기정기예금	-	-	2.20	2.30	-	-	-	-
[삼호] 정기예금(인터넷-모바일)	1.80	2.10	2.20	2.30	1.80	2.10	2.20	2.30
[삼호] 정기예금	1.80	2.10	2.20	2.30	1.80	2.10	2.20	2.30
[예큐온] 모바일정기예금	1.60	2.00	2.10	2.20	1.60	2.00	2.10	2.20
[키움YES] SB톡톡 정기예금(비대면)	1.70	2.10	2.20	2.20	1.70	2.10	2.20	2.20

출처: 저축은행중앙회 홈페이지

이외에도 단기목적자금을 위한 상품으로 채권, 채권형펀드, 원금보장형 구조화상품 등을 고려해 볼 수 있다. 이에 대해서는 투자상품에서 설명하도록 하겠다.

One Point

재테크 책에 보면(2) – 52주 적금

재테크 책에 심심치 않게 등장하는 저축기법 중 하나가 52주 적금이다. 한 인터넷전용은행에서는 이 개념을 응용해서 '26주 적금'이라는 상품을 출시하기도 하였다.

1주차	1,000원
2주차	2,000원
3주차	3,000원
⋮	
51주차	51,000원
52주차	52,000원

52주 적금

매주 1,000원씩 저축금액을 늘려 1년 52주 동안 1,378,000원의 목돈과 이자를 모으는 방법

26주이든 52주이든 핵심원리는 같다. 매주 저축을 하는데, 첫 주는 1,000원처럼 부담 없이 적은 금액으로 시작을 해서, 매주 같은 금액만큼 저축액을 늘려간다는 것이다. 그러면 52주가 되면 저축액이 52,000원으로 증가될 것이다. 이렇게 52주를 꾸준히 저축하면 원금기준 1,378,000원을 모을 수 있다. 즉 '푼돈 모아 목돈 만들기'가 이 방식의 핵심이다. 이 저축의 장점은 적은 금액을 꾸준히 모아 큰돈을 만들 수 있다, 수시로 저축하는 습관을 키울 수 있다 등일 것이다. 단점은 무엇일까? 첫 4주의 저축액은 1,000원에서 4,000원까지 합계액이 10,000원에 불과하지만, 마지막 4주 저축액은 20만원을 넘는다. 수입은 그대로인데, 매주 늘어나는 저축액에 대한 심리적인 부담이 크고 피로감을 느끼기 쉽다는 것이다. 실제로 26주 적금을 의욕적으로 시작했다가 중도에 포기한 사람들이 많다. 따라서 자신의 현금흐름에 대한 정확한 분석을 토대로 매월/매주 지속적으로 저축할 수 있는 금액을 정하고 이를 유지하는 것이 좋다. 소득이 늘거나 지출이 줄어 저축을 더 할 수 있다고 생각되면, 그때 금액을 늘리면 된다.

실전연습

- 서천석 씨는 1,000만원을 투자할 곳을 찾던 중, 국민은행의 예금 금리가 1년 만기 1.7%, 3년 만기 1.9%라는 사실을 알게 되었다. 또한 미래상호저축은행은 3년 만기 예금 금리가 2.3%라는 사실도 알게 되었다. 다음 내용에 대한 적절한 설명을 하시오.
  - 1년 예금보다 3년 예금의 금리가 더 높은 이유
  - 같은 기간의 상품에 대한 금리가 국민은행보다 미래상호저축은행이 더 높은 이유

- 자영업자인 김기훈 사장은 1년 전 A저축은행에 연 3% 이자를 받기로 약정하고, 4,000만원을 예금하였는데, A저축은행이 지급불능사태가 되었다는 소식을 들었다.

  다행히 김 사장이 가입한 상품은 예금자보호법에 의해 보상을 받을 수 있다는 안내를 받았다. (기준시점의 예금보험공사 공시이율은 2%이었다.)

  이때 예금자보호법에 의해 김 사장이 보장받을 수 있는 금액은 얼마인지 계산해 보시오.

제 7 장

중 · 장기목적자금과 자산배분

학습목표

- 중·장기목적자금의 특징에 대해서 이해한다.
- 주택청약종합저축과 저축성보험의 특징에 대해서 이해한다.
- 재무목표를 이루기 위해서 왜 투자가 필요한지 설명할 수 있다.
- 자산배분의 개념과 필요성에 대해서 이해한다.
- 포트폴리오 기대수익률 계산 구조를 이해하고, 이에 활용해서 자산배분을 할 수 있다.

1 중기목적자금과 장기목적자금

1.1 중기목적자금

중기재무목표는 3~5년 정도의 기간에 발생될 수 있는 것이라고 정의했었다. 여기에 해당될 수 있는 것들의 예를 들어보면 현재 중학생인 자녀의 대학교 입학금 및 등록금, 3년 뒤로 계획하고 있는 주택확장자금, 27살 회사원이 30대 초반으로 예정한 결혼자금 같은 것들이 될 것이다.

1.2 장기목적자금

장기재무목표는 일반적으로 10년 이후에 발생될 것으로 예상되는 일들이라고 분류한 바 있다. 사회 초년병이 생각하고 있는 주택구입자금, 회사 퇴직 후 계획하고 있는 사업자금, 은퇴 후의 생활자금, 병에 걸리거나 노화로 거동이 불편할 때 돌봄을 받을 수 있는 간병자금 등이 장기재무목표의 대표적인 예에 해당되는 것들이다.

1.3 단기목적자금과 중·장기목적자금의 차이점

■ 투자를 통한 수익률 향상을 고려할 수 있다.

앞 장에서 단기재무목표를 위한 자금은 이를 준비할 수 있는 기간이 길지 않으므로 유동성과 안정성을 가장 중요시해야 한다고 강조하였다. 따라서 받을 수 있는 이자가 크지 않더라도 원하는 시기에 문제없이 찾아 쓸 수 있는 상품들을 선택하여야 한다. 이렇게 쓰기 위해선 가급적 원금이 보장되고 인출이 용이한 상품이어야 하므로 정기예금, 적금 등을 추천하였다. 만약 단기재무목표를 위해 투자상품을 활용한다고 하여도 손실위험이 아주 적은 저위험 상품을 이용하여야만 한다.

하지만 우리가 안정성만을 추구해서는 살아가면서 돈과 관련된 문제에서 여러 가지 어려움에 부딪힐 가능성이 크다. 앞에서 살펴 본 것처럼 원금보장이 되고, 예금자보호를 받는 안전한 예금·적금 상품은 연 1~2% 정도의 이자밖에 지급하지 않는다. 이런 상품은 돈을 안전하게 지키고 조금씩 늘려가는 데에는 적합하지만, 여러 재무목표를 위한 충분한 자금을 만들기에는 한계가 있기 때문이다. 다행히도 최근에는 물가상승률도 낮은 편이라 예금과 적금을 활용한다고 해도 돈의 가치가 크게 하락할 정도는 아니다(2019년 12월 기준 소비자물가지수: 전년 동월 대비 0.7%). 그렇지만 연 1%대의 금리로 여러 재무목표를 해결해 나간다는 것은 현실적으로 불가능에 가깝다.

따라서 현대사회와 같이 저성장·저금리 환경 하에서 원활하게 재무목표를 달성하기 위해서는 어느 정도의 위험을 감수할 수밖에 없다. 즉 원금손실 우려가 있는 투자에 대해서도 적극적으로 검토를 하고, 자신이 수용할 수 있는 범위 내에서는 이를 최대한 활용해야만 된다. 그래야 원하는 것들을 하나씩 이룰 수 있을 것이다.

그런데 이렇게 투자에 나서기 위해선 충분한 시간적 여유가 필요하다. 많은 투자전문가와 재무설계전문가들은 충분한 시간이 확보되지 않으면, 원금손실의 가능성이 있는 투자행위를 시작해서는 안 된다고 말한다. 그 충분한 시간이란 것이 몇 개월, 몇 년이라고 딱 잘라 정의하기는 어렵다. 나라마다 상황이 다를 수 있고, 시대적인 상황, 개인적인 위험수용성향에 따라서도 달라질 수 있기 때문이다.

대체적으로 전문가들은 최소한 3년 정도의 시간적 여유를 이야기한다. 물론 이 시간도 절대적인 것은 아니며, 주장하는 사람에 따라 견해가 다를 수 있다. 그럼에도 많은 이들이 '3년'을 이야기하는 것은 경기순환주기와 관련이 있다.

그림 7-1 경기의 순환

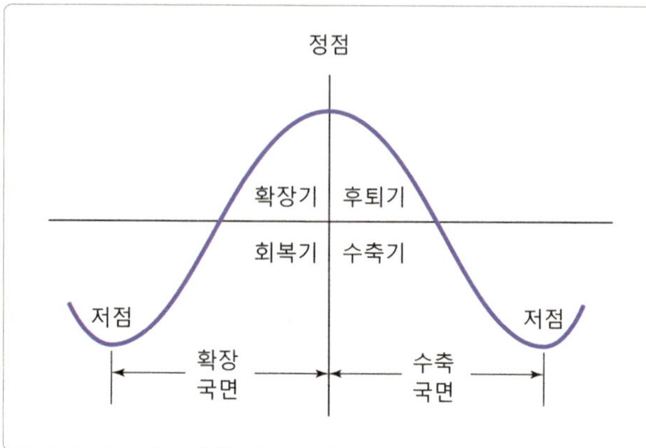

경기는 확장 → 후퇴 → 수축 → 회복 → …의 과정을 반복하면서 지속적으로 변동한다. 경제활동이 활발하여 경기가 상승하면 마침내 정점에 이르게 되고 이후 경제활동이 침체되어 경기가 하강하다가 저점에 이르게 되면 다시 상승으로 반전한다. 이러한 흐름을 경기의 순환이라 한다.

경기의 저점에서 다음 저점까지의 기간을 주기 또는 사이클(cycle)이라고 하고 전체 순환과정은 크게 두 단계로 나누어 저점에서 정점까지를 확장국면, 정점에서 저점까지를 수축국면이라고 부르는 것이 일반적이다.

우리나라의 경기순환기는 통계청에서 공식적으로 발표하고 있는데, 이 자료에 따르면 한 주기를 나타내는 '경기의 저점에서 다음 저점까지의 기간'이 보통 36개월~60개월 정도의 사이클을 나타내고 있다. 즉 경기가 후퇴기를 맞이하여 침체 국면에 처하더라도 일정한 시간이 경과하면 다시 상승 및 반등할 수 있다는 의미이다.

투자의 대상이 되는 주식, 채권, 부동산, 귀금속, 원자재 등은 이러한 경기의 순환과 매우 밀접한 관계를 보인다. 경기가 확장하거나 수축됨에 따라 더불어 가치가 상승하거나 하락하는 자산들이 있다. 또는 반대의 양상으로 나타나는 자산도 있을 수 있다. 또는 경기에 선행하거나 후행하는 자산들도 있다.

그러므로 언제든지 찾아 써야 되는 수시인출자금, 1~2년 내에 사용할 단기목적자금을 변동성이 큰 투자상품에 투입하는 것은 옳지 않다. 반면 3~5년 정도의 중기목적자금, 10년 이후의 장기목적자금은 이를 조성하기 위한 시간이 확보되기 때문에 투자상품을 잘 활용하여 수익률 향상을 계획할 수 있는 것이다.

■ 재무목표 달성을 위한 상품 선택의 폭이 넓어진다.

수시인출자금과 단기목적자금이 저축상품과 초저위험 투자상품 위주로 포트폴리오를 구성할 수 있다면, 중·장기목적자금은 중위험 이상의 투자상품을 편입할 수 있기 때문에 재무목표 달성을 위해 선택할 수 있는 상품의 폭이 크게 확장된다. 단 너무 많은 가짓수의 상품을 선택하여 운영할 경우, 여러 금융기관과 거래해야 되는 등 관리상의 어려움이 나타날 수 있다. 또한 자신의 위험수용성향을 벗어나는 상품을 선택하는 경우에는 위험 증가 시 이를 감내하기 어려울 수도 있다. 따라서 선택의 폭이 넓다고 해도 자신에게 맞는 적정한 수의 상품과 위험도를 잘 고려해서 포트폴리오를 구성하는 것이 바람직하다.

포트폴리오

원래는 '서류가방' 또는 '자료수집철'을 뜻하지만, 일반적으로는 투자에서 여러 대상에 나누어 투자를 함으로써 한 대상에 투자할 때 생길 수 있는 위험을 회피하고 투자수익을 올리기 위한 방법을 말한다.

■ 세금 등의 요소도 잘 따져서 선택해야 된다.

수시인출자금과 단기목적자금은 상품 선택이 제한적이므로 세금 등에 대해 고려할 것이 그렇게 많지 않다. 세금 측면에서는 '비과세종합저축'제도를 활용하면 될 정도이고, 금리나 부가혜택은 은행이 제시하는 조건을 꼼꼼하게 잘 살펴보면 되는 정도이다.

하지만 중기나 장기목적자금의 경우에는 운용되는 시간도 상당히 길고 한번 가입하면 장기간 동안 변경이 어렵기도 하다. 또한 복리효과를 누릴 수 있는 상품들도 많기 때문에, 작은 차이가 누적되어 미래에 큰 차이를 만들어 내기도 한다. 사소한 것이라고 하찮게 여겼던 요인에 의해 수 년 뒤 크게 엇갈린 결과를 맞이하는 경우도 종종 목격하게 된다. 따라서 이용하고자 하는 금융상품에 적용되는 가입조건 및 우대요건, 세금규정, 소득공제나 세액공제 혜택 등을 신중하게 살펴보고, 잘 따져서 가입해야 한다.

각종 금융상품과 관련된 세금 내용에 대해서는 마지막 장에서 설명하도록 하겠다.

1.4 중·장기목적자금에 적합한 상품

중기목적자금이나 장기목적자금 조성에 부합하는 금융상품은 매우 다양하다. 오히려 너무 많아서 이를 다 다루는 것은 불가능하다. 따라서 가장 보편적이고 실생활에서 많이 활용되는 상품을 중심으로 하되, 이 장에서는 저축상품, 저축성보험과 투자의 기본원리에 대해 설명하고, 펀드, 구조화상품, 변액보험상품 등의 다양한 투자상품에 대해서는 8장과 9장에서 다루도록 한다.

1.4.1 정기예금, 정기적금

중·장기목적자금이라고 해서 반드시 투자상품을 이용해야 되는 것은 아니다. 무엇보다 원금보전을 중요하게 생각하거나 상대적으로 짧은 기간에 사용하여야 할 자금은 위험부담을 줄이고 안전하게 만들어 가는 것도 나쁘지 않다. 이렇게 판단이 되는 경우에는 저축상품을 활용하도록 하자. 다만 일반적인 저축상품들은 3년 정도가 만기인 점을 확인하고, 자금 필요시기에 맞게 적절하게 배치하는 것이 중요하다. 저축상품의 특징은 6장을 참고하면 된다.

1.4.2 주택청약종합저축

이 상품은 주택청약을 목적으로 가입하는 상품으로 단기자금조성에는 적합하지 않으며, '주택 마련'이라는 재무목표를 위하여 청약용으로 준비하는 것이 좋다. 이 상품은 단리가 적용되는 상품으로 적정한 금액만 적립하는 것이 좋다.

표 7-1 주택청약종합저축

<table>
<tr><td>특징</td><td colspan="4">• 조건 충족 시 주택청약권 부여
• 「국민주택, 민영주택」 모든 주택 청약이 가능</td></tr>
<tr><td>예금자보호</td><td colspan="4">보호대상 아님, 주택도시기금에 의해 별도 관리</td></tr>
<tr><td>가입대상</td><td colspan="4">• 개인(미성년자, 재외동포, 외국인 거주자 가능)
• 주택청약종합저축, 청약예금, 청약부금, 청약저축 중 1인 1계좌만 가입 가능</td></tr>
<tr><td>적립금액</td><td colspan="4">• 매월 2만원 이상 50만원 이내에서 10원 단위로 자유롭게 납입
• 납부 총액이 1,500만원 도달 시까지는 50만원 초과하여 자유적립 가능</td></tr>
<tr><td>가입기간</td><td colspan="4">가입일부터 국민주택과 민영주택의 입주자로 선정 시</td></tr>
<tr><td>중도해지이율</td><td colspan="4">중도해지이율을 적용하지 않고, 기간별 약정이율 적용</td></tr>
<tr><td rowspan="2">약정이율
(2019.12 기준)</td><td>1개월 이내</td><td>0.0</td><td>1년 이상 2년 미만</td><td>1.5%</td></tr>
<tr><td>1개월 초과 1년 미만</td><td>1.0%</td><td>2년 이상</td><td>1.8%</td></tr>
</table>

1.4.3 저축성보험

흔히 저축보험, 적립보험이라고 불리는 상품들이다. 이 상품은 중기목적보다는 장기목적에 적합하다. 그 이유는 보험상품의 특성상 납입보험료의 일부는 위험보험료와 사업비로 사용되고, 나머지 금액이 저축을 위한 적립액에 투입되기 때문이다. 이러한 이유로 가입 초기에는 해약 시 환급액이 내가 낸 총 납입보험료보다 적거나, 경우에 따라 없을 수도 있다. 따라서 보험상품을 통해 목적자금을 조성하고자 할 때에는 3~5년 정도보다는 10년 이후를 고려하고 선택하는 것이 바람직하다. 이러한 점을 충분히 고려하지 못하고, 단기간 내에 써야 되는 자금을 저축성보험상품으로 준비하게 된다면 곤란을 겪을 가능성이 크다.

그런데 위에서 보험료 전부가 저축이 되는 것이 아니라고 설명했다. 그렇다면 저축보험은 매우 비효율적인 상품이 아닐까? 차라리 저축상품이나 다른 투자상품에 투자하는 것이 더 유리한 것이 아닌가 하는 의문이 생길 수 있다. 하지만 저축성보험에는 이러한 단점을 채워줄 만한 장점들이 있다. 장점에는 어떤 것들이 있는지 알아보도록 하겠다.

① 보험차익 비과세

우선 저축성보험을 계약하고 10년 이상 유지를 할 경우, 여기에서 발생된 모든 이익에 대해서 세금을 납부하지 않아도 된다. 소득세법에 의하면 대부분의 금융상품에서 발생되는 이익은 이자소득이나 배당소득으로 분류되고, 각 소득에 대해서는 소득세를 내게끔 되어 있다. 그런데 저축성보험에서 발생된 소득은 일정한 조건이 충족되면 그 금액이 얼마가 되더라도 세금을 내지 않아도 된다. 이러한 점을 잘 활용하면 절세효과를 톡톡히 누릴 수 있다. 저축성보험의 비과세 조건에 대해서도 마지막 장에서 살펴보도록 하겠다.

② 복리구조

저축성보험은 기본적으로 복리구조로 되어 있어, 단리구조인 은행의 저축상품보다 장기저축을 하는 경우에 유리하다. 단리와 복리 차이는 1~2년 정도에서는 크게 발생되지 않는다. 따라서 단기간에는 크게 신경 쓰지 않아도 무방할 정도이다. 하지만 5년, 10년 등 기간이 길어질수록 그 차이는 점점 크게 벌어진다. 따라서 장기저축은 복리상품을 선택하는 것이 무조건 유리하다. 최근에는 은행의 저축상품 중에도 월복리를 적용하는 것들이 출시되고 있긴 한데, 대부분 36개월 정도가 최대 가입기간이다. 따라서 중기, 장기에는 맞지 않는 측면이 있다. 이러한 저축상품은 만기가 되면 해지 환급 후 다시 가입하거나, 자동 재예치를 신청해서 재투자해야 된다. 하지만 그럴 때마다 소득세 등을 정산해야 되기 때문에 앞에서 설명한 세금측면에서는 저축성보험에 비해 상대적으로 불리하다.

③ 연금전환 기능

또한 대부분의 저축성보험은 가입자가 희망하는 경우에는 적립금을 연금으로 전환할 수 있는 기능이 있다. 예를 들어 원래는 10년 이후의 주택확장 자금을 모으기 위해서 저축성보험을 가입하였는데, 이 재무목표가 부모님이 지원해 주신 자금을 사용하여 해소되었다고 가정해 보자. 이런 경우에는 이 저축성보험을 해약하지 않고 유지시킨 뒤 은퇴시점에 연금으로 전환시키면 은퇴자금으로 매우 유용하게 사용할 수 있다. 특히 생명보험사에서 판매되는 저축성보험은 살아있는 동안 평생토록 받을 수 있는 종신연금으로 전환할 수 있으므로, 효과적인 노후대비 수단으로 사용할 수 있다.

④ 기타 유용한 제도

과거 보험상품은 한번 가입하면, 만기까지 인출이나 해약 등에 제약이 많고 납입원금을 손해 보는 등 불이익이 커서 사용자들의 불만이 많았다. 따라서 최근에는 다음과 같이 제도를 보완해서 이러한 불편을 상당 부분 개선하였다.

• **중도인출제도**: 장기간의 납입과 유지를 요구하는 보험 상품의 특성상 만기가 되기 전에는 자금을 인출하는 것이 쉽지 않았다. 최근에는 이러한 불편을 개선하고자 일정 조건이 충족된 경우에는 일정액을 적립금으로 남겨 두고 자금을 인출할 수 있도록 하고 있다. 초기에는 유니버셜 기능을 가지고 있는 상품만 가능하였으나, 점차 해당 상품이 확대되고 있는 추세이다.

• **납입중지제도**: 대부분의 저축성보험들이 5년, 7년, 10년과 같이 장기납입을 요구하다보니 급작스런 경제사정 악화로 인해 납입에 곤란을 겪게 되는 일들이 발생된다. 이런 경우에 이용할 수 있는 제도이다. 이 제도를 이용하기 위해서는 납입 시작 후 일정기간이 경과해야 되며, 중지한 기간만큼 납입기간은 연장된다. 즉 10년간 납입하기로 약정한 상품인데 6년간 납입 후 1년 동안 납입을 중지하고, 다시 납입을 재개했다면 이 중지 기간만큼 납입기간이 길어져서 총 납부기간이 11년이 된다는 것이다.

• **계약대출제도**: 이 제도는 은행 저축상품의 예금담보대출과 성격이 같다. 즉 내가 예치하거나 적립한 금액을 담보로 긴급한 자금이 필요한 경우에 상품을 해지하지 않고, 이자를 부담하고 빌려 쓰도록 하는 것이다. 다른 표현으로는 '약관대출'이라고도 한다. 대출 가능 금액은 상품 종류에 따라 달라진다.

One Point

저축성보험의 이율

대부분의 저축성보험은 공시이율을 따른다. 이 이율은 매월 홈페이지 등을 통해 안내된다. 공시이율은 시중금리를 반영하여 금리 인상기에는 상향하고, 하락기에는 하향조정하여 결정된다. 아래 표는 삼성생명 2019년도 공시이율 현황이다.

공시일자	연금	연금저축	연금저축	저축
	무배당	유배당	무배당	무배당
20190101	2.64	2.52	3.00	2.71
20190201	2.63	2.52	3.00	2.70
20190301	2.66	2.44	3.00	2.70
20190401	2.66	2.35	3.00	2.70
20190501	2.65	2.33	3.00	2.70
20190601	2.61	2.30	3.00	2.65
20190701	2.58	2.26	2.90	2.63
20190801	2.54	2.21	2.80	2.56
20190901	2.50	2.20	2.72	2.52
20191001	2.50	2.20	2.66	2.51
20191101	2.47	2.20	2.60	2.51
20191201	2.47	2.20	2.60	2.51

기준: 삼성생명 新공시이율VII, 출처: 삼성생명 홈페이지

저축성보험을 잘 활용할 경우 다른 금융상품에는 없는 여러 장점과 혜택이 있다. 하지만 그럼에도 불구하고, 가입 후 조기에 납입을 중단하거나 해약할 경우 납입한 원금을 손해 보게 되는 등 불이익을 감수해야만 한다. 따라서 장기간 납입 및 유지가 가능한지에 대해서 신중히 고민을 하고 상품을 선택하여야 한다. 특히 현재와 미래의 소득과 지출

을 잘 가늠해 보고, 납입에 무리가 없겠는지 확인 후 가입하여야 할 것이다.

One Point

왜 저축성보험은 은행예금보다 금리가 높을까?

위에서 예시한 삼성생명의 저축성보험 적용금리를 검토해 보면 2019년 한 해 동안 연 2.51~2.71%의 이율을 적용하였음을 알 수 있다. 이 이율은 앞에서 검토했던 정기예금 금리 연 1.75%에 비하면 상당히 높은 수치이다. 어떻게 해서 같은 시기에 유사한 상품에 적용하는 금리가 이렇게 차이가 클까? 저축은행과 시중은행의 금리차이는 규모, 인지도, 신뢰도 등에서 차이가 나기 때문이라고 하더라도, 삼성생명과 국민은행은 왜 차이가 나는 것일까? 여러 이유가 있겠지만 가장 큰 이유는 앞서 언급한 바와 같이 저축성보험은 납입보험료 전액이 적립되는 것이 아니라 위험보험료와 사업비 등을 차감하고 적립이 되는 상품 구조에 기인한다. 같은 금액을 일시에 정기예금과 저축성보험에 가입한다고 했을 때, 적립원금에서 차이가 발생되게 된다. 즉 차감되는 금액만큼 저축성보험의 원금이 예금보다 더 적어지게 되어있다. 예를 들어 각 100만원씩 가입하는데 저축성보험의 차감비용이 5%라면 예금은 100만원이 투입되지만 보험에는 95만원이 투입된다는 것이다. 출발선이 달라지는 것이다. (위험보험료, 사업비는 회사별 상품에 따라 모두 다르다.) 따라서 보험사에서는 이 차이를 만회하고자 금리를 은행보다 더 지급하는 것이라고 이해하면 된다. 그러면 원금이 전액 투입되는 은행상품이 무조건 좋은 것인가? 꼭 그렇다고만 할 수는 없다. 왜냐하면 위와 같이 $+\alpha$의 금리도 제공하고, 복리 및 비과세 제도 등을 활용하면 보험상품의 원리금이 더 커지기도 한다. 단순하게 금리 수치만 놓고 판단해서는 안 되고, 기간, 필요시점, 재무목표의 성격 등을 복합적으로 판단해서 선택해야 되는 것이다.

2 현명한 투자와 자산배분

중·장기목적자금은 투자상품을 포트폴리오에 편입시킬 수 있으므로 이를 통해 수익률 제고를 꾀할 수 있다고 했다. 하지만 여러 번 언급했지만 투자에는 반드시 위험이 따라오게 되어 있다. 이 위험이란 다름이 아니라 원금을 잃을 수도 있다는 것이다. 사람들은 누구나 높은 수익을 희망하지만, 손해를 보는 것은 굉장히 싫어한다. 그렇다면 그냥 원금이 보장되는 저축상품들만 이용해서 계획을 세우면 안 되는 것인지, 왜 위험을 감수하면서까지 투자를 해야 하는지, 투자에 앞서 고려할 것은 어떤 것들인지에 대해서 학습하도록 하겠다.

2.1 투자의 필요성

■ 평균수명의 증가, 고령화사회

과학 및 의학의 발달로 수명이 늘어난다는 것은 개개인으로 보면 행복한 일일 것이다. 하지만 이는 곧 노후생활비의 증가로 직결된다. 부부기준 한 달에 250만원의 생활비가 필요하다고 할 때, 수명이 5년 증가하면 단순 계산으로 1억 5천만원이 더 있어야 된다. 즉 과거에 비해 은퇴 이전에 더 많은 자금을 모아두어야 돈에 쫓기지 않으면서 노후생활을 할 수 있다는 것이다.

■ 저금리

우리나라가 높은 성장률을 기록하던 시대에는 안전한 예금을 통해서도 연 10% 전후의 높은 이자를 받을 수 있었다. 원금이 보장되면서 이렇게 높은 금리를 받을 수 있다면 우리는 크게 고민할 것이 없다. 아껴 쓰고 돈을 차곡차곡 모으기만 해도 재무목표 해결에 큰 어려움이 없을 것이기 때문이다. 연 10%의 이율이라면, 3억 정도만 모아도 매월 250만원 정도의 이자를 확보할 수 있으므로 이를 통해 생활비를 해결할 수 있다. 그리고 원금 3억은 가족들에게 남겨줄 수 있다. 물론 3억도 결코 작은 돈은 아니지만 수십년간 소득활동을 하면서 검소하게 생활한다면 모으기에 불가능한 금액은 아니다. 하지만 앞서 살펴본 바와 같이 우리는 현재 예금이자가 연 2%도 안 되는 시대에 살고 있다. 한 달에 250만원의 이자를 받으려면 연 2% 기준으로는 15억, 1.5% 기준으로 20억의 돈을 예치해 두어야 되는 상황이 되었다. 15~20억이란 자금은 근검절약하고 저축을 통해 모을 수 있는 규모가 아니다. 세상은 저축의 시대에서 투자의 시대로 이미 바뀌었다. 투자를 하지 않고서는 수많은 재무목표들을 해결하는 것이 불가능한 사회에 살고 있다는 것이다.

▪ 가계자산 구조

우리나라는 집과 땅에 대한 선호가 굉장히 강하다. 과거에 비해 조금씩 개선은 되고 있지만 여전히 부동산을 최우선으로 여기는 문화는 쉽게 고쳐지지 않고 있다. 지금도 전체 가계자산 중 부동산 등 실물자산

그림 7-2 2019년 가계금융복지조사

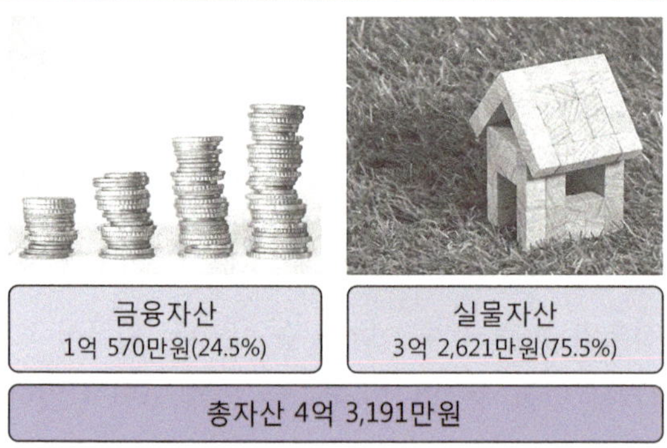

출처: 통계청

이 차지하는 비중은 75.5% 정도로 절대적이다([그림 7-2] 2019년 가계금융복지조사, 통계청). 부동산이 나쁘다는 것은 아니다. 다만 주거용 부동산의 경우 이를 이용한 소득창출이 쉽지 않고, 보유에 따른 세금 및 유지비용에 대한 부담이 있다. 따라서 다양한 재무목표를 해소하기 위한 자산으로서는 적합하지 않다는 것이다.

또한 나머지 24.5%의 금융자산도 '예금'(91.5%), '주식'(4.4%), '개인연금'(2.5%) 등의 순으로 나타나고 있다. 이러한 금융자산을 선택할 때 우선 고려 사항은 '안전성' 71.4%, '수익성' 14.5%, '접근성(이용의 편리성)' 7.1%, '현금화 가능성' 6.8%로 조사되고 있다.

이러한 통계가 의미하는 바는 여전히 우리나라 대부분의 가계 자산은 부동산에 치중되어 있으며, 금융자산도 안전한 예금 위주로 구성되어 있어 재무적인 위험에 노출되기 쉬운 구조라는 것이다. 이에 대해서는 지속적으로 개선해 나갈 필요가 있다. 개선이 되지 못할 경우에는 국민 상당수가 의학의 발달로 '몸은 건강한데, 써야 할 돈은 없는' 심각한 위기상황에 처할 가능성이 매우 크기 때문이다.

2.2 자산배분의 중요성

자산배분(asset allocation)은 개인이 보유하고 있는 자산이나 투자 예정인 자금을 다양한 자산별로 그 비중을 결정하는 것을 말한다. 각각의 자산은 위험수준과 기대수익이 다르다. 즉 어떤 이가 부동산 50%, 채권 20%, 주식 20%, 현금성자산 10%로 자신의 자산을 운용하기로 했다면 이런 결정이 자산배분이라고 할 수 있다.

2.2.1 자산의 분류

자산배분의 대상이 되는 자산은 주식형, 채권형, 부동산, 현금성으로 구분하며 최근에는 대안투자자산을 포함하기도 한다. 이때의 자산분류

표 7-2 자산배분을 위한 자산분류

자산분류	내 용
현금성	현금, 보통예금, 저축예금, CMA, MMF, MMDA 등
채권형	정기예금, 정기적금, 채권, 채권형펀드, 원금보장형 투자상품 등
주식형	주식, 주식형펀드, 원금비보장 투자상품 등
부동산	주택, 토지, 건물, 부동산펀드 등

는 1, 3장에서 자산부채상태표를 작성하기 위한 분류와는 차이가 있으니 〈표 7-2〉를 참조하기 바란다.

위 표에서 조금 생소할 수 있는 자산 종류가 '채권'일 것이다. 채권은 돈을 빌리는 자(국가, 지방자치단체, 회사 등)가 언제까지 갚겠다는 약속의 의미로 발행하는 유가증권이다. 이 증서에는 빌리는 금액, 지급하게 될 이자의 금리, 이자지급주기, 만기상환일자 등이 기록된다. 돈을 빌려주고 그 증거로서 채권을 보유하고 있는 사람(채권자라고 한다)은 약속된 주기마다 이자를 지급 받다가 만기가 되면 원금을 돌려받게 된다. 이렇게 채권은 사전에 미리 약속한 대로 이자와 원금을 받을 수 있다는 특징으로 인하여 'Fixed Income'이라고도 표현한다.

그런데 왜 정기예금이나 정기적금과 같은 자산이 채권형자산으로 분류되어 있을까? 그것은 예·적금의 성격이 채권과 비슷하기 때문이다. 예·적금을 바라보는 관점을 우리가 은행에 돈을 맡기고 은행이 이 돈을 불려준다고 생각하지 말고, 돈을 은행에 빌려준다고 생각해보자. 정해진 기간 동안 은행이 돈을 빌리고, 미리 약속된 이자율로 계산된 이자를 지급하고, 만기가 되면 원금을 돌려준다고 생각하면 예·적금과 채권의 성격이 같다.

따라서 자산배분을 할 때 원금이 보장되거나 설령 손실이 발생되더라도 저위험군 자산이어서 그 폭이 크지 않을 것으로 예상되는 자산,

정해진 기일에 원금과 이자를 받을 수 있는 자산들을 채권형 자산으로 분류하는 것이다. 예를 들어 원금보장형 구조화상품(ELS, ELF 등)은 상품의 구조를 따져보면 파생상품 등이 복잡하게 결합된 복합상품이지만, 약속된 기일에 원금과 이자나 수익금을 배분하는 형태인 경우에는 자산배분을 행할 때 채권형자산으로 분류하여도 무방하다.

20대의 학생이나 신입사원 같은 경우 아직 형성된 자산이 없거나, 많지 않아 이런 자산배분의 필요성을 못 느낄 수 있다. 하지만 이 경우에는 앞으로 내가 만들어갈 자산 비중을 어떻게 할 것인지를 정하면 된다. 앞에서 학습한 수시인출자금, 비상예비자금 등은 현금성자산에 해당될 것이고, 정기예금, 적금과 같은 상품은 채권형자산으로 볼 수 있다.

2.2.2 자산배분의 중요성

그러면 이렇게 자산별 비중을 결정하는 자산배분이 왜 중요할까? 자산배분은 위험과 기대수익률이 서로 다른 자산에 나누어서 투자함으로써 투자위험은 줄이고 목표수익률을 달성하기 위한 것이다.

이러한 자산배분의 중요성에 대해서 G. P. Brinson, B. D. Singer, G. L. Beebower가 1977~1987년 동안 미국의 대형 연기금의 운용성과를 세부적으로 평가하여 투자수익률을 결정하는 요소가 무엇인지를 규명하고자 한 연구가 있다.

이 연구에 의하면 투자수익률은 투자 이전에 수립한 장기 자산배분계획에 의해 90% 이상이 결정되며, 사람들이 흔히 중요하다고 생각하는 증권선택이나 마켓타이밍과 같은 활동에 의한 효과는 10% 미만에 불과하다고 볼 수 있다. 여기서 '증권선택'은 '무엇을 살 것인가'를 의미하며, '마켓타이밍'은 '언제 사서 언제 팔 것인가'를 의미한다. 즉 사람들이 가장 중요하다고 생각하는 요소들이 정작 장기투자의 수익률에

그림 7-3 포트폴리오 수익률의 결정요소

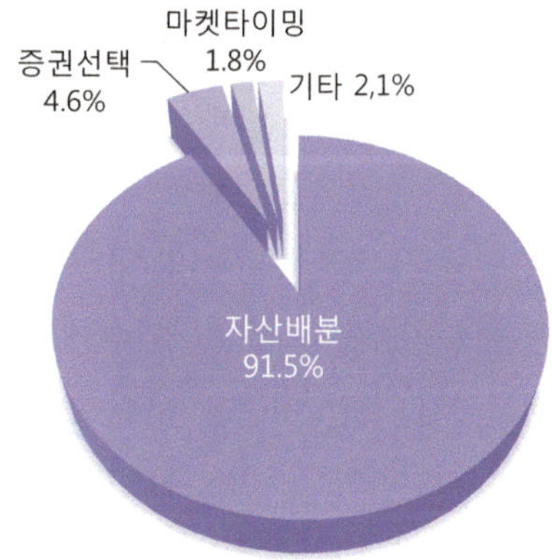

미치는 영향은 크지 않다는 것을 알 수 있다. 즉 장기계획과 자산배분이 무엇보다 중요하다는 것을 의미하는 것이다.

2.2.3 자산배분 적용사례

우리에게는 여러 재무목표가 있고, 이를 1~2% 정도의 안전한 예·적금만으로 달성하기는 어렵다는 것을 여러 차례 강조했다. 그렇다면 개인의 위험수용성향에 맞는 수익률을 설정하고 이를 달성하기 위한 자산배분을 해야 된다.

그러기 위해선 우선 현재의 자산이 어떻게 구성되어 있는지를 확인해 보는 것이 필요하다. 자산비중과 자산별 기대수익률을 따져본 결과 현금성자산 비중이 크면 전체 자산 포트폴리오의 수익률을 저하시키므로 이를 줄여 채권형이나 주식형 자산으로 전환해야 될 것이다. 물론 앞에서 학습한 적절한 수시인출자금, 비상예비자금 등을 고려하여 배치하여야 한다. 또는 주식형자산에 대한 편중이 지나치게 큰 경우에는 주가 하락기 등에 크게 위험에 노출될 수 있으므로 이에 대한 대응도 필요하다. 한 가계의 자산이 다음과 같이 구성되어 있다고 가정해 보자.

자산군	평가금액	자산별 기대수익률	비중	포트폴리오 기대수익률
현금성	2,500만원	0.2%	11.1%	0.02%
채권형	4,500만원	2%	20.0%	0.40%
주식형	500만원	10%	2.2%	0.22%
부동산	1억 5,000만원	1%	66.7%	0.67%
계	2억 2,500만원		100%	1.31%

자산구성을 확인해보니 부동산과 채권형, 현금성 자산의 순으로 비중이 크게 나타난다. 이러한 포트폴리오의 기대수익률은 가중평균을 이용해서 쉽게 계산할 수 있다. 비중 옆의 포트폴리오 수익률이 가중평균으로 계산한 것이다. 즉 현금성자산의 수익률 0.02%는 현금의 기대수익률 0.2%에 전체 중 현금이 차지하는 비중 11.1%를 곱해서 구한 것이고, 전체 포트폴리오의 수익률 1.31%는 각 자산의 수익률을 더해서 구한 것이다. 이 사례의 경우 전체의 기대수익률이 낮아 앞으로 여러 재무목표를 달성하는 데 어려움이 있을 것으로 예상된다.

만약 이 가계의 재무목표 달성을 위한 목표수익률이 연 5%라고 하면 이를 위하여 현금성, 채권형, 주식형, 부동산 자산의 비중을 조정하여 다시 나누는 것이 자산배분의 과정이다.

자산군	기대수익률	포트폴리오 A		포트폴리오 B	
		비중	수익률	비중	수익률
현금성	1%	5%	0.1%	25%	0.3%
채권형	2%	35%	0.7%	35%	0.7%
주식형	10%	40%	4.0%	40%	4.0%
부동산	1%	20%	0.2%	0%	0.0%
계		100%	5%	100%	5%

위 표의 포트폴리오 A와 B는 각각 자산군별 투자비중은 다르게 설정하였으나, 기대수익률은 5%로 동일하게 조정된 사례이다. 다만 위험은 각각 다르게 계산될 수 있다. 또한 같은 현금성자산이라고 하더라도 저축예금은 연 0.1%의 이자를 지급하고, CMA는 연 1.0%대의 이자를 지급하므로 같은 자산군 내에서 상품에 대한 조정도 필요하다.

다음 장에서는 위험을 줄이기 위한 투자방법에는 어떠한 것들이 있는지와 펀드에 대해서 알아보도록 하겠다.

실전연습

• 현재 내가 보유하고 있는 자산의 자산배분 현황을 파악하고 강점과 약점을 분석한 뒤 앞으로 어떻게 운영할 것인지에 대해서 계획을 수립해 보시오.

자산군	평가금액	비중	기대수익률	포트폴리오 수익률
현금성		%	%	%
채권형		%	%	%
주식형		%	%	%
부동산		%	%	%
계		100%		%

– 강점:

– 약점:

– 운영계획:

• 청년 우대형 주택청약종합저축에 대해서 조사해 보자.

– 특징

– 가입대상

– 적립금액

– 가입금액

– 적용금리

– 시중은행 사례

제 8 장

현명한 투자와 펀드

학습목표

- 분산투자의 의미와 필요성에 대해서 이해한다.
- 분산투자와 분할투자를 구분하여 설명할 수 있다.
- 정액분할투자의 원리와 특징에 대해서 이해한다.
- 장기투자의 필요성에 대해서 이해한다.
- 직접투자와 간접투자의 장단점을 비교해서 설명할 수 있다.
- 펀드의 특징과 장단점에 대해서 이해한다.

1 현명한 투자방법

투자는 안전한 저축상품에 비해 상대적으로 높은 수익을 기대할 수 있지만 거기에 상응하는 위험이 따른다고 했다. 큰 수익에는 그만큼 큰 위험이 따른다. 우리가 흔하게 이야기하는 이 위험이란 무엇일까? 위험을 다른 표현으로는 '변동성'이라고도 표현한다. 결과가 우리의 예측대로 되지 않을 가능성, 기대와는 다른 결과를 불러올 수 있는 확률 등을 위험 또는 변동성이라고 표현한다.

고민이 생긴다. 안전한 자산만으로는 재무목표를 달성하기 어렵다고 한다. 수익을 높이기 위한 투자자산에는 원금손실의 위험이 따른다. 그렇다면 어떻게 해야 될까? 많은 사람들은 투자라고 하면 우선 높은 수익률부터 떠올린다. 하지만 성공적으로 투자를 마무리하고 우리가 원하는 것들을 이루기 위해서는 수익률을 높이는 것 못지않게 위험을 줄이는 것이 중요하다. 따라서 적절한 수익을 추구하면서 위험을 줄일 수 있는 투자방법들에 대해서 알아보도록 하겠다.

1.1 분산투자

투자에 대해서 잘 알지 못하는 사람도 계란은 한 바구니에 담아서는 안 된다'는 얘기와 함께 '분산투자'라는 말은 모두 들어 봤을 것이다. 분산투자는 투자 대상을 나누어서 위험을 줄이는 것이다. 이에 반대되는 개념은 한두 개 대상에 몰아서 투자하는 '집중투자'이다.

큰 의미의 분산투자는 앞 장에서 설명한 자산배분처럼 자산군을 나누는 것을 의미한다. 즉 특정 자산군에 집중해서 투자하지 않고, 현금성(유동성)자산, 주식형자산, 채권형자산, 부동산자산과 같이 자산군을 나누어 투자하는 것이다. 예를 들어 현금성자산에 집중하여 투자한다고 하면 투자수익을 기대하기 어려우므로 자산가치 하락의 위험에 직면할 수 있다. 반대로 높은 수익을 추구하며 주식형자산에 집중하면 포트폴리오 위험이 급격히 증가하게 된다. 이렇듯 적정한 포트폴리오의 위험과 수익이 확보될 수 있도록 자산군의 비중을 정하는 것이 중요하다.

여기서 조금 더 들어가 보자. 현금성자산을 제외하고 주식, 채권, 부동산 중 어느 자산이 수익률이 가장 높고 어느 자산이 가장 낮다고 생각되는가? 대부분의 사람들은 주식이나 부동산의 수익률이 높고, 채권의 수익률이 낮다고 생각할 것이다. 역사적 수익률을 따져 봐도 그럴 것이다. 그렇다면 우리가 굳이 포트폴리오에 채권형자산을 포함시킬 필요가 있을까? 가격 상승의 기대치가 높은 주식과 부동산으로만 포트폴리오를 구성하는 것이 유리하지 않을까? 또는 주식이든 부동산이든 수익률이 가장 좋을 것으로 예상되는 한 가지 자산으로만 구성하는 것이 낫지 않을까? 그렇다면 다음의 그림을 한번 살펴보자.

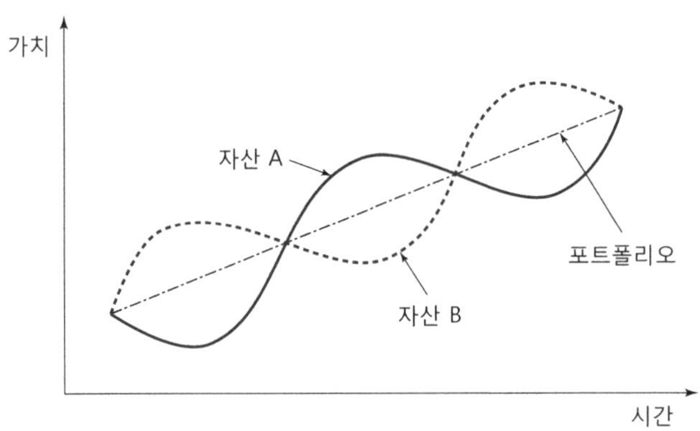

자산 A와 자산 B는 서로 상반된 주기로 움직인다. 자산 A가 이익이 생길 때, B는 손실이 생긴다. 하지만 각각의 하락기에는 상호 보완작용을 하며, 포트폴리오의 가치를 일정하게 상승시키는 역할을 해주고 있다. 이 그림은 분산투자 개념의 이해를 돕기 위해 '완전한 음(−)의 상관관계'를 예시한 것이다. 실제 투자에서 이렇게까지 서로 반대되는 방향성과 같은 크기의 변동 폭을 가진 자산을 찾기는 쉽지 않다.

하지만 시장의 변동성(위험)이 커지면 위험자산의 가격이 하락하고, 안전자산의 가격이 상승하는 것은 일반적인 현상이다. 주식은 대표적인 위험자산이고, 채권형자산 중 국채 또는 예금과 같은 종류는 매우 안전한 자산으로 구분된다(채권 중에서도 투자적격등급이 아닌 투기등급에 해당되는 채권은 위험이 크다). 따라서 주식이 하락하는 시기에는 채권이 상승해서 전체 포트폴리오의 수익률을 지켜준다. 반대로 시장이 안정적이고 경기가 호황인 경우에는 주식가격이 상승하고 안전자산인 채권의 가격이 떨어진다. 이렇게 상호 보완적인 역할을 하며, 위험을 줄이고 수익률을 유지시켜 준다. 따라서 우리는 하나의 방향성만 보이는 자산군으로만 포트폴리오를 구성할 것이 아니라 서로 다른 방향성을 보이는 자산을 포트폴리오에 편입시켜야 한다. 이렇게 서로 보완관계를 나타낼 수 있는 자산의 예로는 주식과 채권, 주식과 금 등이 있을 수 있다.

그렇다면 이렇게 자산군을 나누어서 자산배분만 하면 되는 것일까? 그렇지 않다. 각 자산군을 이루는 종목도 분산을 하는 것이 효과적이다. 예를 들어 전체 자산 중 30%를 주식형자산에 투자하기로 결정했다고 하자. 이 경우 해당 금액만큼 어떤 주식을 살 것인가? 우리나라에서 가장 우량하다고 생각되는 삼성전자 주식에 전부 투자할 것인가? 이렇게 되면 또 다른 위험에 노출될 수 있다. 만약 우량하다고 판단되는 어떤 기업 주식에 집중해서 투자했는데, 그 기업에 화재가 발생하거나 기업 대표가 횡령으로 구속되는 일이 생겼다고 가정해보자. 해당 주식가격은 큰 폭으로 하락하고 그 손실은 전체 포트폴리오 수익에 악영향을 미칠 것이다. 따라서 주식형자산에 투자하는 자금도 한 종목에 집중하

그림 8-1 분산투자의 투자위험감소 효과

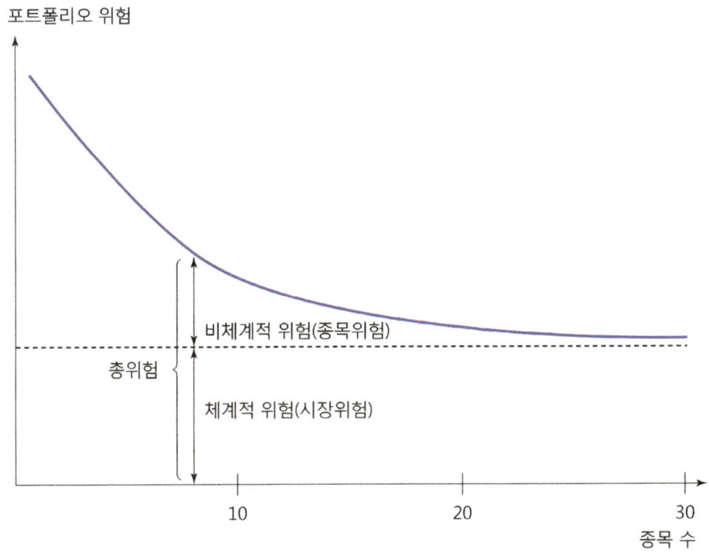

여 투자하지 말고 종목분산을 하는 것이 중요하다.

[그림 8-1]은 포트폴리오에 포함시키는 종목이 증가함에 따라 변동성(위험)이 감소하는 것을 그래프로 나타낸 것이다. 종목 수가 늘어날수록 특정 종목이 위험에 영향을 미치는 폭이 줄어든다. 이러한 것을 '분산효과'라고 한다. 이러한 효과를 극대화하기 위해서는 가급적 서로 상관이 적은 종목들로 포트폴리오를 구성하는 것이 좋다. 하지만 종목을 계속 늘린다고 하여도 위험이 완전히 제거되는 것은 아님을 잊지 말아야 한다.

이렇게 분산투자를 시행하여도 줄일 수 없는 위험이 있는데 이를 체계적 위험 또는 시장위험이라고 한다. 이는 특정 종목에만 해당되는 위험이 아닌 전체 시장에 미치는 위험으로 여러 종목에 투자하여도 제거되거나 감소하지 않고 남아있는 위험을 말한다. 즉 각 종목들이 가지고 있는 위험은 종목 수를 늘려서 분산을 통해 줄여갈 수 있는데, 시장 전체가 영향을 받는 위험은 종목 수와 상관없이 계속 존재하게 되는데 금리, 환율, 구매력 위험 등이 여기에 해당된다. 그러면 이러한 시장위험은 어떻게 줄일 수 있는지 알아보자.

1.2 분할투자

분산투자가 투자 대상 자산군이나 종목을 늘여서 위험을 줄이는 방법이라고 하면, 분할투자는 투자를 시행하는 시점을 나누는 것이다. 사실 투자행위를 하고자 하는 시점이 해당 투자자산의 가치가 높은 상태인지 아닌지를 정확하게 알 수 있는 사람은 아무도 없다. 따라서 특정 시점에 투자자금을 전부 집행하는 것은 현명하지 못하다. 특히 투자 상품을 활용해서 은퇴자금과 같이 미래에 사용할 장기목적자금을 만드는 과정에서 분할투자기법은 매우 효과적이다. 특히 분할투자는 위에서 설명한 시장위험, 체계적 위험을 줄이는 데 유용하다. 분할투자의 반대되는 개념은 한꺼번에 모든 투자를 행하는 '일시투자'라고 볼 수 있다.

특히 분할투자기법 중에서도 매월 정기적금을 하듯이 월단위로 투자하는 기법을 '정액분할투자(dollar cost average effect)'라고 한다. 이 방법은 시장가격이 오르고 내리는 것에 상관없이 매월 일정한 금액을 투자하므로 가격이 하락할 때 구입량이 증가되고, 가격이 상승할 때 구입량이 감소되므로 매입 단가를 낮춰 주는 효과가 있다. 이러한 정액분할투자기법과 일시투자를 예시를 통해 비교해 보자.

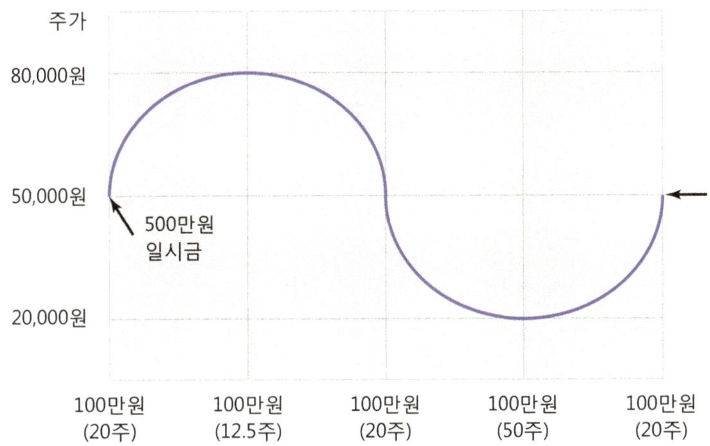

주가가 20,000원에서 80,000원까지 오르내릴 때, 100만원씩 5번에 나누어 투자한 경우와 일시에 500만원을 투자한 경우를 살펴보자. 이 사례에서는 아래 표에서 계산한 것처럼 일시금 투자의 경우에는 투자 시작 시점과 종료 시점의 가격이 동일하므로 수익이 발생되지 않는다. 하지만 정액분할투자는 주가가 20,000원으로 하락한 시점에서 매입하는 주식 수가 많아지기 때문에 일시금 투자에 비해 더 많은 주식을 보유할 수 있게 되고 수익도 발생된다.

구분	투입금액	매입주수	환급금	수익률
일시금	500만원	100주	500만원	0.0%
정액분할	100만원×5	122.5주	613만원	22.6%

하지만 정액분할투자 방법이 항상 일시금 투자에 비해 좋은 성과를 내는 것은 아니다. 주가가 최초 투자시점부터 지속적으로 상승한 경우, 주가가 올랐다가 다시 떨어진 경우 등에는 상대적으로 수익이 저조할 수 있다. 우리가 여기서 잊지 말아야 할 것은 이러한 분할투자를 통해 높은 수익을 올리고자 하는 것이 아니라 위험을 줄이고자 하는 것이다.

위험의 분산 측면에서는 일시금 투자보다 분할투자가 훨씬 큰 효과를 발휘한다.

정액분할투자 기법의 장점은 다음과 같다.

첫째, 일정금액을 일정한 기간마다 투자하는, 체계적이면서 쉽게 접근할 수 있는 투자방법이다.

둘째, 적은 투자자금으로도 시작할 수 있다.

셋째, 잘못된 시기에 투자자금 전부를 일시에 투자함으로써 입을 수 있는 손실을 방지해 준다.

넷째, 투자대상이 저평가된 시점에서 많이 투자하고, 고평가 시점에서 적게 투자하도록 되어 있으므로 시장가치와 역으로 투자할 수 있도록 한다.

다섯째, 위기가 도래하여 폭락하는 상황이 와도 원래 세웠던 투자계획을 지속할 수 있도록 한다.

한편 정액분할투자 기법이 반드시 긍정적인 효과만을 낼 수 있는 것은 아니다. 다음과 같은 한계가 있을 수 있다.

첫째, 투자손실을 방지하는 절대적인 방법은 아니다. 즉 투자자산의 가격이 계속 하락하게 되면 손실을 감수해야만 한다. 정액분할투자 방식이 절대수익을 추구하는 것으로 오해하는 경우가 있는데 반드시 그렇지만은 않다.

둘째, 장기적으로 투자를 지속하는 경우 누적 적립금액이 커짐에 따라 수수료 부담이 커질 수 있다. 이러한 경우에는 장기투자용 상품을 선택하는 것이 바람직하다.

셋째, 투자 후반기 수익률이 중요하며 적절한 인출전략이 필요하다. 자금이 필요한 시기에 임박해서 인출하려고 할 경우 목표한 수익률을 충족시키지 못하거나 최악의 경우에는 손실을 볼 수도 있다. 따라서 자금이 필요한 시기가 가까워지면 수익률이 좋은 시점에서 나누어서 인출하는 것도 고려해야 된다.

1.3 장기투자

시장의 위험을 극복할 수 있는 또 하나의 방법으로 장기투자를 들 수 있다. 이것은 앞 장에서 설명한 경기의 순환주기와도 관련이 있다. 경기가 일정한 주기를 가지고 순환하듯이, 주식과 같은 위험자산도 주기를 가지고 오르고 내리고를 반복한다. 즉 이러한 주기를 충분히 고려하고 투자를 하여야 되며, 투자를 시작한 뒤에는 조급하게 단기적인 안목으로 바라보지 말고, 미래를 바라보는 안목으로 투자를 하자는 것이다.

'장기'에 대한 기준은 모호하다. 보통 3년 이상의 기간을 이야기하지만, 훨씬 더 길게 바라보는 관점도 있다. 독일의 재무전문가 보도 섀퍼는 "위험이 따르는 투자상품을 언제 사고 언제 매각하는 것이 좋은가"라는 질문에 다음과 같이 답했다. "언제 매각할 것인가에 대한 가장 명백한 답은 '절대로 팔지 않는 것'이다. 투자기간을 오래 가져갈수록 위험은 그만큼 줄어들 것이다. 반드시 필요한 돈만 꺼내 써라. 그리고 나머지는 계속해서 당신을 위해 일하게 하라."

장기투자의 중요성을 알 수 있는 재미있는 사례가 있다. 피터 린치라는 미국의 전설적인 펀드 매니저가 있다. 이 사람이 운용하던 마젤란펀드는 1977년부터 1990년까지 13년간 연평균 29%의 놀라운 수익률을 기록하였다. 심지어 미국 증시에 최악의 기록으로 남은 1987년의 폭락장에서도 이 펀드는 플러스 실적을 나타냈다. 연 29% 수익률의 상품에 1,000만원을 첫 해에 투자하고 13년 뒤에 찾았다면 약 2억 7,395만원을 받을 수 있다. 27배에 달하는 엄청난 수익, 이렇게 우수한 실적을 거둔 펀드에 투자했던 사람들은 얼마나 행복했을까? 하지만 이 펀드의 투자자들을 추적 조사해보니 50%에 해당되는 사람들이 손실을 보았던 것으로 확인되었다. 도대체 무슨 일이 있었던 걸까? 이유를 따져보니 많은 투자자들이 좋은 수익률을 기록한 다음 분기에 펀드에 투자를 했다가 수익률이 부진하다고 나타난 다음 분기에 자금을 인출하는 행위를 한 것이다. 결국 비쌀 때 사서, 쌀 때 파는 행위가 반복된 것이다. 여기서 우리는 몇 가지 교훈을 얻을 수 있다. 우선은 수익률을 추종해서는 안 된다는 것이다. 펀드가 꾸준히 높은 수익을 냈음에도 투자자들이 투자에 실패한 이유는 성과를 쫓았기 때문이다. 수익률이 좋다고 알려졌을 때는 이미 비싸진 상태이기 때문이다. 또한 단기간에 성과를 이루려고 했기 때문에 이 펀드가 놀라운 수익률을 공유하지 못한 것이다.

'가치투자의 비밀'의 저자 크리스토퍼 브라운은 주식투자 수익률의 80~90%가 전체 투자기간의 2~7%의 짧은 기간 내에 발생된다고 말한다. 즉 이 기간에 투자를 하고 있지 않으면 수익을 누리기 어렵다는 이야기이다. 즉 짧은 기간 동안 수익을 내려고 하지 말고, 시장에 오랫동안 머물면서 위험을 줄이고 최고의 수익을 즐기라는 의미이다.

장기투자에 반대되는 개념은 단기투자, 단타매매 등 짧은 기간에 매매를 반복하며 수익을 추구하는 기법을 들 수 있다.

One Point

초단타매매, 데이트레이딩, 스캘핑

데이트레이딩(day-trading)은 보통 그날 산 종목을 당일 되팔아 수익을 추구하는 방법을 말한다. 스캘핑(scalping)은 이보다도 더 짧게 매매를 반복한다. 즉 거래수수료 등 매매비용을 제외하고 조금이라도 차익이 생기면 하루에도 몇 차례고 사고팔고를 되풀이하면서 수익을 챙기는 방법이다. 이론적으로는 싸게 사서 비싸게 팔면 된다. 그렇게만 할 수 있다면 수수료를 얼마를 부담하더라도 해볼 만한 방법이다. 문제는 현실에서 적절한 매매타이밍을 포착하기가 결코 쉽지 않다는 것이다. 지속적으로 하락세인 종목은 사기는 쉬워도 팔기가 어렵다. 손해를 감수하고 팔더라도 수수료는 매번 부담해야 된다. 이러한 것을 반복하면 투자금은 감소하고, 비용은 계속 쌓이게 된다. 그리고 이러한 기법을 구사하려면 정상적인 사회생활이 어렵다. 항상 모니터나 스마트폰의 화면만 들여다보고 있어야 되기 때문이다. 따라서 이와 같은 현란하지만 실현하기 어려운 매매기법에 현혹되어서는 안 된다. 우리는 쉽게 할 수 있는 투자방법을 이용해서 재무목표를 이루어 가야 할 것이다.

1.4 간접투자

간접투자는 자신이 투자를 직접 관장하는 '직접투자'와 반대되는 개념으로 투자전문가에게 돈을 맡기는 투자를 말한다. 즉 투자기구를 활용해서 투자하는 것으로, 운용기관이 고객의 돈을 받아 투자대상 자산에 투자한 후 수익이 발생되면 이를 나눠주는 방식을 말한다. 우리가 보통 간접투자를 한다는 의미는 개인으로서 직접투자를 하는 것이 아니라 기관투자자를 통해서 투자를 하는 것을 의미한다. 가장 대표적인 간접투자상품은 '펀드'이다.

그러면 우리는 왜 간접투자를 하여야 할까? 그 이유는 우리가 투자를 의뢰하게 되는 자산운용사와 같은 투자기관의 전문성, 자금력, 정보력 등 때문이다. 많은 전문인력으로 구성된 운용팀, 조 단위의 자금력, 전 세계에 걸쳐진 정보네트워크 등을 개인이 따라잡는다는 것은 불가능하다. 따라서 투자를 의뢰하는 수수료가 발생되더라도 직접투자를 통해서 수익을 얻으려는 것보다는 간접투자를 하는 것이 훨씬 효과적이다.

One Point

기관투자자란?

주식과 채권 등 우리나라 금융시장의 3대 투자주체를 개인투자자, 외국인투자자, 기관투자자로 구분한다. 개인은 말 그대로 개개인이 각자의 투자자금을 유가증권에 투자하는 것이다. 외국인투자자는 외국의 정부, 투자회사, 기관 및 개인이 우리시장에 투자하는 경우를 말한다. 기관투자자는 법인형태를 취하고 있는 기관으로서의 투자자를 말하며 은행, 보험회사, 증권회사, 투자신탁회사, 자산운용사 등의 기금을 관리·운용하는 법인, 공제사업을 영위하는 법인 등이 포함된다. 이러한 기관투자자는 투자지식이나 자본력이 개인보다 우세하다. 사회적 자본의 원천으로서의 경제적 기능이나 증권시장에 대한 영향력도 상당히 크다.

One Point

시장을 이기는 투자

상담이나 강의를 하다보면 투자를 하면서 시장을 이기겠다는 사람들을 종종 만날 수 있다. 시장을 이긴다는 것은 시장의 평균수익률보다 지속적으로 더 나은 수익을 거두겠다는 것이다. 이런 생각이나 주장을 하는 이들은 투자를 통해서 수익을 얻은 적이 있는 사람들이다. 또한 이들은 금융, 투자에 관심이 많아 관련된 강의를 찾아 듣고, 여러 권의 책을 읽거나, 인터넷이나 Youtube 등을 통해 지속적으로 정보를 취득하는 습관을 가지고 있다. 즉 나름의 지식과 경험을 가지고 있다는 의미이다. 실제로 개인투자자 중에는 매우 탁월한 투자성과를 오랜 기간 지속하는 이들도 분명히 존재한다. 하지만 이러한 사람들은 극소수에 불과하다. 이들은 그렇게 우수한 성과를 유지하기 위해 각고의 노력을 한다. 매일 새벽에 미국과 유럽 시장을 분석하고, 각종 기관이 쏟아내는 수많은 자료를 분석한다. 그리고 시장이 열려있는 시간에는 계속 모니터링을 하면서 수시로 변화를 점검한다. 우리가 일시적으로 시장에서 좋은 성과를 거둘 수는 있다. 하지만 학교생활을 하면서, 회사에 다니면서, 집안 살림을 하면서 이들과 같은 노력을 투여할 수 있는지 냉정하게 따져봐야 한다. 그렇지 못하다면 막강한 자금력과 정보력을 가지고 있는 전문투자기관을 통해서 투자하라. 그것이 현명하다.

상식적으로 생각해보자. 조 단위로 자금을 운용하며 전 세계의 우수 인력과 정보망을 가지고 있는 삼성증권, 미래에셋자산운용과 같은 기관 대 개인, 누가 더 이기기 쉬운 게임이겠는가?

1.5 투자 유의사항

앞에서 위험을 줄이고 적정한 수익을 추구할 수 있는 현명한 투자기법들에 대해서 살펴보았다. 투자대상을 나누는 분산투자, 투자시점을 나누는 분할투자, 오랜 기간 시장에 머무르며 위험을 줄이고 수익을 추구하는 장기투자, 정보와 자금력을 지닌 전문투자기관을 이용한 간접투자 등이었다.

여기에 투자를 할 때 유의할 사항 몇 가지를 추가하자면 첫 번째로 우량한 종목들에 투자하자는 것이다. 투자를 막 시작하는 사람들이 쉽게 범하는 오류 중 하나가 변동 폭이 크고, 저렴한 종목을 선호하는 경우가 많다는 것이다. 이러한 종목을 통해 대박을 꿈꾸기 때문이다. 하지만 일반적인 투자자들이 이러한 종목에 접근하는 것은 매우 위험하고, 자칫하면 애써 모은 투자자금을 크게 잃을 수도 있으니 각별히 유의해야 한다. KOSPI나 코스닥 시장에 상장되어 있다고 해서 전부 좋은 주식이라고 보긴 어렵다. 큰 수익을 기대하기는 어려워도 변동성이 적은 대형주나 우량주들에 투자하는 것이 훨씬 안전하고, 장기적인 투자성과도 양호할 가능성이 크다.

두 번째로는 거짓 정보, 유사투자정보에 휘둘리지 말자는 것이다. 최근에는 스마트폰의 발달로 소셜미디어가 정보전달 매체로서의 역할을 톡톡히 하고 있다. 이러한 매체를 통해 상당히 빠르게 확산되고 있는 것이 '투자 리딩'이니 '세력 종목안내' 등과 같은 정상적이지 못한 투자정보제공 서비스이다. 보통 단체 메신저 등을 이용해서 전달되는 이러한 정보는 특정 종목을 지정하고, 이 종목 가격이 오르고 내리는 것을 실제로 확인시켜준다. 그 과정에서 어느 정도의 이익을 볼 수 있게 하면서 투자를 유인한다. 하지만 막상 자금을 투입하고 종목을 매수하면, 반대편에서 보유하고 있던 물량을 팔아서 차익을 챙기는 형태로 투자자에게 손해를 끼친다. 따라서 실제 수익이 발생한다고 해서 방심해선 안되고, 합법적인 투자자문기관이 아닌 경우에는 아예 거래를 하지 않는 것이 바람직하다.

투자를 함에 있어서 다들 많은 수익을 내고 싶을 것이다. 하지만 거듭 강조하지만 수익은 두 번째 문제이다. 우리는 위험을 줄이는 것이 최우선 과제인 것을 항상 잊지 말아야 한다.

2 펀드로 투자 시작

앞에서 현명한 투자기법을 학습했다. 하지만 이것을 실제 투자에 적용하는 것은 생각만큼 쉽지만은 않다. 주식을 예로 설명하면 우량종목으로 분산투자를 하려고 할 때 여기에 필요한 자금이 만만치 않다. 2019년 12월 말 기준으로 우리나라 대표 우량주들의 가격을 살펴보자.

표 8-1 주요종목 주식가격(2019년 12월 30일 종가 기준)

삼성전자	55,800원	삼성SDI	236,000원
SK하이닉스	94,100원	셀트리온	181,000원
NAVER	186,500원	POSCO	236,500원
현대자동차	120,500원	신한지주	43,350원
LG화학	317,500원	한국전력	27,800원

회사 이름만 보아도 누구나 알 만한 대표기업들이다. 이러한 우량주식으로 분산투자를 한다고 해보자. 각 주식별로 1주씩만 구입을 한다고 하여도 위의 10종목으로 포트폴리오를 구성하는 데 1,499,050원이 필요하다. 소득이 많은 경우에는 이 정도 금액이 부담 없지만, 학생이나 신입사원과 같은 경우에는 상당히 부담스러운 금액이 아닐 수 없다. 게다가 이 포트폴리오를 활용해서 매월 분할투자를 한다고 해보자. 금액은 매월 달라지겠지만 대략 150만원 전후를 다달이 투자한다는 것은 꽤 큰 부담이 될 것이다. 더구나 이러한 투자를 3년 이상 장기로 한다면 더욱 그러할 것이다. 그러면 어떻게 할 것인가? 여태까지 긴 시간 재무목표를 위한 투자방법을 배웠는데 포기하고 말 것인가? 그럴 필요는 없다.

위에서 배운 현명한 투자방법을 가장 손쉽게 실현할 수 있는 방법이 있다. 그것은 바로 '펀드'를 이용하는 것이다.

2.1 펀드의 특징

펀드(Fund)는 사전적으로 '기금'이라는 의미이다. 여러 사람으로부터 투자자금을 모아 형성된 기금을 주식, 채권, 부동산, 원자재 등과 같은 투자대상 자산에 투자를 하고, 여기서 발생된 손익을 투자자들에게 나누어 주는 것이다. 이러한 펀드는 현명한 투자방법을 쉽게 구현할 수 있는 아주 유용한 투자수단이다.

첫 번째, 펀드는 기본적으로 여러 종목에 투자가 이루어진다. 주식형 펀드의 경우 아주 소수 종목에 집중하는 펀드도 20여개 종목을 포트폴리오에 편입시킨다. 많게는 200종목 이상 보유하는 펀드들도 있다. 따라서 펀드를 이용하면 기본적으로 분산투자가 이루어진다.

두 번째, 펀드는 약정을 통해서 적금과 같이 매월 일정한 금액을 적립식으로 투자할 수 있다. 약정기간은 재무목표에 맞게 자유롭게 설정할 수 있다. 또한 매월 같은 금액이 아니더라도 추가로 매수를 원하는 경우 자유롭게 더 살 수 있다. 따라서 이런 특징을 이용해서 쉽게 분할투자를 할 수 있다.

세 번째, 펀드는 보통 6개월에서 3년 정도로 정해진 예·적금과 달리 투자기간을 투자자가 원하는 대로 설정할 수 있다. 따라서 3년 이상의 장기투자를 하는 데 특별한 제약이 없다. 펀드 종류에 따라 기한을 설정하고 운용하는 상품이 있을 수는 있지만 일반적인 펀드상품은 자유롭게 기간을 선택할 수 있다.

네 번째, 펀드는 대표적인 간접투자상품이다. 오랜 기간 좋은 성과를 낸 운용사와 펀드를 선택하면 직접 투자하는 것에 비해 상대적으로 나은 결과를 가져올 가능성이 크다.

2.2 펀드의 장단점

그렇다면 펀드에는 어떤 장단점이 있는지 알아보도록 하자.

2.2.1 펀드의 장점

첫 번째, 운용의 전문성이 있다. 펀드는 일정한 자격 이상을 보유하거나, 해당 분야에서 오랜 경험을 쌓은 운용역(펀드매니저)들이 관리를 하므로 일반인들에 비해 정보와 시스템, 전문성 측면에서 훨씬 우월하다.

두 번째, 적은 금액으로 분산투자가 가능하다. 앞에서 살펴본 것과 같이 직접 종목투자를 하면서 분산을 하려면 많은 금액이 필요하다. 하지만 펀드는 아주 적은 금액을 투자하여도 해당 펀드가 여러 종목에 나누어서 투자하고 있으므로 자연스럽게 분산투자가 이루어진다. 펀드는 원칙적으로 1,000원과 같이 적은 금액도 가입 가능하다. 단 기관이나 상품에 따라 최저 가입금액이 정해지는 펀드도 있다.

세 번째, 비용이 저렴하고 가입이 간편하다. 펀드는 간접투자상품이니 이를 이용하면 그에 대한 대가를 지불하여야 한다. 펀드 이용에 따른 비용은 한번 지불하고 끝나는 '수수료'와 펀드 적립금액에 대하여 가입기간 동안 계속 부담하는 '보수'로 나눌 수 있다. 비용은 펀드종류에 따라 다르지만 그 금액이 아주 부담스러운 정도는 아니다(주식형펀드: 연 2.5% 전후). 그리고 펀드는 은행, 증권사, 보험사 등 대부분의 금융기관에서 판매되고 있으므로 접근이 용이하다. 최근에는 모바일 앱이나 홈페이지 등을 통해서 점포를 방문하지 않고도 가입할 수 있다. 또한 예금이나 적금은 만기 이후에 해지하여 찾지 않는 경우 이자가 지급되지 않거나 아주 적은 이자만 지급한다고 설명했었다. 하지만 펀드는 만기가 따로 없어서 약정기간이 종료되었다 하더라도 찾지 않고 예치해두면 해당 펀드의 운용수익이 그대로 반영된다.

네 번째, 별도 보관제도를 통해 투자자금이 보호된다. 펀드는 [그림 8-2]와 같은 구조로 운용된다.

투자자가 판매사(은행, 증권사, 보험사 등)를 통해 펀드를 가입하고 자금을 맡기면 판매사는 이 돈을 수탁사로 보낸다. 운용사에서는 이 자금을 어떤 종목을 사고, 팔 것인지를 지시를 한다. 그러면 수탁사는 이 지시에 따라 주식 등의 투자자산을 사거나 팔고, 그 과정에서 발생된 손익을 판매사를 통해 투자자와 나누게 되는 것이다. 만약 판매사가 파산

그림 8-2 펀드의 운용구조

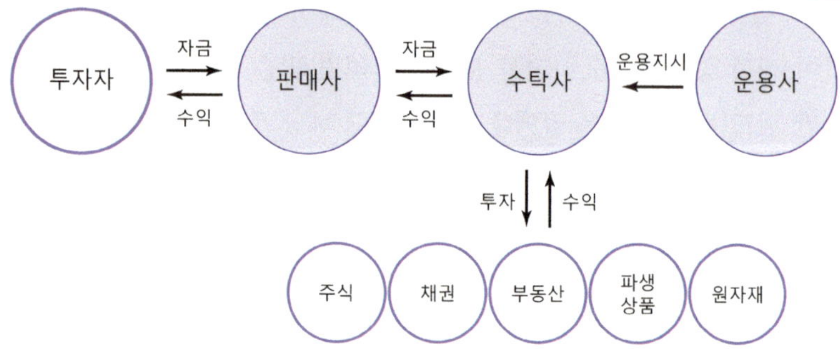

하게 되는 경우에도 투자자의 자금은 수탁사에 별도로 보관되어 있으므로 해당 시점의 수익률이 반영된 평가금액을 돌려받을 수 있다. 하지만 이것은 저축상품에서 설명한 '예금자보호제도'와는 전혀 다른 개념이다. 펀드는 투자상품이므로 기본적으로 예금자보호법의 보호를 받을 수 없다.

2.2.2 펀드의 단점

펀드라고 해서 장점만 있는 것은 아니다. 다음은 펀드의 단점에 대한 설명이다.

첫 번째, 투자의 결과는 모두 투자자에게 귀속된다. 즉 펀드 운용이 계획대로 되지 않아 수익이 발생하지 않고 손실이 발생되었다고 하더라도 그 책임은 투자자의 몫이다. 판매회사인 은행이나 증권사 또는 운용회사인 자산운용회사에서는 이에 대한 별도의 책임을 지지 않는다.

두 번째, 비용에 대한 부담이 있다. 앞서 펀드의 장점에서 비용이 저렴하다고 했다. 하지만 적립식 투자와 같이 시간이 흐를수록 점점 적립금이 불어나는 경우 등은 규모가 커질수록 비용부담이 비례해서 커지는 부담이 있다. 이러한 경우에는 장기가입용 펀드를 가입하는 것이 유리하다. 이 펀드는 시간이 경과될수록 점점 비용이 저렴해지는 장점이 있다.

세 번째, 펀드의 구조를 정확하게 이해한다는 것은 금융을 전공하지 않은 일반인들에게는 상당히 복잡하고 어렵게 느껴질 수 있다. 특히 파생상품 등이 결합된 상품구조를 명확하게 파악한다는 것은 현실적으로 굉장히 어려운 일이다.

네 번째, 운용사나 운용역(펀드매니저)에 따라 운용실적이 크게 달라질 수 있다. 같은 기간 동안 같은 금액을 투자하였다고 하여도 누가 어떻게 운용하였는지에 따라 결과가 크게 달라질 수 있다는 것이다. 따라서 펀드를 선택하기 이전에 이에 대해 충분히 고민하고 선택하여야 할 것이다.

다음 장에서는 펀드의 종류 및 재무목표 달성을 위한 다양한 투자상품들에 대해서 알아보도록 하자.

One Point

재테크 책에 보면(3) – 나만 믿고 따르세요!

대형서점에 가보면 재테크나 투자 분야에 헤아릴 수 없이 많은 책들이 즐비하다. '○○투자 무작정 따라하기', '○○○ 투자의 비밀', '○○○하면서 돈 버는 기술' 등 제목도 상당히 유혹적이다. 책에는 아주 다양한 투자기법들이 소개되어 있다. 인터넷 서핑을 하면서도 다양한 투자광고들을 볼 수 있다. '2019년도 누적수익 1,588% 달성', '○○투자연구소 VIP 추천종목 공개' 등의 자극적인 문구와 함께. 특히 요즘은 빅데이터 기술의 발달로 평소 투자와 연관된 단어 검색을 자주 하는 필자의 경우에는 정말 쉴 새 없이 광고가 뜬다.

이것도 우리가 한번 냉정하게 생각해보자. 그렇게 어마어마한 투자기법이라면 왜 1~2만원짜리 책에 그 비결을 공개하겠는가? 또는 상상하기 힘든 수익률을 올릴 수 있는 종목이라면 왜 한 달에 고작 몇 만 원의 회비를 받고 정보를 제공하겠는가? 만약 내가 그런 비법이나 종목을 알고 있다면 내 주위의 모든 자금을 동원해서 그 방법으로 큰 수익을 창출해서 세계적인 부자가 되려고 할 것이다. 즉 책은 책을 파는 것이 목적이고, 인터넷 투자정보업체는 회비를 받는 것이 목적인 것이다. 과거 '젊은 부자', '○○동 주식부자' 등 책도 내고, 개인 방송도 운영하고, 공중파 방송에도 자주 출연해서 상당히 유명세를 자랑하던 이들이 투자 관련 사기로 구속된 사례들도 제법 있다.

이렇게 '나만 믿고 따르라'는 유혹에 흔들리지 말고 투자의 기본을 되새기며, 전문가와 상의해서 계획을 세우고 투자전문기관에 맡기는 것이 훨씬 현명한 것이다.

실전연습

• 일시금 투자와 정액 분할투자의 수익률과 위험이 아래 사례에서 어떻게 나타날지 예측하여 그 차이에 대해 논해 보자.

상승장	하락 후 보합
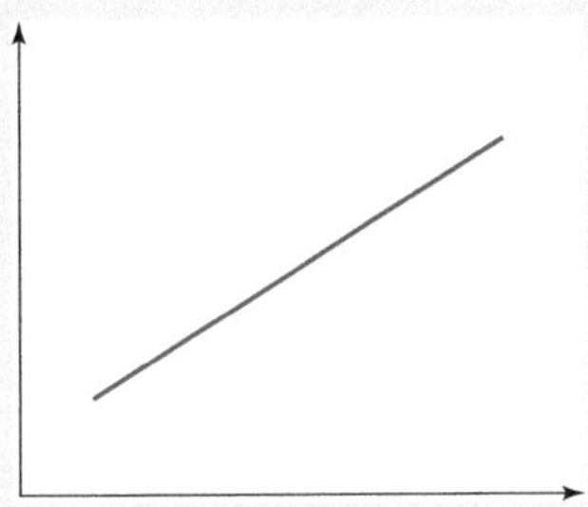	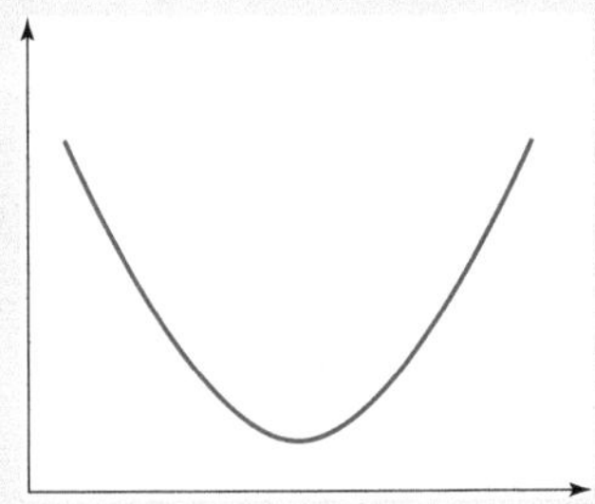
상승 후 보합	하락장
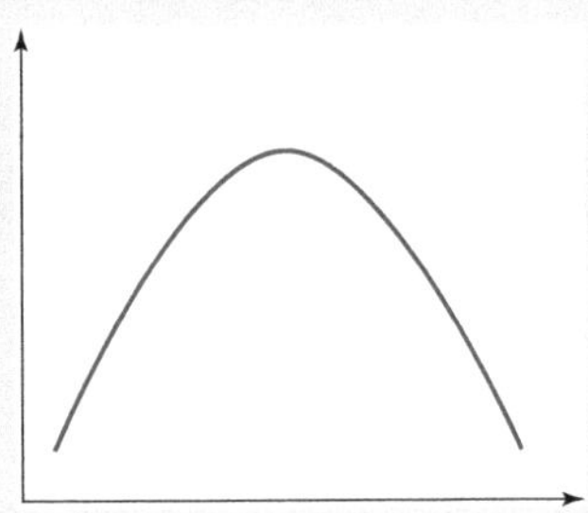	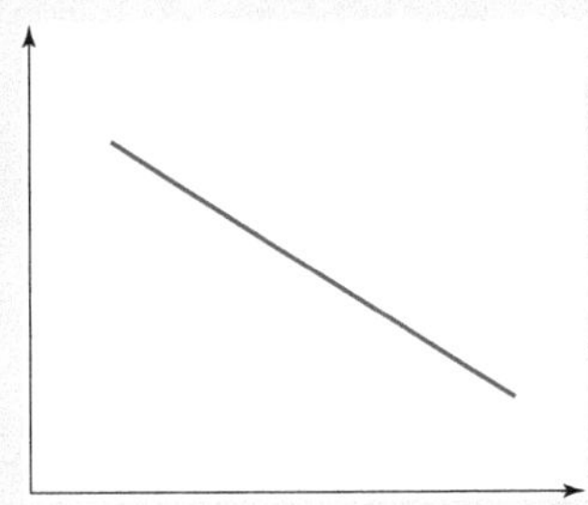

• 이 책에서 제시된 현명한 투자방법 4가지의 정의를 간략하게 요약하고, 실제 사례나 인터넷 등에서 적용 사례를 찾아서 정리해 보자.

- 분산투자

- 분할투자

- 장기투자

- 간접투자

제 9 장

다양한 투자상품

학습목표

- 펀드의 선택기준과 환매기준에 대해서 설명할 수 있다.
- 펀드의 종류와 특징에 대해서 이해한다.
- 구조화 상품의 운영원리에 대해서 이해한다.
- 변액유니버셜의 특징에 대해서 이해한다.
- 원자재투자의 필요성에 대해서 이해한다.

1 펀드의 이해

앞 장에서 펀드가 위험을 줄일 수 있는 분산투자, 분할투자, 장기투자, 간접투자 등에 아주 적합한 투자수단이라고 했다. 이어서 펀드에 대한 이해를 조금 더 넓혀 보도록 하자.

1.1 펀드의 선택기준

어떤 펀드를 선택하는 것이 좋을까? 시중에는 정말 수많은 펀드들이 존재하고 있다. 창구에 문의를 하면 대부분 최근 성과가 좋은 펀드를 소개해 주곤 한다. 그것이 무조건 나쁘다고 할 수는 없지만 그보다 더 나은 펀드 선택기준을 제시해 보고자 한다.

첫째, 나의 재무목표에 부합하는 펀드를 정한다. 펀드는 굉장히 다양한 방식으로 활용할 수 있다. 우선 목돈을 만들기 위해 정액분할 적립식 투자를 할 것인지 아니면 그간 만들어둔 투자자금을 일시금으로 맡겨 운용할 것인지 등이 정해져야 한다. 또는 은퇴하신 분들을 위해 연금처럼 매월 일정금액이 지급되는 월지급식 펀드도 있으니, 어떤 방식이 현재 나의 상황과 재무목표에 맞는지 살펴보고 선택해야 될 것이다.

둘째, 장기간의 성과가 양호한 펀드를 선택한다. 위에서도 얘기했듯이 일반적으로 펀드를 선택하는 시점의 성과에 주목하게 된다. 하지만 앞에서 수익률을 추종하는 것이 좋지 못하다고 지적한 바 있다. 오를 때 사고, 내릴 때 파는 것을 반복할 가능성이 있기 때문이다. 최근 3개월, 6개월 Top 5 안에 든 펀드보다 최근 3년, 5년간 상위 20% 안에 꾸준히 들어있었던 펀드가 장기 실적에선 훨씬 우수한 성적을 나타낼 가능성이 크다. 따라서 오랜 기간의 수익률과 위험을 보고 결정하는 것이 좋다. 펀드 평가 사이트에서 기간별 수익률과 펀드에 대한 정보를 확인할 수 있다.

셋째, 상승기 실적보다 하락기 실적을 검토해 보자. 계속 반복해서 강조하는 것이지만 높은 수익률보다 낮은 위험을 우선해야 한다. 해당 펀드가 많이 오르는 것보다 떨어질 때 얼마나 떨어지는지 잘 검토해야 된다는 이야기다. 이를 확인할 수 있는 평가지표로 베타(β)라는 것이 있다. 펀드의 베타 값이 0.98, 1.03처럼 1에 가까운 값을 나타내면 시장의 움직임과 거의 동일하게 움직인다는 것을 의미한다. 그런데 베타 값이 1보다 크게 나타나면 시장보다 민감하게 움직인다고 볼 수 있다. 즉 이 값이 1.5로 나타나면 시장이 10% 오르내릴 때 15% 오르내린다는 말이다. 반대로 이 값이 0.5인 펀드는 시장이 10% 움직일 때 5%만 움직이게 된다. 따라서 상승기엔 베타 값이 큰 펀드를, 하락기엔 베타 값이 적은 펀드를 선택하는 것이 유리하다고 할 수 있다. 단 수시로 펀드를 변경하기 어려운 경우에는 베타 값이 1보다 적은 펀드를 선택하는 것이 하락기에 발생될 수 있는 손실위험을 줄일 수 있을 것이다.

넷째, 설정일과 설정액을 검토해 보자. 설정일은 해당 펀드가 최초 운영되기 시작한 날이니 얼마나 오랫동안 유지되었는지를 알 수 있다. 설정액은 이 펀드의 현재 시점의 평가금액이라고 보면 된다. 이 금액이 몇 십억 수준으로 크지 않은 펀드는 시작한 지 오래되지 않았거나, 판매가 원활하지 않거나, 투자자들이 이탈해가며 줄어들었을 가능성이 큰 펀드이다. 반대로 1조가 넘는 등 지나치게 설정액이 큰 펀드는 포화기에 이르렀을 가능성이 크다. 어느 정도의 설정액이 좋은지에 대한 절대 기준은 정해져 있지 않지만 많은 전문가들은 국내 주식형 펀드의 경우 5천억 전후 금액이 규모의 안정성, 향후 성장 가능성 측면에서 좋다고 이야기한다.

다섯째, 해당 운용사와 펀드매니저의 과거 실적을 검토해 본다. 추천을 받은 펀드, 내가 관심이 가는 펀드의 운용사와 펀드매니저를 확인하고, 이들의 주요 실적을 참고하면 선택의 실수를 크게 줄일 수 있다.

여섯째, 판매사가 많은 펀드를 선택하자. 앞에서 펀드를 가입할 수 있는 은행, 증권, 보험사 등이 판매회사라고 했다. 펀드 정보를 확인하면 이 판매사가 몇 군데나 되는지 확인할 수 있다. 펀드를 가입할 수 있는 판매사가 많다는 것은 그만큼 대중적으로 인기가 있고, 상대적으로 장기간 잘 운영되어 왔다고 볼 수 있다.

일곱 번째, 부대비용이 적은 펀드를 선택하자. 이것은 매우 중요한 내용임에도 일반인들은 모르고 넘어가기 쉽다. 하지만 조금만 관심을 가지고 검색을 이용하면 쉽게 확인할 수 있는 내용이다. 앞에서 펀드와 관련된 비용에 일회성인 수수료와 평가금액의 일정 %를 차감하는 보수가 있다고 했다. 이런 비용은 펀드가 손실이 나도 계속 차감하는 것이기 때문에 꼼꼼하게 살펴봐야 한다. 수수료와 비용에 대한 정보는 펀드 정보 사이트나 판매사, 운용사 홈페이지 등에서 쉽게 확인할 수 있다. 우리가 추가로 확인할 것은 '매매회전율'이다. 이 정보는 해당 펀드의 '운용보고서'를 봐야 확인할 수 있는 숨겨진 비용이다. 매매회전율이 크면 수시로 보유종목을 사고팔아서 거래비용이 증가할 수 있다는 의미이다. 연 매매회전율이 120%라는 의미는 1년 동안 보유종목을 전부 교체하고 20% 더 사고팔았다는 것이다. 상대적으로 이 비율이 낮은 펀드가 부대비용도 적게 발생되는 펀드이다.

One Point

펀드의 성적이 궁금하다면

펀드의 여러 정보를 한눈에 알고 싶을 때에는 펀드닥터(www.funddoctor.co.kr) 사이트를 활용하면 편리하다. 펀드와 관련된 각종 지표를 분석하여 평가한 결과를 태극마크로 나타낸다. 개수가 많을수록 우수한 펀드이며, 최고등급이 다섯 개이다. 펀드에 따라 유형, 운용사, 펀드 설정액 규모, 비용, 최초 설정일과 수익률 및 위험과 관련된 정보도 볼 수 있다.

그림 9-1 펀드닥터 홈페이지 펀드정보 검색 화면

펀드명	교보악사Tomorrow장기우량K- 1(채권)ClassA			
유형	채권형			
운용사	교보악사운용			
제로인등급	●●●●●			
운용규모	9,450.1억원(초대형급)			
투자비용	연 0.1%(평균이하)			
설정일	2006.09.05			
수익률과 위험(%)	6개월	1년	3년	변동성(1년)
펀드	-0.0	4.0	9.4	1.8
유형평균	0.8	0.4	2.4	0.9

해외펀드까지 함께 검색할 수 있는 사이트로는 모닝스타(www.morningstar.co.kr)가 있다. 여기서는 펀드등급을 별 표시로 나타낸다.

1.2 펀드의 명칭 이해하기

그런데 사람들이 예·적금에 비해 펀드를 어렵게 생각하고, 투자를 망설이는 이유 중 하나는 '뭔지 잘 모르겠다'는 것일 게다. 그 원인 중 하나는 무엇을 의미하는지 알 수 없는 펀드의 복잡한 이름 때문일 것이다. 하지만 다음의 규칙을 이해하면 상세 내용까지 정확하게는 몰라도

해당 펀드의 개요는 파악이 가능하다. 펀드의 이름을 해석하는 방법을 함께 알아보도록 하겠다.

복잡한 펀드의 명칭은 다음과 같은 규칙하에 정해진다.

운용사 + 투자지역 + 펀드성격 + 형태 + 유형 + 클래스

실제 펀드 이름을 보며 확인해 보자. 오랜 기간 인기를 끈 가치주 펀드 중에 '신영마라톤증권투자신탁(주식)A'라는 펀드가 있다. 또 해외주식에 투자하는 펀드 중에 '슈로더차이나그로스증권자투자신탁A(주식)종류A'라는 펀드가 있다. 이 명칭을 분석해 보면 다음과 같다.

구 분	신영마라톤증권 투자신탁(주식)A	슈로더차이나그로스증권자 투자신탁A(주식)종류A
운용사	신영자산운용	슈로더자산운용
투자지역	국내(생략)	차이나 : 중국
펀드성격	마라톤 : 장기투자	그로스 : 성장형
형태	증권투자신탁	증권자투자신탁
펀드유형	(주식) : 주식형	(주식) : 주식형
클래스	A : 클래스 A	종류A : 클래스 A

위 표에서 펀드성격은 이 펀드가 주되게 추구하는 운용철학을 의미한다. 마라톤처럼 길게 보고 투자하겠다는 장기투자의 의지를, 성장을 의미하는 그로스(growth)를 넣은 것이다. 또 가치투자를 표방하는 펀드는 '가치'나 '밸류(value)', 소형주를 주로 투자하는 펀드는 '스몰(small)' 등을 넣어서 펀드의 성격을 알린다. 클래스는 같은 운용사에서, 같은 매니저에 의해 동일하게 운용되는 펀드인데 보수나 수수료, 판매 채널 등을 다르게 하는 것을 의미한다. 클래스 A는 선취수수료 방식, C는 판매보수 방식, E는 온라인 채널 전용, W는 랩(wrap)상품 전용 등을 나타낸다.

1.3 펀드의 환매기준

이번에는 펀드의 환매기준에 대해서 알아보자. 환매(還賣)란 사들인 물건을 되파는 일을 의미한다. 즉 투자자가 판매사를 통해 샀던(가입했던) 펀드를 판매사에게 다시 되파는(해지하고 원금과 수익금을 돌려받는) 것을 말한다. 일반적인 금융상품은 해지 또는 해약한다는 표현을 주로 쓰지만 펀드와 같은 투자상품은 환매라고 표현한다. 그러면 어떤 경우에 펀드를 환매하는 것이 좋은지 검토해 보겠다.

첫 번째, 투자목적을 달성한 경우이다. 예를 들어 1,000만원이 필요할 것으로 예상되는 재무목표를 위해 900만원의 자금을 펀드에 투입하였는데, 평가금액이 1,000만원에 도달한 경우이다. 원하는 목표금액이 조성되었는데 필요한 시점까지 시간적 여유가 남아있다면 더 큰 이익을 누리기 위해서 위험을 감수할 것이 아니라 안전한 예금이나 채권형자산으로 옮기는 것이 좋다. 그래야 필요한 시점에 원활하게 이 자금을 활용할 수 있기 때문이다.

두 번째, 펀드의 투자위험이 증가한 경우이다. 펀드를 가입한 후에는 그냥 방치하고 놔둘 것이 아니라 주기적으로 평가금액, 수익률 등을 점검해 봐야 한다. 이때 펀드의 위험을 측정할 수 있는 표준편차 또는 PER와 같은 지표를 검토해서 위험이 현저하게 증가한 경우에는 다른 펀드나 금융상품으로 교체할 것을 검토해야 한다.

세 번째, 펀드 설정액이 지속적으로 감소하는 경우이다. 펀드는 투자된 자산의 가치 변동에 따라 설정액이 지속적으로 늘거나 줄 수밖에 없다. 특히 주식형펀드와 같은 경우에는 시장 변동에 민감하게 반응한다. 일시적으로 시장이 침체되면서 펀드 가치가 하락하는 경우에는 오히려 펀드를 추가 매수하여 보유량을 늘리는 것을 검토해야 한다. 하지만 시장 변동요인을 제외하고 지속적으로 설정액이 감소한다는 것은 투자자들이 환매를 하면서 계속 이탈하고 있다는 것이다. 이런 경우에는 무조건 장기투자의 관점으로 펀드에 머물고 있을 것이 아니라 환매를 하고 다른 대안을 찾는 것이 현명하다.

네 번째, 수익률이 6개월 이상 저조한 경우에는 세 번째에서 이야기한 전반적인 시장상황 때문인지 아니면 펀드 운용에 문제가 있는지를 판단하고, 후자인 경우에는 환매하는 것이 좋다. 단 이런 과정은 일반인들이 판단하기 쉽지 않으므로 전문가의 조언을 구하는 것이 좋다.

다섯 번째, 펀드매니저가 교체되었거나 펀드의 스타일이 바뀌는 경우이다. 펀드 운용을 잘해서 실력이 검증된 펀드매니저는 인기가 좋다. 따라서 경쟁사로 높은 몸값을 받고 이직하는 경우들도 꽤 있다. 이런 경우 새롭게 교체된 펀드매니저가 기존의 펀드 운용 철학과 입장이 다르거나 스타일이 다를 수 있다. 따라서 그동안 좋은 성과를 거둔 펀드라고 하더라도 매니저가 바뀌거나 스타일이 바뀐 경우에는 환매를 검토해야 한다.

끝으로 투자전략이 변경된 경우를 들 수 있다. 돈이나 투자와 관련한 투자자의 상황은 수시로 변경될 수 있다. 최초 재무목표를 정하고 자산배분 계획을 세울 때에는 공격적인 포트폴리오를 선호했는데, 연령이 증가하거나 투자손실을 경험한 후에는 안정성을 선호하게 되는 경우가 있다. 이때 내가 보유한 펀드의 위험도가 크다면 이를 환매하고 나의 변경된 투자전략에 맞는 상품으로 변경하는 것이 맞다. 다만 이러한 투자전략은 수시로 변경해서는 안 되며 전체적인 생애재무설계의 관점에서 신중하게 결정하여야 할 것이다.

2 다양한 투자상품

2.1 펀 드

펀드는 현재 매우 다양한 종류가 판매 및 운용되고 있는데, 몇 가지 기준으로 나누어 알아보도록 하겠다.

2.1.1 투자자산에 따른 분류

펀드는 대상 투자자산이 무엇인지에 따라 아래와 같이 구분된다.

증권펀드	집합투자재산의 50% 이상을 증권(주식, 채권 등의 증권과 이를 기초로 하는 파생상품)에 투자
부동산펀드	집합투자재산의 50%를 초과하여 부동산(부동산을 기초로 하는 파생상품 포함)에 투자하는 펀드
특별자산펀드	집합투자재산의 50%를 초과하여 특별자산(증권과 부동산 제외)에 투자하는 펀드
단기금융펀드	MMF. 법에서 정한 비교적 안정성이 높고 잔존만기가 단기인 증권에 투자하는 펀드
혼합자산펀드	집합투자재산의 운용관련 증권, 부동산, 특별자산의 최저 투자비율의 적용을 받지 않는 펀드

2.1.2 주식펀드의 종류

주식펀드도 매우 다양하게 나누어 볼 수 있는데 다음과 같은 분류기준으로 구분된다.

• **투자대상의 특징에 따른 분류**

분 류	펀드 종류
투자스타일	가치주펀드, 성장주펀드
투자기업규모	대형주, 중형주, 소형주 펀드
테마	업종펀드(섹터펀드), 그룹주펀드, 공모주펀드, M&A펀드, PEF(Private Equity Fund), 사회책임투자펀드(SRI펀드), 배당주 펀드 등

• **투자전략에 따른 분류**

분 류	펀드 종류
적극적 (active)	시장을 능가하는 초과수익 획득을 목표로 펀드매니저가 상당한 재량권을 가지고 마켓타이밍, 종목선정, 자산배분 전략을 실행하는 주식펀드
소극적 (passive)	시장지수를 능가하는 초과수익을 얻기 힘들다는 생각을 기초로 시장지수를 추종하거나 시장위험을 최소화한 펀드. 인덱스펀드, 차익거래펀드 등

• **투자지역에 따른 분류**

분 류	펀드 종류
국내외	국내주식펀드, 해외주식펀드
해외투자지역	글로벌주식펀드, 동남아주식펀드, 유럽주식펀드, 이머징마켓주식펀드, 친디아(중국+인도)펀드
투자국가	중국펀드, 인도펀드, 러시아펀드, 미국펀드

2.1.3 채권펀드의 종류

채권펀드는 예·적금보다 조금 더 높은 수익을 추구하는 경우에 많이 선택된다. 주식펀드에 비해서는 상대적으로 안전하지만, 원금손실이 발생될 수 있음에 유의해야 한다. 채권펀드는 투자대상에 따라 다음과 같이 분류된다.

분 류	펀드 종류
공사채	– 국공채와 회사채에 모두 투자 – 회사채에 대한 투자비중은 펀드매니저가 결정 – 투자자들은 펀드매니저가 어떤 종류의 채권에 투자할 것인가를 예상할 수 없다는 단점
국공채	– 국채, 통화안정채권, 신용도와 안정성이 가장 높은 국공채에 투자하는 펀드 – 일반적으로 약관 및 투자설명서 등에 국공채에 일정비율 이상 투자하겠다는 계획 명시
회사채	– 펀드약관이나 투자설명서에 일정비율 이상의 회사채투자를 명시 – 투자등급(BBB–) 이상의 회사채만 투자하는 펀드와 투기등급(BB+) 이하 회사채만 투자하는 하이일드 펀드로 구분
전환사채	– 전환사채에 집중적으로 투자하는 펀드 – 채권의 안정성과 주식시장이 호황일 때는 주식의 수익성을 동시에 기대할 수 있는 펀드

2.1.4 그 외의 펀드 종류

인덱스 펀드	시장수익률을 추구하는 펀드로 시장지수의 포트폴리오를 복제해서 이와 동일한 비중으로 종목을 운용하는 펀드. 우리나라의 경우 KOSPI200지수를 추종하는 펀드가 대표적이다. 시장지수와 동일한 움직임을 보이므로 수익예측이 용이하고 운용보수가 저렴하다는 장점이 있다.
상장지수 펀드	ETF(Exchange Traded Fund)는 인덱스펀드와 동일한 방식으로 운용되는데, 주식시장에 상장시켜서 거래된다는 특징이 있다. 투자자가 부담하는 비용이 인덱스펀드보다도 저렴하고 환금성이 우수하다.
라이프 사이클 펀드	이 펀드는 한 사람의 생애주기에 따라 젊었을 때에는 위험자산의 비중을 높게 하고, 나이가 들거나 은퇴를 한 이후에는 안전자산의 비중을 높일 수 있도록 되어 있다. 각 자산에 투자하는 펀드를 따로 매수할 필요없이 하나의 펀드로 관리할 수 있다는 장점이 있다.

사모펀드	PEF: Private Equity Fund. 투자자를 공개적으로 모집하는 공모펀드의 반대 개념으로 50인 미만의 소수 투자자를 비공개적으로 모집해서 운영하는 펀드를 말한다. 좁은 의미로는 기업구조조정 과정에 개입해서 시세차익을 추구하는 펀드를 의미하기도 한다.
재간접 펀드	펀드의 투자대상이 주식, 채권, 원자재 등이 아니라 다른 펀드인 경우를 재간접펀드라고 한다. 즉 다른 펀드에 투자하는 펀드. 이 경우 투자비용이 이중으로 지출될 수 있으므로 투자하기 전에 잘 살펴봐야 한다.

2.2 구조화상품

2.2.1 구조화상품의 정의와 특징

구조화상품이라고 하면 상당히 생소하게 느껴질 것이다. 하지만 금융에 관심있는 사람들은 ELS, ELF 또는 주가지수연계증권, 주가지수연계펀드, 주가연계예금과 같은 이름은 들어봤을 것이다.

구조화상품은 펀드처럼 투자 대상 자산이 오르면 같이 오르고, 떨어지면 같이 떨어지는 형태가 아니라 기초 자산의 성과와 미리 설정한 구조에 따라 다양하게 변형되는 상품을 말한다. 가장 대표적인 상품이 바로 주가연계증권(ELS, equity linked securities)이다. 이 상품은 특정 주식의 가격이나 주가지수의 움직임에 연계되어 투자수익이 결정되는 특징을 가지고 있는 파생결합증권의 한 종류이다. 이 상품에 투자한 투자자는 운용성과와는 상관없이, 주가 또는 주가지수의 움직임에 따라 조기 또는 만기에 약정된 수익률을 받을 수 있게 되어 있다.

과거에는 복잡한 구조 때문에 투자자에게 선호되는 상품이 아니었으나 최근 저금리 기조가 장기화되면서, 정기예금 금리에 만족하지 못하는 투자자들에게 인기를 끌고 있다. 최근에는 원금보장형 구조화상품을 중심으로 2~3년 정도의 재무목표를 위한 자금 운용 시, 정기예금 금리

$+\alpha$의 수익률을 목표로 하여 많이 선택되고 있다.

구조화상품은 다음과 같은 특징을 가지고 있다.

- 만기나 수익구조 등을 다양하게 설계할 수 있다.
- 발행 증권사의 신용 위험에 노출될 수 있다. 즉 운용성과가 아닌 발행회사가 얼마나 안정적인지가 위험에 영향을 미치는 변수라는 의미이다.
- 중도상환 요청 시 환매수수료를 부담하거나 원금손실 가능성이 있으니 사전에 투자기간을 충분히 고려해야 한다.
- 주식, 파생상품의 투자비중이 낮은 원금보장형 상품과 투자비중이 높아 기대수익률이 높은 반면 원금손실 가능성이 있는 원금비보장형 상품으로 구분할 수 있다.

2.2.2 구조화상품의 원리

구조화상품의 원리는 상품마다 다르며, 매우 복잡하다. 원금비보장형의 경우 재무목표를 위한 상품으로는 적합하지 않다고 보는 견해가 많아 원금보장형 상품에 대해 주로 알아보겠다.

■ 원금보장형 구조화상품

원금보장형 구조화상품의 작동원리를 단순하게 나타내면 [그림 9-2]와 같다.

그림 9-2 원금보장형 구조화상품

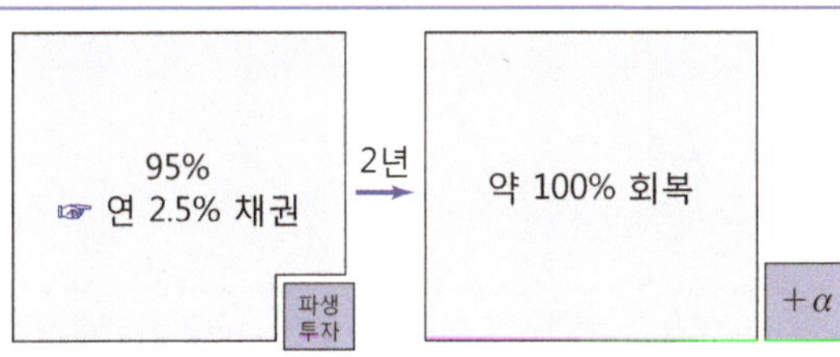

투입된 투자금의 대부분을 안전한 채권에 투자하여 만기까지 보유한다. 95%의 돈을 연 2.5%의 이자를 받을 수 있는 채권에 투자하기 때문에 2년이 경과하면 최초 투자원금과 거의 같은 금액이 된다. 그리고 투자금의 일정부분(그림에서는 5%)을 파생상품 등에 투입해서 이를 이용해 수익을 추구한다. 이 파생상품 투자가 성공적으로 수행되면 수익이 발생되고, 만약 조건달성을 못하더라도 최초에 투입한 일부 자금(5%)만 잃게 되는 것이다. 이러한 방식으로 손실을 최소화시키고 원금을 유지시키는 구조인 것이다. 다만 이러한 원금보장형 구조화상품은 저축상품과 같이 조건 없이 원금과 약정이자가 보장되는 경우와는 다르다는 것을 이해해야 된다. 일부 상품에서는 '원금보존', '원금보존추구형'이라고 표현되기도 한다.

■ 원금보장형 knock-out형 ELS 구조 예시

[그림 9-3]은 원금보장형 구조화상품 ELS의 사례이다. 이 경우 기초자산의 가격이 기준일 대비 0~20% 사이인 경우에는 상승참여율이 70%가 적용된다. 예를 들어 기준일에 1,000원이었던 기초자산이 평가일에 1,150원이 되었다면 자산 수익률은 15%이고 이 상품의 수익률은

그림 9-3 상승참여율 70% 원금보장형 ELS

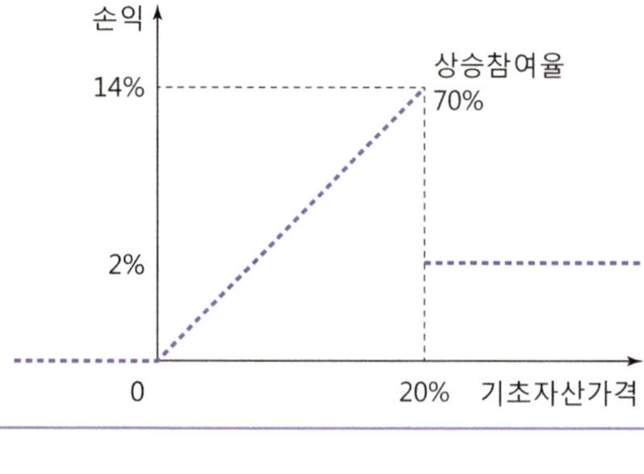

기초자산 수익률의 70%를 취하게 되어 있으므로 10.5%(=15%×70%)가 되는 것이다. 만약 기초자산 가격이 기준일보다 하락하였다면, ELS 수익률은 0%로 고정되며 기초자산 가격이 20%를 초과하는 경우에는 2%로 고정되는 것이다.

기초자산 수익률	조건	ELS 수익률
(−)	원금 지급	0%
0~20%	상승참여율 70%	기초자산 수익률×70%
20% 초과	2% 지급	2%

이 조건에 따른 예를 들면 다음과 같이 된다. 기준일의 기초자산 가격이 1,000원인 경우이다.

평가일 기초자산	기초자산 수익률	ELS 수익률
900원	−10%	0%
1,100원	+10%	7%
1,300원	+30%	2%

2.2.3 대표적인 구조화상품의 종류

■ 지수형, 개별 주식형, 혼합형

위에서 간략하게 살펴본 바와 같이 구조화상품에는 기초자산이라는 것이 있다. 이 기초자산이 상품에 따라 다르게 설정되는데 KOSPI200 지수, S&P500지수와 같은 지수를 기초자산으로 하는 경우가 지수형 상품이다. 개별 주식형 구조화상품은 기초자산을 삼성전자 또는 현대자동차와 같은 개별 증권의 주가로 삼는 것이다. 혼합형은 이러한 지수 또는 종목을 섞어서 기초자산으로 설정한 것을 말한다. 앞서 학습한 분산투자와 마찬가지로 개별 증권보다는 지수를 기초자산으로 설정한 상품이 일시에 하락할 가능성이 적으므로 위험이 상대적으로 낮다.

■ 단일지수 연계형, 복수지수 연계형

지수를 기초자산으로 설정한 구조화상품 중에서도 한 가지 지수에만 연동한 경우보다는 여러 지수에 연계한 경우가 더 안전하다고 볼 수 있다. 단일지수형은 KOSPI200 연계형, NIKKEI225 연계형과 같은 형태이고, 복수지수형은 KOSPI+HSCEI 연계형, KOSPI+S&P500 연계형과 같은 형태이다.

■ 판매기관 등에 따른 구조화상품 분류

구조화상품 이름			판매	특징
ELS	Equity Linked Securities	주가지수 연계증권	증권사	주가 및 지수 연계 원금보장형/비보장형 공모형/사모형
ELD	Equity Linked Deposit	주가 연계예금	은행	주가 및 지수 연계
ELF	Equity Linked Fund	주가지수 연계펀드	운용사, 판매사	주가 및 지수 연계
ELB	Equity Linked Bonds	주가연계 파생결합채권	증권사	주가 및 지수 연계 원금보장형
DLB	Derivatives Linked Bonds	기타파생 결합사채	증권사	금리, 환율, 원자재 등 연계
DLF	Derivatives Linked Fund	기타파생 결합펀드	운용사, 판매사	금리, 환율, 원자재 등 연계

ELF, DLF

펀드의 한 형태이므로 운용사와 판매사가 분리되어 있다. 일반적인 펀드와 같이 운용은 운용사에서 하고, 판매는 은행이나 증권사에서 한다.

2.3 변액유니버셜보험

전통적인 저축성보험은 예금자보호가 적용되며 원금이 보장되는 형태였다. 1990년대 말부터 저축성, 적립형 보험에도 투자의 개념이 도입되기 시작하였다. 그중 가장 대표적인 것이 변액유니버셜보험이다. 이 상품은 '변액'이면서 '유니버셜'기능이 있는 저축성보험이다. '변액'이라는 것은 보험료의 일부를 주식, 채권, 부동산 등의 투자자산에 투입하여 투자 실적에 따라 받을 수 있는 보험금이 변한다는 의미이다. 아울러 '유니버셜'은 기존 보험상품의 대부분이 장기간 납입 및 유지를 전제로 하는 경우가 많아 입출금이 불편하다는 단점이 있었는데, 이를 보완하여 일정 조건이 충족되면 자유롭게 추가납입, 납입중단, 부분인출 등을 할 수 있도록 한 것을 말한다.

이러한 변액보험은 납입하는 보험료의 일부를 위험보험료와 사업비 등으로 사용하고, 나머지 부분을 펀드의 형태로 투자대상에 투자하게끔 한다. 여기서 중요한 것은 납입보험료의 전부를 투자하는 것이 아니라는 것이다. 이러한 특징 때문에 가입 후 일정 기간까지는 해약환급금이 없거나, 납입한 보험료보다 적을 수 있다. 따라서 변액유니버셜보험은 단기, 중기 재무목표에는 적합하지 않으며, 10년 이후에 발생될 장기재무목표에 적합한 특징을 가지고 있다.

나머지는 일반 저축성보험과 동일한 특징을 가지고 있는데, 이것은 7장 내용을 참조하도록 하자.

2.4 원자재 투자

재무목표 달성을 위한 포트폴리오를 구성할 때, 저축상품 등 안전한 상품만으로는 목표 달성이 어렵고 투자를 병행할 수밖에 없다고 했다. 여러 투자대상 중 우리가 흔히 생각하기 쉽고 접근하기에도 편리한 대상은 주식일 것이다. 하지만 주식은 변동 폭이 큰 투자자산이다. 이 위험을 상쇄하기에 좋은 투자자산은 금과 같은 귀금속이다. 금은 대표적인 안전자산으로 주식이 급락하면서 장세가 불안정해지면 금값이 상승하는 것이 일반적이다. 즉 주식만 투자하는 경우와 주식과 금을 동시에 투자하는 경우, 위험은 후자가 훨씬 낮아지게 된다. 하지만 또 고민이 생긴다. 일반인들이 금과 같은 귀금속이나 은, 동, 원유 같은 원자재에 투자하기란 쉬운 일이 아니다. 금을 예로 들면 과거에 비해 매매가 많이 쉬워지고, 한국조폐공사 등 믿을 만한 기관에서 발행한 골드바 등이 거래되고 있다. 심지어 최근에는 인터넷 쇼핑몰에서도 구매할 수 있다. 하지만 37.5g(10돈)의 가격이 2019년 말 현재 약 300만원에 육박하고 있다. 즉 일반인들이 부담 없이 포트폴리오에 편입하기가 어렵다는 뜻이다. 물론 이보다 작은 단위도 있지만 금과 같은 귀금속은 보관이 어렵고, 분실이나 도난에도 취약하다는 문제가 있다.

이렇게 실물투자가 어려운 경우 원자재투자에 쉽게 활용할 수 있는 것이 펀드이다. 금선물지수에 투자하는 펀드, 금과 관련된 산업에 투자하는 펀드, 원유에 투자하는 펀드 등 다양한 상품이 있다. 귀금속이나 원자재 펀드 또한 소액으로 투자가 가능하다. 이러한 펀드를 포트폴리오에 편입시키면 주식 등 위험자산으로만 구성된 포트폴리오에 비해 위험을 현저하게 줄일 수 있으니 적극적으로 고려해 봐야 할 것이다.

One Point

어떤 종목, 어떤 상품을 선택할 것인가?

투자를 함에 있어서 고민에 빠지는 순간이 있다. 분산투자를 하자고 해서 종목(또는 상품)을 나눠서 투자했는데 종목별로 성과가 다른 경우이다. 종목 A, B, C의 성적이 각각 우수(+10%), 원금(0%), 손실(-5%)로 나타났다고 가정하자. 그러면 여러분은 어떤 것을 팔고, 어떤 것을 보유할 것인가? 투자를 할 때 사람들이 범하는 오류는 이익이 발생된 것은 빨리 팔아서 현금화하고, 손실이 발생된 것은 원본이 회복될 때까지 보유하겠다고 판단하는 것이다. 이걸 바꾸어서 생각해보자. 여러분들이 치킨 집 3개를 운영한다고 하자.

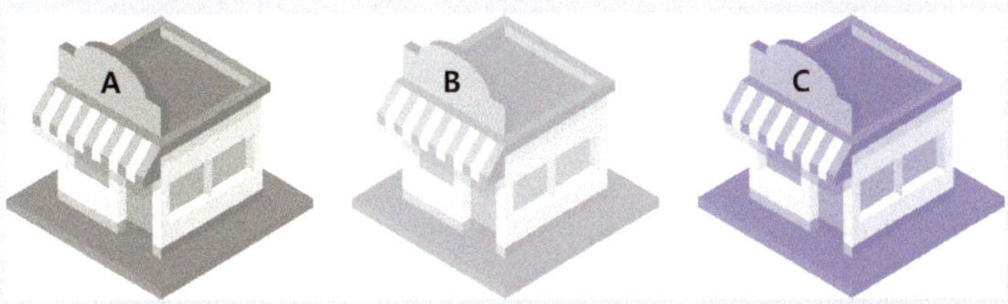

이 중 A치킨은 장사가 잘 돼서 매월 흑자이고, B치킨은 현상유지 정도 수준이다. 반면 C치킨은 매월 마이너스인 실정이다. 여러분이 이 중 하나를 처분한다고 하면 어떤 점포를 팔 것인가? 당연히 C치킨 점포를 매각하지 않겠나? 매각자금을 A치킨에 더해서 점포를 확장하거나, 인원을 더 고용하거나 영업시간을 연장하는 것이 더 효과적일 것이다.

투자에서도 동일하게 판단하면 된다. 분산을 했으나 종목별로 성과 차이가 날 때는 부진한 종목을 처분하고, 새로운 종목을 편입시키거나 수익이 잘 나는 종목을 추가로 매수하는 것이 전체 포트폴리오 수익률에 더 좋은 영향을 미친다.

One Point

우리 경제가 망하지 않는 이상...

사실 구조화상품은 일반 투자자들이 그 내용을 완전히 이해하기가 쉽지 않다. 판매자들도 핵심적인 내용을 중심으로 설명을 해주는 경우가 대부분이다. 그리고 여러 곳에 서명을 하라고 한다. 해당 상품의 위험에 대한 질문을 하면 다음 같은 답이 돌아온다. '초우량기업인 ○○의 주가가 40%까지 내려가는 상황은...', '○○지수가 30% 이상 하락한다는 것은 발생될 가능성이 거의 없으며...', '대한민국 경제가 무너지지 않는 이상...', ' 우리나라뿐만 아니라 전 세계 경제가 망하지 않는 한...' 이런 얘길 듣다보면 아주 극단적인 상황이 아니라면 손실이 발생되지 않겠다는 생각이 든다. 하지만 대한민국 경제가 무너지지 않았음에도 투자원금을 모두 잃는 경우가 생긴다. 미처 예측하지 못한 변수가 나타났기 때문이다. 2019년 독일 국채금리를 기초자산으로 구조화상품의 투자원금이 전액손실 확정된 사례가 있다. 이 상품을 주로 취급한 H은행과 W은행은 '불완전판매'에 대한 과징금을 받게 되었지만, 투자원금에 대한 보상 여부는 별개의 문제이다. 일부 투자자는 은퇴자금을 전액 해당상품에 투자했다고도 한다. 하지만 내가 투자계약서에 자필 서명을 한 경우에는 무조건 판매자에게만 책임을 돌리기도 어렵다. 이러한 투자 피해사례를 보며 원칙들을 다시 생각해 본다.

- 투자상품이 재무목표에 부합하는지 따져본다.
- 해당 투자상품의 최대 손실한도를 정확히 파악한다.
- 내가 수용할 수 있는 위험범위를 다시 검토해본다.
- 자산배분의 관점에서 한 곳에 투자를 집중하지 않는다.

실전연습

- 아래에 예시된 펀드 또는 본인 관심펀드의 투자설명서와 운용보고서를 찾아서 이를 통해 다음 내용을 조사해보자.
  - 미래에셋차이나디스커버리 1(주식) 종류A
  - 신영마라톤(주식)C
    - 설정일, 설정액
    - 판매회사, 수탁회사, 운용회사
    - 보수, 수수료, 매매회전율
    - 최근 3개월, 6개월, 12개월, 3년, 5년

- 2019년에 발생된 투자와 관련된 아래 사건의 개요를 정리하고, 원인을 알아보자. 또한 이러한 손실을 사전에 예방하려면 투자와 관련해서 어떤 입장을 지켜야 될지에 대해서도 논하여보자.
  - 라임자산운용의 환매중단 사태
  - 독일국채금리 연계 DLF 사태

제 10 장

신용과 대출상품

학습목표

- 신용의 의미에 대해서 설명할 수 있다.
- 신용사용의 장·단점에 대해서 이해한다.
- 신용카드, 체크카드, 직불카드 등 신용거래수단의 종류에 대해서 구분하여 설명할 수 있다.
- 대출은 어떠한 경우에 필요한지에 대해서 이해한다.
- 고정금리, 변동금리 방식을 금리상승기와 하락기, 예금을 하는 경우와 대출을 이용하는 경우에 대해서 구분해서 이해한다.
- 다양한 대출제도의 특징에 대해서 이해한다.

1 신용의 이해

우리가 살아가면서 맞게 되는 크고 작은 재무목표들을 모두 미리 계획하고 준비하여 이를 이루어갈 수 있다면 좋겠지만, 미처 자금이 준비되기 전에 집행을 해야 되는 상황이 되면 불가피하게 돈을 빌리거나, 나중에 지불하기로 약속을 하고 해결을 할 수밖에 없다. 이번 장에서는 이러한 신용거래와 대출에 대해서 알아보도록 하겠다.

1.1 신용의 의미

신용(信用)이란 미래에 대가를 지불할 것을 약속하고 현재 시점에서 상품이나 현금, 서비스를 제공받기로 하는 일종의 계약행위를 말한다. 신용은 담보 등의 제공 없이 신뢰를 바탕으로 이루어지는 행위이다. 이때 신용을 제공한 측은 '신용', 신용을 이용하는 입장에서는 '채무' 즉 갚아야 할 빚이 된다. 예를 들어 판매업자가 물품이나 서비스를 제공하고 그 대가를 나중에 받는 것을 '신용판매(sales on credit)'라고 한다. 신용카드사, 할부금융회사, 판매업자 등이 물품이나 서비스 판매를 목적으로 소비자에게 신용을 제공하게 된다. 이렇듯 신용카드를 이용하는 것, 신용대출을 이용하는 것들이 신용사용의 예가 된다.

1.2 신용사용의 장점

이러한 신용사용은 어떠한 장점이 있는지 알아보자.

첫째, 신용을 이용하여 현재의 구매력을 증가시킬 수 있다. 이것은 나중에 대금을 갚기로 하고 현재 시점에서 상품, 서비스, 현금 등을 즉각적으로 이용할 수 있기 때문이다.

둘째, 신용은 물가상승에 대비할 수 있도록 도와주는 역할을 한다. 어떤 상품이나 서비스의 가격이 지속적으로 인상되고 있는 경우 신용을 이용해서 미리 사용하게 되면 저렴한 가격으로 조기에 구매하여 사용하는 효과가 있다.

셋째, 신용을 사용하면 실생활에서 필요한 서비스나 물품을 즉시 이용할 수 있으므로 심리적인 만족감을 제공해준다.

넷째, 신용은 개인 및 가계의 재무관리에 융통성을 제공해준다. 앞서 예산 수립 시 융통성 있게 계획을 세울 것을 권장한 바 있다. 신용을 잘 활용하면 수입과 지출관리를 유연하게 할 수 있게 된다.

다섯째, 올바른 신용사용은 신용도를 높여준다. 현대사회는 빚과 소비를 권장하는 사회라고 한다. 아이러니하게도 신용사용을 전혀 안 하는 사람보다 적당히 신용카드를 쓰고 제때 사용대금을 지불하고, 대출도 받고 적기에 이자와 원금을 상환하는 사람의 신용등급이 더 높게 평가된다. 따라서 도를 넘지 않는 신용의 사용은 신용도 향상에 도움이 된다.

1.3 신용사용의 단점

다음으로는 신용사용으로 인해 발생될 수 있는 단점에 대해 알아보도록 하겠다.

첫째, 신용은 미래의 구매력을 감소시킨다. 이것은 곧 미래 소득이 급격하게 증가하지 않는 이상 신용사용을 하면 현재의 구매력이 증가하고 미래의 구매력이 떨어지는 양면을 나타낼 수밖에 없다.

둘째, 신용을 사용함으로써 그 대가로 이자나 수수료 등의 비용을 지불해야 한다. 경우에 따라서는 판매나 실적을 올리기 위하여 비용이 없이 신용을 사용할 수 있도록 한다. 하지만 대부분의 경우에는 신용사용에 상응하는 이자, 수수료 등을 부담하여야 한다. 이러한 경우에는 신용을 사용하지 않는 경우에 비해 추가비용이 지출되니 이 점을 사전에 고려해야 한다.

셋째, 신용사용은 과소비나 충동구매의 가능성을 높인다. 심리적으로 사람들은 현재의 부담을 미래로 미루는 것을 편안하게 생각하는 경향이 있다. 지금 당장은 신용사용에 대한 대가를 치룰 필요가 없으니 굳이 하지 않아도 좋을 소비를 진행할 가능성이 높아진다. 따라서 우리는 불필요한 지출을 줄이기 위해서 예산을 수립하고, 이에 의한 지출을 하는 것이 중요하다.

넷째, 무분별하고 계획성 없는 신용사용은 개인과 가계의 재정을 파산에 이르게 하여 경제활동에 제한을 줄 수 있다. 일시적인 과소비나 충동구매는 지출을 통제하는 방법으로 조절할 수 있지만, 이것이 지속되면 최악의 경우 파산에 이를 수도 있다. 파산상태에 이르게 되면 자신의 이름으로 금융거래나 상거래 등을 하는 데 매우 큰 제약이 따르게 되므로 이렇게 되지 않도록 각별한 주의를 할 필요가 있다.

1.4 다양한 신용거래수단

1.4.1 신용카드

대표적인 신용사용수단으로, 이를 제시함으로써 신용카드 가맹점에서 재화나 용역의 대금으로 결제할 수 있는 증표를 말한다. 이 카드는 신용카드업자(카드회사)가 발행한다.

신용카드는 다음과 같은 특징을 가지고 있다.

① 결제수단으로서 기능을 하며 현금서비스나 할부구매 등의 부가기능을 이용할 수 있다. 일정기간 동안은 이자나 서비스에 대한 수수료 없이 신용을 사용할 수도 있다.

② 신용카드는 일정수준 이상 신용등급으로 평가되는 사람만 발급이 가능하므로 신용카드 소지자는 상대적으로 좋은 신용도를 보유하고 있는 것으로 간주된다.

③ 현금을 지니고 다니는 불편과 분실의 위험 등을 줄일 수 있다. 특히 VISA, MASTER 등 글로벌 프랜차이즈 카드를 이용하면 세계 어느 곳에서나 현금 없이 상품 구매나 서비스 이용이 가능해진다.

④ 신용카드를 잘 이용하고 연체하지 않고 잘 결제하면 개인 신용도를 올리는 데 순기능을 한다.

⑤ 연말정산 시 소득공제 혜택 등 세제지원이 되며 신용카드를 이용하여 신용 및 인적사항을 확인할 수 있는 수단으로서의 기능을 한다.

⑥ 카드 종류에 따라 다양한 부가서비스 및 할인 혜택을 제공하며, 따로 가계부를 기록하지 않아도 소비내역 정리가 용이하다.

⑦ 국가경제 측면에서는 화폐를 발행하는 발권비용이 절약되며, 대금 회수를 포기하지 않는 이상 매출 누락이 불가능함에 따라 유통 및 거래의 투명성을 제고시키고 세수 투명화를 통한 조세정의 구현에도 이바지한다.

⑧ 가맹점 입장에서는 구매자의 외상대금을 카드회사가 지불하고 회수를 대행하므로 자금 회전이 빨라진다.

위와 같은 특징에도 불구하고 과다한 사용 시에는 불필요한 과소비를 조장할 수 있는 가능성이 크니 사전에 사용계획을 세우고 지출하는 것이 중요하다. 또한 카드에 대한 분실, 도난, 복제, 해킹 등의 불법적인 사용이 발생될 경우, 카드소지인과 카드사에게 공통의 손실이 발생될 수 있다는 단점이 있다.

신용카드는 [그림 10-1]과 같은 구조로 운용된다.

그림 10-1 신용카드의 구조

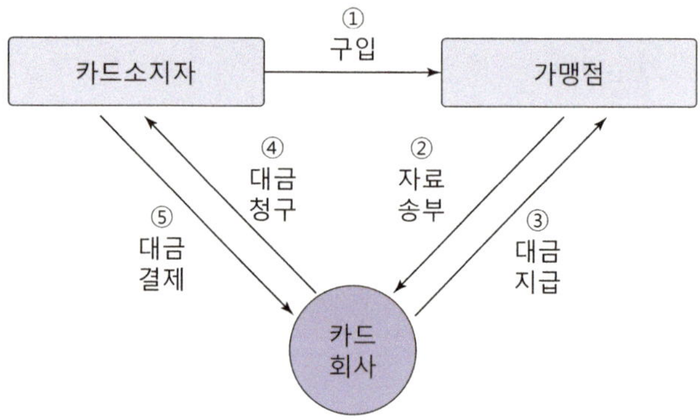

1.4.2 현금카드

현금카드는 신용사용의 기능 없이 단순히 은행의 자동화기기를 사용하기 위한 카드이다. 즉 ATM 등을 이용하여 연결 계좌에서 돈을 출금하거나 해당 계좌로 돈을 입금하는 용도로 사용된다. 최근에는 현금카드로만 발행되는 경우보다는 학생증, 사원증 등의 신분증 기능을 하거나 체크카드를 겸한 형태로 많이 이용된다.

1.4.3 직불카드

직불카드는 최근 많이 사용되고 있는 체크카드와 기본원리는 같다. 즉 이 카드를 이용해서 대금을 결제할 경우 카드와 연계된 은행계좌에서 즉시 해당 금액이 인출되어 지급되도록 하는 카드이다. 단 체크카드와의 차이점은 별도의 직불카드 가맹점에서만 사용 가능하다는 것이다. 또한 할부거래나 온라인 구매가 불가능하다는 특징을 가지고 있다.

1.4.4 체크카드

대금 결제 시 은행계좌에서 결제금액이 바로 빠져나가는 카드로 신용카드 가맹점에서 사용 가능하다. VISA나 MASTERCARD 등 글로벌 프랜차이즈 카드인 경우는 해외에서도 제휴사 가맹점에서 사용 가능하다. 은행계좌의 잔고 한도 내에서만 구매 가능하며 직불카드와 달리 온라인에서도 구매할 수 있다. 최근에는 현금카드, 신분증, 교통카드 기능 등을 더해서 다양하게 사용된다. 직불카드와 체크카드는 은행전산을 마감하는 특정 시간에는 실시간 결제가 안 되므로 승인이 안 될 수도 있으니 사용 시 이 점을 유의해야 한다.

1.4.5 하이브리드카드

기존 체크카드는 연계 계좌의 잔고 범위 내에서만 사용이 가능하였다. 하지만 긴급하게 사용하고자 하는데 계좌 잔고 부족으로 불편을 겪을 수 있다는 점을 보완하기 위해 출시된 카드가 하이브리드카드이다. 이 카드는 기본적으로 체크카드와 동일한데, 잔고가 부족하더라도 일정 금액까지는 대금 결제가 가능하도록 만든 카드이다. 계좌 잔고를 초과하여 사용한 금액은 신용카드처럼 후불로 청구돼서 지정된 결제 날짜에 월 1회 결제된다. 이 카드는 통장 잔액이 1만원인 상황에서 3만원을 결제한 경우 3만원 전액이 신용거래로 처리되게 되어 있으며, 보통 한도는 월 30만원으로 설정되어 있다.

1.4.6 모바일카드 및 앱카드

스마트폰의 확산으로 최근에는 모바일카드 또는 앱카드를 이용하는 사례가 급격하게 증가하고 있다. 모바일카드는 스마트폰에 신용카드 또는 체크카드를 다운받아 실물 카드를 별도로 소지하지 않고 간편하게 사용할 수 있다는 장점이 있다. 이를 이용하려면 해당 단말기가 금융 USIM 또는 NFC기능을 지원해야만 되며, 오프라인에서는 터치방식의 모바일카드 전용단말기가 설치된 가맹점에서만 이용 가능하다는 단점이 있을 수 있다.

앱카드는 스마트폰 어플리케이션을 이용한다는 점에서는 모바일카드

그림 10-2 앱카드 예시

출처: 삼성카드 홈페이지

와 동일하지만, 터치 방식이 아닌 바코드나 QR코드를 화면에 생성해서 이를 장비로 읽어서 이용하는 카드를 말한다.

1.4.7 선불카드

사용 전에 대가를 지불하고, 카드에 저장된 가치로 결제하는 카드를 말한다. 특정 상품(전화, 교통)이나 발행자(백화점) 등에 한정해서 사용할 수 있다. 일정한 금액이 입력된 카드를 구매해서 사용하며, 사용 후 폐기하는 일회용 방식과 이 카드에 다시 충전해서 사용할 수 있는 충전방식이 있다.

One Point

재테크 책에 보면(4) – 신용카드 혜택 100% 활용?

언젠가 'ㅇㅇㅇ의 여왕'이라는 재테크 책을 읽고 깜짝 놀란 적이 있다. 여러 장에 걸쳐서 여러 신용카드의 혜택을 나열하고 있는 것이었다. 20대 여성에게 맞는 카드는 ㅇㅇ카드,

외식을 자주하는 사람은 △△카드와 같은 식이었다. 저축을 권해야 할 재테크 책에서 카드 사용을 권장하다니!

신용카드회사는 사용자들이 소비를 많이 할수록 돈을 버는 구조를 가지고 있다. 따라서 이들은 소비를 권장할 수밖에 없다. 다양한 카드상품을 출시하고 놀이동산에 갈 때, 영화를 볼 때, 마트에서 장을 볼 때, 병원에 갈 때, 학원비를 낼 때, 주유를 할 때 할인을 제공해 준다. 그리고 각자 라이프스타일에 맞는 카드를 선택하라고 권한다. 사람들은 이것을 '혜택'이라고 생각하는 경우가 많다. 그렇지 않다. 이것은 더 많은 소비를 부추기기 위한 유인책이다. 카드 종류에 따라 차이가 있지만, 대부분의 카드는 이러한 할인을 그냥 제공하지 않는다. 지난달에 일정금액 이상을 사용해야지만 이 혜택을 누릴 수 있다. 보통 최소 30만원 이상 소비를 하게끔 설정되어 있다. 만약 내가 주유할인, 장을 자주 보니까 마트할인, 병원에 자주 가니까 의료비 할인을 받고 싶다면 각각 해당되는 카드를 매월 30만원씩 사용해야 해당되는 혜택을 받을 수 있는 것이다. 즉 매월 90만원의 '고정지출'이 발생된다는 얘기다. 물론 한 카드가 복합적으로 나의 욕구를 충족시켜준다면 모르겠지만, 보통 1장으로 그것이 어렵게 되어 있다. 극장에서 1~2천원의 할인을 받기 위해 매월 30만원씩의 고정적인 지출을 할 것인지에 대해서 잘 생각해보자.

One Point

현금 위주로 소비하는 습관을 만들자.

신용을 사용한다는 것, 특히 신용카드를 쓴다는 것은 여러 편리함이 있다. 앞서 살펴 본 것처럼 현금을 들고 다니지 않아도 되고, 고가의 물품을 할부로 구매할 수도 있고, 해외에서도 자유롭게 쓸 수 있다. 하지만 그 이면에는 과소비를 유발할 수 있다는 치명적인 단점이 있다. 특히나 요즘은 온라인에서 유행하는 표현처럼 '다음 달의 나'에게 대금결제의 부담은 넘기고, '오늘의 나'는 소비의 즐거움만을 누리려는 문화적인 분위기도 있다.

하지만 우리가 앞에서 학습했듯이 '저축 및 투자=수입-지출'이다. 즉 수입을 늘리거나 지출을 줄여야 저축, 투자를 늘려 여러 재무목표를 무리 없이 해결해 갈 수 있는 것이다. 저축과 투자는 현재의 소비를 미래로 미루는 것이라고 했다. 그런데 미래의 수입까지 당겨서 현재에 쓰면 어떻게 될까? 이러한 것이 반복되면 지금 당장은 소비의 달콤함을 맛볼 수 있지만 나의 미래는 점점 어두워질 수밖에 없다.

학생들에게 취업을 하게 되면 신용카드를 만들지 말고 살아보라, 만약 불가피하게 신용카드를 만들었다면 이를 책상 서랍 깊은 곳에 봉인해 두고 꼭 필요한 경우에만 쓰라고 권한다. 그렇게 되면 인생이 달라질 것이라고까지 장담한다.

재무 상담을 신청하는 많은 사람들이 가지고 있는 공통적인 고민 중 하나가 '카드대금 때문에 저축을 할 수 없어요'라는 것이다. 그만큼 사람은 유혹에 취약하고, 현대사회는 이러한 점을 이용하여 과도한 소비를 부추기고 있다.

그렇다면 어떻게 해야 '카드대금의 노예'에서 벗어날 수 있을까? 답은 아주 명쾌하다. 신용카드를 사용하지 않으면 된다. 지갑에 신용카드를 넣고 다니지 않으면 된다. 월별 예산을 수립하고 그 범위에서 현금으로 지출하면 된다. 과도한 신용카드 대금으로 인한 부담을 이야기하는 이들에게 무조건 현금으로만 지출하라고 이야기해준다. 하지만 이것이 그렇게 쉬운 문제가 아니란 것은 잘 알고 있다. 요즘 대중교통은 현금을 이용할 경우 환승혜택을 받을 수 없을 뿐만 아니라, 기사님 눈치도 봐야 된다. 또한 '현금 없는 매장'도 많아지고 있고, 카드가 있어야지만 자동주문기기를 통해 구매를 할 수 있는 곳도 많다. 거스름돈을 보관하는 것도 매우 거추장스럽다. 그렇다면 어떻게 해야 될까?

지출을 줄이는 데 가장 좋은 방법은 현금으로 쓰는 것이다. 한 달 용돈이 60만원이라면 매주 15만원씩 인출해서 써보라. 이렇게 하면 돈이 줄어드는 것이 보이기 때문에 자연스럽게 지출이 통제될 수밖에 없으며 예산 지키기도 수월하다. 다만 위에서 말한 불편함이 있다. 그렇다면 체크카드를 활용하면 된다. 체크카드 하나를 정해 여기에 매주 15만원씩 충전을 하고 쓰는 것이다. 이때 알림 서비스를 등록하는 것을 잊지 말자. 사용할 때마다 남은 잔고가 얼마인지를 확인하면 현금을 쓰는 것만큼은 아니어도 상당히 지출통제를 할 수 있다.

재무목표를 달성해 간다는 것은 결코 쉬운 일이 아니다. 여러 노력을 해야만 한다. 지출통제를 하지 못하면 '다음 달의 나'는 결국 '지난 달의 나'를 원망할 수밖에 없다. 언제까지 이러한 악순환을 반복할 것인가?

2 대출상품

돈이나 물품을 빌리는 것을 대출이라고 한다. 재무설계 과정에서 대출이 어떠한 경우에 필요하며, 그 종류는 어떠한 것들이 있는지 알아보도록 하겠다.

2.1 대출의 필요성

다음과 같은 경우에 대출제도나 대출상품을 이용하게 된다.

재무목표에 대한 치밀한 계획을 세우고 이를 추진한다고 해도 예측하지 못한 변수로 인하여 자금이 필요한 시점에 충분한 돈을 준비하지 못해 곤란을 겪는 일이 생길 수 있다. 결혼날짜를 잡아놓고 자금을 마련해 왔는데, 준비된 돈이 부족하다고 해서 결혼을 포기할 수는 없을 것이다. 이러한 경우에는 재무목표를 포기하지 말고 돈을 빌려서 해결하고 이를 계획을 세워 상환하는 것이 합리적일 것이다.

아울러 주택구입과 같이 아주 큰 금액을 필요로 하는 재무목표의 경우에는 돈을 모아서 이를 해결하는 것이 쉽지 않다. 이럴 때는 대출을 이용해서 목표를 해결하고 이것을 오랜 기간 동안 나누어서 갚아나가는 것이 일반적이다.

또는 투자를 할 때 대출을 이용해서 투자금액을 확대할 수도 있다. 즉 어떠한 투자안의 기대수익률이 6%인데, 4%로 돈을 빌릴 수 있다면 이 금리차이를 이용해서 이익을 추구하는 것이다. 이러한 것을 레버리지를 이용한 레버리지투자라고 한다.

2.2 담보 유무에 따른 대출의 구분

대출은 담보가 제공되는지 여부에 따라서 담보대출과 신용대출로 구분된다.

담보대출은 금융기관 입장에서 인적담보, 부동산, 동산, 재고 등을 확보하고 대출을 제공하는 것을 말한다. 여기서 인적담보란 대출을 받는 사람이 아닌 제3자의 신용이나 재산을 조건으로 하는 것을 말한다. 담보대출은 돈을 빌린 사람이 조건대로 변제를 못할 경우에는 경매 등을 통해 현금화하여 우선변제할 수 있으므로 금리가 낮게 책정된다. 부동산 담보대출이 가장 보편적이며 앞에서 학습한 예금담보대출도 그중 하나이다.

신용대출은 돈을 빌리는 사람의 상환능력을 포함한 신용도, 소득의 지속성, 직업이나 직장의 안정성 등을 평가해서 대출 여부, 금액, 금리를 결정해주는 대출이다. 따라서 담보대출에 비해 상대적으로 금리가 높다.

2.3 금리적용방식에 따른 대출 종류

금리를 어떻게 적용하는지에 따라 대출을 고정금리, 변동금리, 혼합금리 방식으로 구분할 수 있다.

고정금리 대출은 대출시 적용금리가 결정되며 대출기간 동안 금리가 변하지 않고 동일하게 적용된다. 이 방식은 시중금리가 상승할 경우에는 사용자 입장에서는 유리한 반면 금리 하락 시엔 시중금리 대비 과도한 이자비용으로 인해 손실이 발생될 수 있다.

변동금리 대출은 시장상황에 따라 약정 주기별로 금리를 조정하는 방식을 말한다. 즉 시중금리가 오르면 같이 오르는 구조이며 이용자 입장에서는 금리 하락기에 유리하고 금리 상승기에는 추가 부담이 발생된다.

혼합형금리 대출은 일정 기간 고정금리를 적용한 후 나머지 기간에는 변동금리를 적용하는 형태이다.

이러한 금리적용 방식은 예금과 비교해서 생각해 볼 수 있다. 예금과 대출이 시중금리가 인상하는지에 따라서 고객과 금융기관이 입장이 서로 반대로 나타나게 됨에 유의하여야 한다.

시중금리	대출				예금			
	고정금리		변동금리		고정금리		변동금리	
	고객	은행	고객	은행	고객	은행	고객	은행
인상	유리	불리	불리	유리	불리	유리	유리	불리
인하	불리	유리	유리	불리	유리	불리	불리	유리

2.4 상환방식에 따른 대출 종류

상환방식에 따른 대출은 거치후만기일시상환, 원리금균등분할상환, 원금균등분할상환 등으로 구분할 수 있다. [그림 10-3]은 이 개념을 간단하게 이미지로 표현한 것이다. 짙게 표시된 부분이 원금이며 흐리게 표시된 부분이 이자를 나타낸 것이다.

그림 10-3 상환방식에 따른 대출의 종류

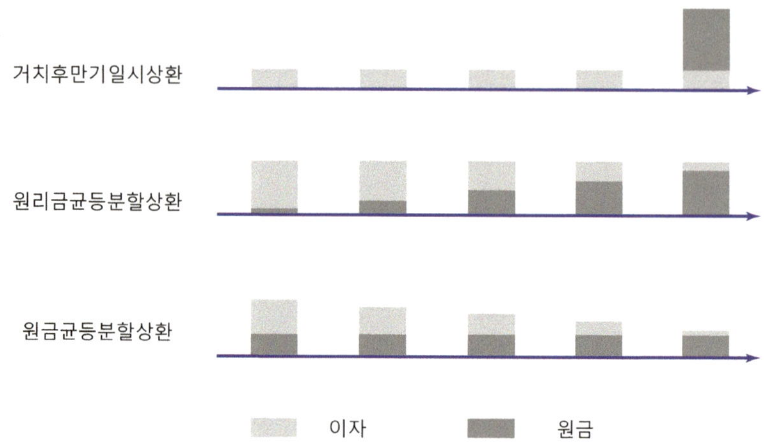

2.4.1 거치후만기일시상환

거치후만기일시상환 방식은 대출을 받고 이용하는 동안에는 원금상환을 전혀 하지 않고 이자만 부담하다가 약정 만기에 원금을 일시에 상환하는 방식이다.

이러한 경우 부담하는 이자금액을 계산해 보자. 연 5% 이율로 10,000,000원을 대출하고 1년 동안 이자만 납부하다 만기에 원금을 상환하기로 했다고 가정하자. 이때에는 매월 41,667원(=10,000,000원×연 5%÷12개월)의 이자를 계속 납부하다가 마지막에 원금 10,000,000원을 상환하면 되는 것이다. 따라서 총이자 부담액은 41,667원×12회=500,000원이다.

2.4.2 원리금균등분할상환

이 방식은 원금상환액과 이자를 합한 금액을 매월 균등하게 정액으로 상환하는 방식이다. 이 상환방식의 특징은 매월 갚는 금액이 일정하므로 현금흐름 예측이 가능하다는 것이다. 굳이 단점을 꼽자면 정액으로 상환하는 금액 중 이자와 원금이 매월 달라지는데 각각 얼마인지 알기 어렵다는 점이 있다.

2.4.3 원금균등분할상환

원금균등분할상환 방식은 최초에 대출받은 원금을 대출 상환기간으로 나누어 매월 상환하는 방식이다. 이 경우 매월 원금상환액은 동일하고, 상환되는 금액만큼 원금이 줄어들게 되므로 이자부담액이 매월 달라지는 구조이다. 따라서 월 상환금액은 시간이 경과할수록 지속적으로 감소하게 된다. 이 방식은 원리금균등분할상환 방식이나 거치후만기일시상환 방식에 비해 이자부담액이 적다는 장점이 있다.

연 5% 이율로 10,000,000원을 대출하는 경우에 원리금균등분할상환

표 10-1 대출상환방식에 따른 원리금 부담액 (원금: 1,000만원, 연 5%)

기간	원리금균등분할상환			원금균등분할상환		
	원금	이자	월상환액	원금	이자	월상환액
1	814,408	41,667	856,075	833,333	41,667	875,000
2	817,802	38,273	856,075	833,333	38,194	871,528
3	821,209	34,866	856,075	833,333	34,722	868,056
4	824,631	31,444	856,075	833,333	31,250	864,583
5	828,067	28,008	856,075	833,333	27,778	861,111
6	831,517	24,558	856,075	833,333	24,306	857,639
7	834,982	21,093	856,075	833,333	20,833	854,167
8	838,461	17,614	856,075	833,333	17,361	850,694
9	841,954	14,121	856,075	833,333	13,889	847,222
10	845,462	10,612	856,075	833,333	10,417	843,750
11	848,985	7,090	856,075	833,333	6,944	840,278
12	852,523	3,552	856,075	833,333	3,472	836,806
계	10,000,000	272,898	10,272,898	10,000,000	270,833	10,270,833

방식과 원금균등분할상환 방식으로 상환하는 경우를 살펴보도록 하자(〈표 10-1〉 참조). 원리금균등분할상환 방식은 상환액이 매월 856,075원으로 동일하다. 이때 각 기간별 상환원금과 이자는 변동되는 것을 살펴볼 수 있다. 반면 원금균등분할상환 방식은 매월 원금이 833,333원으로 일정하고 이자가 계속 감소되어 월상환액이 후반으로 갈수록 감소하는 것을 볼 수 있다.

이러한 상환방식에 따른 이자부담금의 총액은 다음과 같이 나타낼 수 있다.

원금균등분할상환 < 원리금균등분할상환 < 거치후만기일시상환

즉 같은 금액을 빌렸을 때, 이자를 적게 부담하고 상환하려면 원금균등분할상환 방식을 선택하는 것이 유리하다고 할 수 있다.

또한 이러한 상환방식을 복합해서 일정기간 '거치 후 원리금균등분할상환' 방식 등도 운영되고 있다. 예를 들어 3년 거치 17년 원리금균등분할상환 방식과 같은 경우이다.

2.5 대출기간에 따른 분류

대출은 원금상환기간에 따라 다음과 같이 분류할 수도 있다.

단기부채는 주로 1년 이내에 원금을 상환할 의무가 있는 부채를 말한다. 신용카드 미결제액, 납부해야 할 영수증, 미납부 세금, 신용한도대출(마이너스대출) 등이 여기에 해당된다.

장기부채는 1년 이상의 기간에 걸쳐 원금을 상환하는 부채로 주택담보대출, 자동차할부금, 학자금 대출 등이 있을 수 있다.

한편 우발부채는 현재로서는 부채는 아니지만 부채가 될 잠재 가능성이 있는 경우를 말한다. 예를 들어 친구를 위해 연대보증을 선 경우

에 친구가 채무를 잘 변제하는 경우에는 나에게 아무런 불이익이 없지만 그렇지 못한 경우에는 내가 직접 빚을 진 것과 동일한 효과가 발생된다. 또는 지인에게 빌려준 개인 대여금 등이 우발부채에 해당된다.

2.6 다양한 대출제도

상기에 예시한 대출 종류 외에도 상당히 다양한 대출제도나 상품이 있다. 이 중에서 우리가 자주 이용하게 되는 대출 위주로 살펴보도록 하겠다.

2.6.1 학자금대출

통계에 의하면 대학 졸업생 중 절반에 가까운 학생들이 학자금대출을 이용한다고 한다. 이 제도의 특징에 대해서 살펴보도록 하겠다.

한국장학재단이 주관하는 학자금대출은 대학(원)이 통보한 등록금 및 학생의 생활안정을 위한 생활비로 구분된다. 등록금은 입학금과 수업료 등이 포함되며 기숙사비는 제외된다. 생활비는 숙식비와 교재구입비, 교통비 등을 위한 것이다. 학자금대출제도의 종류는 다음과 같다.

구분	내용
취업 후 상환 학자금대출	연간소득금액이 상환기준소득을 초과하거나, 상속·증여재산이 발생한 경우 일정금액을 의무적으로 상환
일반 상환 학자금대출	거치기간 동안 이자 납부 후 상환기간 동안 원리금(원금+이자) 상환
농촌출신대학생 학자금융자	조건별 최장 기간 내 원금균등분할상환

위와 같은 학자금대출제도는 가정형편이 여의치 않은 학생들이 취업 후 상환을 목표로 대출을 받아 학업을 지속할 수 있게끔 하는 제도이다. 낮은 금리(2019년도 2학기 기준 연 2.2%)로 장기간 분할상환이 가능하므로 이를 잘 활용하면 본인의 학자금을 스스로 해결할 수 있는 장점

이 있다. 또한 고정금리와 변동금리, 원리금균등분할과 원금균등분할을 선택할 수 있으므로 자신에게 맞는 제도를 정하면 된다. 단 아직 신용관리에 대한 마인드가 취약한 학생들이 상환일정을 제대로 지키지 않아 신용거래에 불이익을 겪는 일들이 종종 있으므로 이에 대한 관리를 각별히 신경 써야 할 것이다.

2.6.2 현금서비스

현금서비스는 단기카드대출이라고도 한다. 신용카드를 소지한 개인을 대상으로 자금을 빌려주고 다음 달 카드이용대금과 함께 결제할 수 있도록 하는 서비스이다. 카드소지자의 신용도 등에 따라 빌릴 수 있는 금액의 한도는 달라진다. 카드회사마다 다르지만 최대 1,000만원 정도의 금액을 빌릴 수 있다. 다른 대출을 이용하기 어려운 상황에서 사용할 수 있으나, 현금서비스는 다음의 몇 가지 문제점을 가지고 있다.

첫째, 이자가 비싸다. 이자율도 사용자의 신용상태에 따라 달라지는데 보통 연 6~24% 가량 된다. 신용도가 안 좋은 사람의 경우에는 연 20%대의 높은 이자를 부담해야 된다.

둘째, 신용도에 악영향을 준다. 현금서비스를 자주 이용하게 되면, 신용평가회사에서는 은행의 일반 대출이 어려운 상태라고 판단해서 신용등급을 떨어뜨리는 경우가 있으니 꼭 써야 되는 것인지 다른 대안은 없는지 잘 따져보고 신중하게 사용하여야 한다.

셋째, 장기대출로 바뀔 수 있다. 위와 같은 문제점에도 한 달만 사용하고 바로 상환하면 큰 문제가 없다. 그러나 상환을 하지 못하고, 다음 달에도 다시 서비스를 받아서 전월 대출금액을 상환하게 되는 경우에는 단기대출이 아니라 장기대출의 성격을 띠게 된다. 이런 경우에는 원금을 상환할 수 없으므로 지속적으로 비싼 이자를 부담해야 된다.

따라서 현금서비스는 아주 긴박한 상황이 아니면 사용하지 않는 것이 바람직하다. 만약 불가피하게 사용하였다면 최대한 빨리 상환하는 것이 좋다.

One Point

통신요금 소액결제

아직 취업을 하지 않은 20대 학생들이 자주 사용하는 서비스 중에 통신요금 소액결제 제도가 있다. 이것은 휴대폰을 소유하고 있는 사람이 온, 오프라인에서 물품을 구매하거나 서비스를 이용할 때 사용대금을 휴대전화 인증번호 등을 통해 결제하고, 다음 달 통신요금을 납부할 때 함께 결제하는 일종의 통신 부가 서비스이다. 통신사나 사용자의 등급에 따라 제공하는 한도 금액은 달라질 수 있지만 SKT의 경우 월 최대 60만원까지를 소액결제로 이용할 수 있도록 하고 있다. 보통 대수롭지 않게 생각하고 사용하는 서비스이지만, 이 제도를 지속적으로 이용하게 되면 월 한도 60만원인 신용카드를 꾸준히 사용하는 것과 같다. 즉 60만원만큼의 빚을 지고 계속 갚지 않고 있는 것과 동일한 의미라는 것이다.

특히 소액결제 서비스는 내가 해당 금액을 어디에 썼는지도 정확하게 구분하기 어렵다. 왜냐하면 이용기록에 사용처가 남아 있는 것이 아니라 결제대행사 이름만 남아 있기 때문이다. 다른 결제수단이 없어서 긴급하게 결제할 필요가 있을 때 불가피하게 사용하는 경우라면 모를까, 이를 주로 사용하는 것은 바람직하지 못하다. 습관적으로 이 서비스를 사용한다면 차라리 차단 신청을 하는 것이 낫다.

또한 현금이 급한 경우 20~30%에 육박하는 고액의 수수료를 부담하고 소액결제액을 현금화하여 사용하는 경우도 있는데 이러한 것은 불법일 뿐만 아니라 수수료가 고리대금업에 달할 정도로 과다하다. 따라서 이러한 현금화 서비스는 절대로 사용해서는 안 되는 것임을 명심하기 바란다.

2.7 부채관리 체크리스트

부채관리를 위한 체크리스트에 대해서 살펴보도록 하겠다.

첫째, 대출의 용도가 타당한지 따져본다. 즉 재무목표를 위한 필요자금의 충당인지, 투자목적인지, 소비목적인지를 따져보는 것이다. 소비목적인 경우에는 꼭 필요한 소비인지를 냉정하게 검토하자. 투자목적의 경우는 투자수익률 예상에 오류가 없는지, 세금계산 등 빠뜨린 것은 없는지를 꼼꼼하게 살펴보도록 한다.

둘째, 대출기간과 상환계획이 적절한지 살펴본다. 단기대출이 집중되어 있으면 상환자금이 몰려 압박을 받을 수 있다. 앞서 언급한 상환방식 및 나의 현금흐름을 잘 고려해서 검토하자.

셋째, 부채규모가 적정한지 살펴보자. 적정성 판단은 4장의 부채적정성 평가지표를 참조하여 분석하도록 한다. 보통 총부채 상환액은 총소득의 30%를 초과하지 않을 것을 권장한다.

넷째, 대출금리를 꼼꼼하게 따져보자. 일반적으로 담보대출보다는 신용대출의 금리가 높고, 1금융권 대출보다는 2금융권 대출이 금리가 높다.

다섯째, 다른 대안이 있는지 살펴보자. 앞 장에서 검토했던 예금담보대출이나 보험계약대출 등은 대출을 이용해도 신용도에 영향을 미치지 않는 경우가 많고, 이자도 비싸지 않으니 활용토록 하자.

여섯째, 절세효과를 검토하자. 이자상환액 중 연말 소득공제가 적용되는지를 확인해보자.

끝으로 가능하면 주거래 은행을 이용하는 것이 금리나 기간연장 등 여러 측면에서 유리할 수 있다.

실전연습

- 우리나라는 지속적으로 서울 지역 아파트 가격이 올라 이를 억제하기 위한 다양한 부동산정책이 시행되고 있다. 이러한 정책에서 자주 언급되는 다음 용어들에 대해서 조사해보자.
  - 담보인정비율 Loan to Value ratio: LTV
  - 총부채상환비율 Debt to Income ratio: DTI
  - 신DTI, 스트레스DTI
  - 총부채원리금상환비율 Debt Service Ratio: DSR
- 재무계산기나 엑셀 등을 이용하여 1,000만원을 연 4.5% 이율로 1년간 대출하였을 때, 거치후만기일시상환 방식, 원리금균등분할상환 방식, 원금균등분할상환 방식의 월별 이자부담금액, 원금상환액을 구하시오.
- 한국장학재단 일반상환 학자금대출의 현재 시점의 금리, 상환방식, 유의사항 등을 요약 정리하시오.

제 11 장

위험관리와 은퇴자금

학습목표

- 위험의 정의와 종류에 대해서 이해한다.
- 위험관리방법 선택기준에 대해서 설명할 수 있다.
- 위험별로 적합한 보험에 대해서 설명할 수 있다.
- 보험의 특성 및 주요 원칙에 대해서 이해한다.
- 보험의 선택기준에 대해서 이해한다.
- 은퇴준비의 필요성에 대해서 이해한다.
- 3층 보장제도에 대해서 이해한다.
- 공적연금, 퇴직연금, 개인연금의 특징에 대해서 설명할 수 있다.

1 위험의 이해

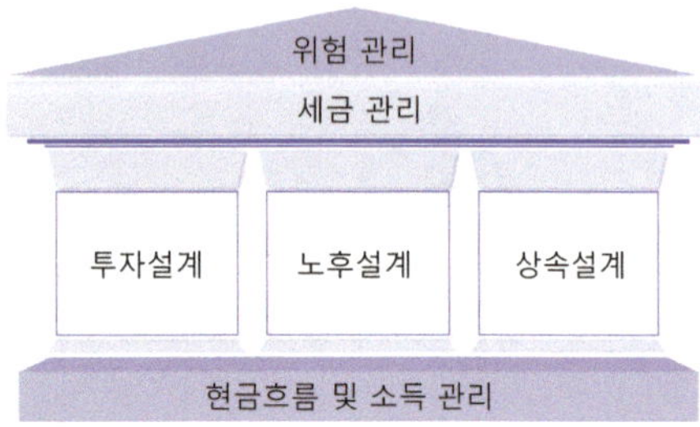

우리는 3장에서 오른쪽의 그림을 살펴본 적이 있다. 사람들은 인생을 살아가면서 뜻하지 않은 여러 위험을 마주할 수 있다. 이런 위험으로 인하여 재무목표를 이루어가는 과정을 포기하게 된다면 매우 안타까운 일이 아닐 수 없다.

따라서 지붕이 외부의 비바람으로부터 안에 있는 사람과 재산을 지켜주는 역할을 하듯이, 위험으로부터 자산을 지키고 재무목표가 무사히 달성될 수 있도록 미리 대비를 해야 할 것이다. 그러기 위해서는 우선 위험에 대한 이해가 필요할 것이다.

1.1 위험의 정의

위험은 불확실성 또는 기대하거나 바라는 바람직한 결과와 반대되는 결과가 발생할 수 있는 가능성이라고 정의된다. 불확실성은 인간의 예측능력의 한계에 기인한다. 위험이 닥치게 되면 금전적인 문제가 야기되는 재무적 손실과 고통, 스트레스, 상심과 같은 비재무적 손실이 발생되게 된다. 이러한 손실에 대비하기 위해서는 사전에 비상예비자금을 쌓아둘 것을 필요로 하게 된다. 또한 위험 발생은 심리적으로 불안한 상태에 이르게 하고 좌절을 야기하기도 한다.

대부분의 사람들은 걱정 없는 행복한 삶을 추구하므로, 이러한 위험을 가급적 회피하려고 하는 성향을 보이게 된다.

1.2 위험의 종류

위험은 사망, 장해, 화재와 같이 발생 시 손실만 존재하게 되는 순수위험, 이익과 손실이 공존하게 되는 '도박'과 같은 투기적 위험이 있다. 본 장에서는 순수위험과 여기에 대한 관리방법을 설명하기로 한다.

순수위험은 인적위험, 재산위험, 배상책임위험으로 구분할 수 있다. 우선 인적위험에는 다음의 것들이 해당된다.

① **조기사망의 위험**: 특히 가장이 예상치 못하게 일찍 사망하게 되면 가족들이 생계를 해결해야 하는 위험에 처할 수 있다.

② **장기생존의 위험**: 준비되지 못한 상태에서 장수하게 되면 노후생활자금 부족으로 큰 곤란을 겪을 수 있다.

③ **질병 또는 상해의 위험**: 자금이 충분치 않은 상태에서 많은 치료비가 발생되면 가계 재정이 크게 위협받게 된다.

④ **실업 위험**: 고용보장이 되지 않는 현대사회에서는 일자리를 잃는 것도 위험으로 분류된다.

다음으로 순수위험 중 재산위험(물적위험)은 다음과 같다.

① **직접손실의 위험**: 재산에 대한 물리적 손상, 파괴, 도난 등으로 발생된 손실을 말한다.

② **간접손실의 위험**: 재산의 직접손실로 인해 생기는 손실, 즉 렌터카를 빌려야 되거나 주거지를 이전해야 되는 비용 등이다.

끝으로 배상책임위험은 다른 사람을 다치게 하거나 타인의 재산에 손상을 입힌 경우 법적으로 이를 배상해야 할 책임으로 다음과 같은 특징이 있다.

① 손실 금액에 상한이 없다.

② 배상을 못할 경우 소득이나 자산에 압류가 진행될 수 있다.

③ 소송을 하게 될 경우 그 비용이 과다하게 발생될 수 있다.

1.3 위험관리방법

위험관리방법은 크게 위험통제와 위험재무로 분류할 수 있다.

1.3.1 위험통제

위험회피	손실 가능성을 제거. 위험을 야기하는 활동이나 상황 자체를 없애버림. 자동차사고에 대한 위험에 노출되는 것을 막기 위해 자동차를 타지 않는 것.
위험축소	빈도통제: 사고의 발생빈도를 줄이는 것. 안전교육의 정기 시행, 위험한 상품의 생산 감소 등.
	심도통제: 손실의 심각성을 줄이는 것. 안전장비 설치, 안전테스트 시행 등을 통해 손실의 규모를 축소할 수 있도록 함.

1.3.2 위험재무

위험보유	손실 대비 자금을 직접 준비하는 것. 축적된 자금으로 손실을 복구하는 것을 의미함.
위험이전	위험을 타방(보험회사)으로 이전시키는 것. 손실에 대비하여 보험계약을 구매하는 방법.
헤징	선물, 옵션 등의 파생상품을 활용하여 금리, 상품가격, 외환 관련 위험을 관리.

1.3.3 위험관리방법의 선택

구 분		발생빈도	
		높다	낮다
손실규모	심각하다	위험회피 위험축소	위험이전 (보험)
	미미하다	위험보유 위험축소	위험보유

위험관리방법은 앞의 표와 같이 손실규모의 크고 작음과 발생빈도가 높은지 낮은지에 따라 적절한 방법을 선택해야 한다.

2 보험의 이해

위에서 확인한 바와 같이 보험은 위험관리방법 중 위험재무기법으로 위험이전에 해당된다. 이러한 보험의 특징에 대해 세부적으로 알아보겠다.

2.1 보험의 정의

보험은 다양한 측면에서 정의를 할 수 있다. 경제적인 측면에서는 재무적 손실에 대한 위험을 감소시키는 제도이며, 사회적으로는 소수의 손실을 다수가 나누어서 공통으로 분담하는 제도이다. 또한 법적으로는 보험회사와 계약자 간 재무적 손실의 보전을 목적으로 체결된 계약이라고 할 수 있다.

우리가 재무설계를 실행하는 과정에서 보험이 가지는 의미에 대해서 놓치지 말아야 할 것이 있다. 보험이 보상하는 것은 재무적인 손실에 국한되지만 비재무적인 부담 또한 경감시키는 역할을 한다는 것이다. 이것은 보험사고 발생 전후에 나타날 수 있는 심리적 안정감, 좌절이나 상실감의 완화 등에 대한 내용이다. 예를 들어 가장의 사망이나 장해 등으로 인한 경제적 손실에 대한 두려움은 보험 가입으로 인하여 완화될 수 있다. 또한 화재로 인해 재산상에 손실이 발생되었을 때 보험을 통해 손실을 보상받을 수 있는 경우와 그렇지 못한 경우, 피해를 입은 사람의 심리적인 상태는 크게 차이가 날 수밖에 없을 것이다. 보험이 손실을 본 사람의 심리적인 부분까지 계산을 통해서 금전적으로 따로 보상을 하지는 않지만, 재무적 손실에 대한 보상을 받을 수 있다는 사실만으로도 상당한 안도감을 제공한다는 의미이다.

2.2 위험의 종류와 보험

재무목표를 달성하는 과정에서 발생될 수 있는 각각의 위험을 대비하기 위한 대표적인 보험상품과 그 특징을 나열하면 〈표 11-1〉과 같다.

표 11-1 위험 대비 보험상품과 그 특징

위 험	적용 보험	특 징
조기사망	종신보험	언제 사망을 하더라도 보험금을 받을 수 있는 사망보험. 보험료가 비싸지만 적립금이 쌓이므로 노후자금으로 활용 가능.
	정기보험	10년, 60세 같이 정해진 기간 내에 사망하는 경우에 사망보험금 지급. 보험료가 저렴하지만 해약환급금이 없거나 적음.
장기생존	연금보험	일정 시점부터 적립한 보험금을 재원으로 연금을 지급하는 노후자금용 보험.
질병	의료실비보험	사고나 질병 치료로 인해 발생되는 통원 및 입원치료비 등의 병원비를 실비 정산하는 보험.
	암보험	사망 원인 중 가장 큰 비중을 차지하는 암 진단 시 약정금액을 지급하는 보험.
	건강보험	병원통원이나 입원, 수술 등의 경우에 최초에 약정한 금액을 지급하는 보험.
상해	상해보험	사고로 인해 영구적으로 남는 장해가 생기거나 치료비 등이 발생하면 이를 보상.
자동차 사고	자동차보험	자동차사고로 인해 타인의 신체나 재물 등에 손해를 가했을 경우에 이를 보상.
	운전자보험	운전자에게 발생될 수 있는 벌금이나 변호사 선임비용 등을 지급하는 보험.
화재	화재보험	화재로 인한 재산의 손해에 대해 보상하는 보험.

2.3 보험의 특성

보험이 성립하기 위한 기본적인 특성들은 다음과 같다.

① **위험의 이전**: 이익은 없고 손실만 존재하는 순수위험에 대해서 보험자(보험회사)로 이전이 된다.

② **불의의 손실**: 보험은 필연적인 사고에 대해서는 보상하지 않으며, 우연한 사고에 한하여 보상이 이루어진다.

③ **손실의 결합**: 보험은 대수의 법칙에 의해 동질의 위험을 가진 다수가 모여 통계적 기초에 의해 산출된 보험료를 납부하고, 이를 바탕으로 기금을 형성, 이를 재원으로 가입자들에게 보험금을 지급하게 된다.

④ **손실보상**: 보험은 사고가 발생하기 이전의 재무상태로 복원시키는 것을 그 목적으로 한다.

2.4 보험제도의 주요 원칙

보험경영의 주요 원칙은 다음과 같이 구분된다.

① **대수의 법칙**: 피보험자나 피보험목적물의 수를 증가시키는 경우 보험회사는 실제 발생된 손실과 예측한 손실 간의 차이를 감소시켜 리스크를 줄일 수 있다.

② **수지상등의 원칙**: 보험계약에 있어서 앞으로 가입자가 낼 보험료의 가치와 보험사가 지급할 보험금 및 보험사 운영비용을 합한 가치가 동일해야 한다는 것을 의미한다. 이 원칙은 보험료를 너무 과하게 받아 보험회사가 부당한 이득을 취해서는 안 되며, 그렇다고 너무 적게 받아 운영상의 문제가 생겨서도 안 된다는 의미로 해석할 수 있다.

③ **공평성의 원칙**: 이 원칙은 급부·반대급부 균등의 원칙이라고도

한다. 각각의 구성원이 부담하는 보험료는 그 위험에 대응하여 공평해야 된다는 의미이다. 즉 연령, 성별, 직업 등에 맞는 보험료가 책정되어야 한다는 것이다.

2.5 보험의 계약관계자

보험계약이 성립하기 위한 계약관계자들은 다음과 같다(생명보험 기준).

① **보험자**: 보험회사

② **보험계약자**: 보험자와 계약을 체결하는 주체가 되는 자. 원래는 계약자는 보험 유지를 위해 보험료를 납부할 의무가 있는데, 실무에서는 보험료를 내는 사람과 보험계약자가 항상 일치하는 것은 아니다.

③ **피보험자**: 보험의 대상이 되는 사람

④ **보험수익자**: 보험의 혜택을 받는 사람

예를 들어 어머니 성춘향 씨가 아버지 홍길동 씨가 갑작스럽게 사망하는 것을 걱정하여 삼성생명과 종신보험계약을 체결하고, 사망하는 경우의 사망보험금은 아들인 홍기훈 씨가 수령하도록 했다면, 보험자는 삼성생명, 보험계약자는 성춘향 씨, 피보험자는 홍길동 씨, 보험수익자는 홍기훈 씨가 되는 것이다.

2.6 보험계약자와 보험자의 권리와 의무

보험계약을 체결하게 되는 보험계약자와 보험자(보험회사)에게는 다음과 같은 권리와 의무가 있다.

2.6.1 보험계약자의 권리와 의무

권 리	의 무
• 보험금청구권	• 고지의무
• 적립금반환청구권	• 보험료 납입의무
• 계약해지권	• 위험변경 · 증가의 통지의무
• 보험료감액청구권	• 위험유지의무
• 보험수익자 지정 · 변경권	• 보험사고 발생의 통지의무
• 계약내용변경청구권	• 손해방지의무
	• 기타 통지의무

2.6.2 보험자의 권리와 의무

권 리	의 무
• 고지수령권 • 보험료청구권 • 계약해지권	• 보험약관 교부 · 설명의무 • 보험증권 교부의무 • 보험금 지급의무 • 보험료 반환의무 • 보험적립금 반환의무

One Point

보험용어 정리

신문이나 방송 등 언론에서도 곧잘 틀리는 보험용어들이 있다. 가장 대표적인 것이 '보험료'와 '보험금'이다. 보험료는 우리가 보험계약을 유지하기 위해 일시적 또는 정기적으로 보험회사에 납부하는 대가이다. 반면 보험금은 사고발생시 보험회사로부터 실제 지급받는 금액을 말한다.

또 많이 혼동해서 사용하는 것이 '보험만기', '납입만기' 등의 용어다. 보험 혜택이 유지되는 기간을 보험기간, 책임기간, 위험기간, 담보기간이라고 하는데 이 기간이 종료되는 시점이 보험만기이다. 예를 들어 암보험이 '60세 만기'라고 하면 이 보험의 혜택은 피보험자 연령 기준 60세까지라는 의미이다. 납입만기는 납입이 종료되는 시점으로 '60세납', '10년납'이라고 하면 해당되는 때까지 보험료를 내야 보험이 유지된다는 뜻이다. 이러한 용어들을 잘 구분해서 사용하도록 하자.

2.7 보험 선택기준

자신에게 적합한 보험을 선택하는 일은 생각만큼 쉽지 않다. 보험의 종류가 워낙 다양하고, 본인이나 보험을 권해주는 사람들의 가치관에 따라서도 선택 기준이 많이 달라질 수 있기 때문이다. 여기에서는 일반적인 보험 선택의 기준에 대해서 설명하고자 한다.

첫 번째, 무엇을 위해서 보험을 가입하고자 하는지 가입목적을 명확하게 하는 것이 중요하다. 본인의 사망 시 남겨질 부양가족에 대한 대책을 마련하고자 하는 것인지, 본인이 아프거나 다쳤을 때 치료비를 마련하기 위한 것인지, 암, 뇌졸중, 심근경색과 같은 중대 질병에 대비하기 위한 것인지를 명확하게 해야 적합한 보험을 찾는 것이 용이해진다. 자신이 가지고 있는 여러 가지 재무목표를 이루는 데 있어서, 가장 치명적인 위험이 무엇인지를 따져보고 거기에 대한 대비책부터 찾는 것이 현명하다고 할 수 있다.

두 번째, 가입목적이 정해졌으면 적절한 가입금액을 정하도록 한다. 만약 사망보험금을 준비하는 것이라면 어느 정도가 되어야 남은 가족들이 경제적인 어려움에 처하지 않고 남은 재무목표들을 달성할 수 있는지를 가늠해 보는 것이다. 또는 암보험을 가입한다고 하면 1~2천만원 정도 기본적인 보장이 필요한지, 아니면 가급적 많은 금액을 설정해서 치료과정에서 발생될 수 있는 소득중단 상황에도 대비할 것인지를 정해야 하는 것이다.

세 번째, 보험료 납입여력을 고려하여야 한다. 위험을 보장하기 위한 보험료가 너무 부담스러워서 다른 재무목표를 이루기가 어려워지면 곤란하다. 이때 참고할 수 있는 재무비율은 보장성보험준비지표이다.

평가지표	재무비율	가이드라인
보장성보험준비지표	$\frac{\text{보장성보험료}}{\text{총소득}}$ (총소득=총유입−기타유입)	8~10%

가이드라인은 각 가계의 상황에 따라 달라질 수 있다. 소득이 증가하는 것에 따라 무조건 이 비율을 맞출 필요는 없다.

네 번째, 가급적 저렴한 보험료를 선택하도록 한다. 무조건 싼 보험이 좋다고 할 수는 없지만, 보장내용이 동일하다면 저렴한 보험료를 선택하는 것이 옳다. 보험료를 절감하고 남는 차액을 저축 및 투자에 할당하면 다른 재무목표를 달성하는 데 조금이나마 도움이 될 것이다. 동일한 액수의 보험금을 받는 보험에 가입하려고 하는 경우 보험회사마다 위험률, 예정이율 등이 달라서 보험료에 차이가 날 수 있으니 이를 따져보는 것이 좋다. 요즘에는 보험료를 비교할 수 있는 사이트도 있고, 여러 회사의 보험을 동시에 취급하는 재무상담사들이 있으므로 이들의 도움을 받는 것이 좋다. 참고로 최근에는 유배당 상품은 거의 판매되지 않고 있지만, 유배당 상품보다는 무배당 상품이 저렴하다. 또한 대부분 보험료를 통장이나 신용카드를 사용해서 자동이체를 하도록 설정하는 것이 기본이긴 하지만, 자동이체를 할 경우 보험료를 할인해주는 보험상품이 있으니 이를 확인해 보는 것도 놓치지 말아야 할 것이다.

다섯 번째, 튼튼한 보험회사를 선택하자. 1년 단위 단기보험은 크게 차이가 없을 수 있지만, 장기보험은 기본적으로 오랜 기간 동안 유지하며 보상혜택을 받을 수 있어야 한다. 따라서 재무구조가 탄탄한 회사를 선택하는 것이 좋다. 일반인들이 이를 판단하는 것은 쉽지 않지만 구글 등 검색포털에 '보험사 순위'를 검색해보면 자산규모, 영업실적, 수입보험료 등 여러 항목별로 보험사의 순위를 확인할 수 있다. 이러한 정보를 활용하여 합리적으로 보험회사를 선택하도록 하자. 보험료는 싸더라도 규모가 지나치게 작은 경우에는 해당 보험회사가 인수·합병 등의 대상이 되기 쉬우므로 배제하는 것이 낫다.

위의 선택기준을 대학생이나 사회생활을 막 시작해서 경제적으로 여력이 크지 않은 신입사원을 예로 들어 적용해보자. 아직은 사망에 따른 부양가족에 대한 책임은 크다고 볼 수 없으므로 종신보험 등의 사망보험을 많이 가입하는 것은 효율적이지 못하다. 사망보험보다는 갑작스럽게 다치거나 병에 걸려서 치료비가 필요한 경우에 대비하는 것이 우선적으로 해결되어야 할 것이다. 따라서 이런 사람들은 의료실비보험을 가입하는 것이 좋다. 20대의 경우 1~2만원 정도의 부담 없는 금액으로 가입 가능하다. 그리고 만약 여유가 있다면 암, 뇌졸중, 심근경색과 같은 중대질병 진단 시 진단금을 받을 수 있는 보험을 가입하는 것이 좋다. 사망보험은 결혼을 하거나 아이를 가지게 되면서 부양가족이 생기는 경우에 가입해도 크게 늦지 않다고 판단된다.

One Point

20~30대에게 종신보험은 나쁜 것인가?

위의 사례는 경제적 여력이 많지 않은 경우라고 가정했다. 만약 현금흐름에 여유가 있다면 젊었을 때 종신보험을 가입하는 것이 나쁜 것만은 아니다. 나이가 어릴 때 가입할수록 동일한 보장에 대해서 저렴한 보험료로 가입이 가능하기 때문이다.

또한 최근에는 종신보험이 반드시 사망 보장만을 위한 것이 아니라 암과 같은 중대질병에 대한 보장, 상해·입원·수술 등에 대한 치료비 보장 등 종합보험 형태로 설계가 가능하므로 본인의 보험료 납입 여력에 따라 복합적으로 고려하고 판단하여야 할 것이다. 사회생활 초기 또는 결혼 이전에는 사망보험금을 최소화해서 종신보험을 가입하고, 결혼을 하거나 자녀 출산으로 부양가족이 생기면 사망보험금을 추가로 늘리는 것도 좋은 방법이 될 수 있다.

3 은퇴의 이해

3.1 은퇴의 정의

은퇴라는 단어를 사전에서 찾아보면 '직임에서 물러나거나 사회활동에서 손을 떼고 한가히 지냄'이라고 나와 있다. 이를 풀어서 보면 생산 및 소득활동은 그만 두었지만 지속적으로 소비는 하고 있는 삶의 형태라고 할 수 있다. 이것은 단순히 직장을 그만두는 것을 의미하는 '퇴직'과는 차이가 있다.

좁은 의미의 은퇴는 특정 시점에 벌어지는 일회성 사건으로 볼 수도 있으나, 현대사회에서는 '사건'이 아닌 인생 노년기의 '과정'으로 이해되고 있다.

3.2 은퇴준비의 필요성

은퇴준비가 필요한 이유는 크게 세 가지로 정리할 수 있다.

첫 번째는 인구통계적인 요인이다. 이는 우리가 앞에서 재무설계와 투자의 필요성에서도 살펴 본 내용이다. 1명 미만의 낮은 출산율로 인한 저출산사회, 65세 인구가 전체 인구의 14%를 넘는 고령사회, 평균수명의 증가로 길어져만 가는 은퇴기간 등이 은퇴준비가 필요한 가장 큰 이유이다.

두 번째는 사회경제적인 요인을 들 수 있다. 국민연금 등 공적연금의 재원이 부족하거나 고갈될 것이라는 예상치가 나오고 있으며, 노인인구의 증가로 인해 노후부양비는 지속적으로 증가될 것이 예상된다. 또한 최근 1950년대 후반과 60년대 초반에 태어난 베이비부머 세대가 본격적인 은퇴를 시작함으로써 은퇴인구가 더욱 두터워지고, 사회가 빠르게 노화되어가고 있다. 아울러 저금리가 지속되어 저축을 통해 은퇴자금을 형성하는 것도 쉽지 않은 실정이다.

세 번째는 사람들의 가치관 변화이다. 과거에는 단순한 의식주의 해결이 최우선과제였다면, 경제발전으로 인하여 최근에는 무엇보다 삶의 질을 중요시하는 사회로 전환되었다.

이러한 이유들로 인해 은퇴에 대한 구체적인 계획은 필수적인 것이 되었다. 준비되지 않은 노후는 축복이 아니라 재앙이 될 수도 있다는 말은 이제는 우려를 넘어 현실로 다가오고 있다.

3.3 은퇴설계의 고려사항

은퇴준비, 노후설계는 다음과 같은 사항들을 고려하여 계획되고 실행되어야 한다.

첫 번째로 개인의 가치관이 바탕이 되어야 한다. 거주환경이나 소소한 일을 지속할지 여부 등에 대해서 충분히 고려해야 한다.

두 번째로 인생의 궁극적인 목적을 고려하여야 한다. 사람에 따라서 가정의 행복을 최고의 가치로 생각할 수도 있고, 사회에 봉사하는 것에 의미를 둘 수도 있다. 따라서 각자 가장 중요하다고 생각하는 것을 고려해서 계획해야 할 것이다.

끝으로 은퇴기간 중에 발생될 수 있는 다양한 이벤트들을 고려해야 한다. 자녀의 결혼 및 독립, 손자녀의 출산, 간병기의 도래 등을 반영하여야 한다.

4 연금의 이해

은퇴준비의 기본인 연금제도에 대해서 알아보도록 하겠다.

4.1 3층 보장제도

우리나라는 국민들의 노후에 필요한 소득을 보장하기 위해 국가 - 기업 - 개인의 3층 구조의 연금체계를 확립하고 있다. 여기서 1층에 해당되는 국가(사회)보장은 기본적인 의식주 해결을 목표로 한다. 국민연금, 공무원연금, 사립학교교직원연금, 군인연금 등의 제도가 여기에 해

그림 11-1 3층 보장제도

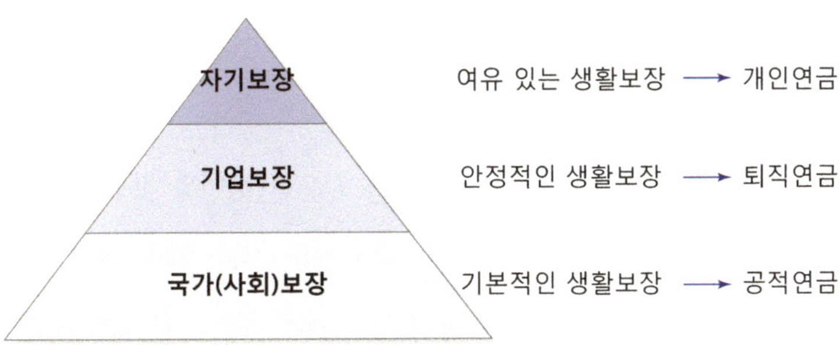

당된다.

두 번째 층인 기업보장은 안정적인 생활보장을 추구하며 퇴직연금제도를 바탕으로 한 DC형, DB형 등의 퇴직연금이 여기에 해당된다.

끝으로 세 번째 층인 자기보장(개인보장)은 1, 2층의 연금제도를 보완하며 여유 있는 생활을 목표로 한다. 연금저축과 연금보험 등이 여기에 해당된다.

이러한 3층 보장제도를 상세하게 나타내면 [그림 11-2]와 같다.

그림 11-2 우리나라의 연금구조

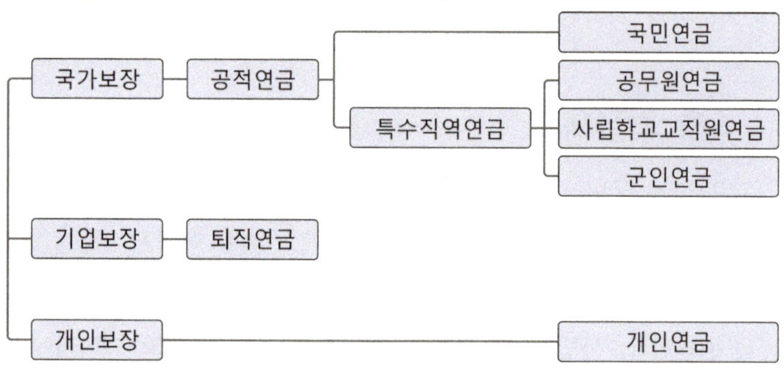

4.2 공적연금

공적연금은 은퇴 후에 받게 되는 연금액이 물가상승률을 고려하여 반영되기 때문에 미래에도 구매력을 확보할 수 있다는 장점이 있다. 기본적인 의식주 해결을 위한 자금으로서 중요한 의미를 갖는다. 공무원연금, 군인연금, 사립학교교직원연금이 해당 직업에 종사하는 사람들만을 대상으로 하는 반면, 국민연금은 18세 이상 60세 미만의 전 국민을 대상으로 한다. 사업장 가입자와 지역 가입자로 구분되는데, 소득이 없는 경우에도 임의가입을 할 수 있다.

4.3 퇴직연금

퇴직연금제도는 평생직장의 개념이 희박해지고 평균 근속기간의 감소, 조기 퇴직자의 증가, 잦은 이직 등으로 인하여 기존의 법정퇴직금제도가 은퇴 후의 생활자금으로서의 기능을 상실함에 따라 이를 보완하기 위하여 도입되었다. 퇴직연금은 가입자들에게 세제혜택 부여, 연금수급권 강화, 개인별 맞춤설계 가능, 노후생활자금의 안정적 보장 등의 이점을 제공한다.

이 제도는 확정급여(DB)형, 확정기여(DC)형으로 나눌 수 있다. DB형은 사용자(회사)의 책임 하에 운용되며, DC형은 가입자의 책임 아래 운용된다는 특징이 있다. 따라서 DC형은 적립금 투자방법을 가입자가 자유롭게 선택할 수 있고, 추가납입도 가능하다. 이렇게 추가로 납입한 금액에 대해서는 세액공제 혜택을 부여하여 실질적인 투자수익률을 제고시켜 준다.

4.4 개인연금

은퇴소득 중에서 공적연금이 차지하는 비중은 앞으로 점점 줄어들 것으로 예상된다. 앞서 여러 차례 이야기된 것처럼 노년층이 증가하고, 저출산으로 인해 젊은 세대가 감소하는 인구구조의 변화는 공적연금 재원의 고갈을 야기한다. 즉 납입하는 사람들은 줄고, 연금을 받아가는 사람은 늘어나는 구조이기 때문이다. 따라서 개인연금은 장기생존위험을 효과적으로 대비할 수 있는 최적의 대안이라고 할 수 있다.

개인연금은 세제적격연금과 비적격연금으로 구분할 수 있다.

4.4.1 세제적격연금

세제적격연금은 납입 금액에 대해 소득공제나 세액공제 등 세제혜택을 부여하는 연금상품이다. 이 연금은 납입 이후 운용단계의 소득세가 연금수령 등으로 인출할 때까지 미루어진다. 2000년 말까지 판매된 소득공제가능 개인연금저축과 현재 판매되고 있는 세액공제가능 연금저축이 여기에 해당된다.

4.4.2 세제비적격연금

비적격연금은 보험사에서 판매되고 있는 다양한 연금보험들이다. 연금보험은 장기저축성보험의 한 종류이며 납입단계에서는 소득공제나 세액공제와 같은 세제혜택이 없다. 하지만 일정 요건을 충족하면 운용단계에서 소득세 과세를 하지 않으며, 인출단계에서도 보험차익과 연금소득에 대하여 비과세 혜택을 누릴 수 있다. 보험료 납입방식에 따라서 일시납연금보험과 적립식연금보험으로 구분할 수 있으며, 운용방식에 따라 공시이율형연금과 변액연금으로 구분할 수 있다.

■ 공시이율형연금

공시이율형연금은 예금자보호가 적용되며, 매월 보험사에서 공시하는 이율로 적립되는 연금상품이다. 이 공시이율은 시중금리의 인상 및 인하 여부에 따라 변동된다.

■ 변액연금

변액연금은 보험료의 일부를 주식, 채권, 부동산 등 투자대상 자산에 투자해서 저축성상품의 수익률 대비 초과수익률을 추구하는 투자형 보험상품인 변액보험과 연금보험의 특징을 결합한 상품이다. 변액연금은 인플레이션에 대비할 수 있고, 상품을 해지하지 않고 다양한 펀드에 투자할 수 있다는 장점이 있다.

또한 연금지급방식에 따라 종신형, 확정형, 상속형 연금으로 나눌 수 있다.

구 분	특 징
종신형연금	연금 개시 이후 사망 시까지 생존기간 동안 지속적으로 연금 수령.
확정형연금	10년, 20년, 90세와 같이 정해진 기간 동안 연금 수령.
상속형연금	연금 개시 이후 사망 시까지는 적립금의 이자에 해당되는 금액을 연금으로 수령하고, 사망 시에는 적립금을 상속인에게 지급.

5 은퇴준비의 적정성

은퇴준비의 적정성을 판단할 수 있는 지표로는 노후대비저축지표를 들 수 있다.

평가지표	재무비율	가이드라인
노후대비저축지표	$\frac{\text{노후대비저축}}{\text{총저축}}$	50% 이상

이 지표에서는 총저축액 중 은퇴자금을 위한 저축을 절반 이상 할 것을 권장하고 있다. 그렇지만 실제로 전체 저축액의 50% 이상을 노후자금에 투입하는 경우는 많지 않다.

돈 걱정 없는 은퇴생활을 하는 것이 재무설계의 완성이라는 점, 여러 재무목표 중 노후준비가 인생에서 가장 중요한 재무목표라는 점에서 많은 재무설계전문가들이 심각성을 일깨우고자 50% 이상의 가이드라인을 제시하고 있는 것이다. 이때 노후대비저축 금액에는 연금저축의 형태가 아니더라도 노후대비를 위한 목적의 저축을 모두 포함해서 계산하도록 한다.

One Point

YOLO와 나의 은퇴

YOLO라는 말이 있다. '한번 사는 인생 You Only Live Once'의 앞 글자를 조합해서 만든 단어이다. YOLO는 현재의 행복, 남이 아닌 자신의 행복을 가장 중요하게 생각하는 삶의 태도를 의미한다. 미래나 다른 사람을 위한 희생에 반대한다. 주택 구입, 노후 준비 등에 의미를 부여하지 않으며, 삶의 질을 높여줄 수 있는 취미생활이나 자기계발 등에 집중한다. 소비도 이러한 분야에 집중해서 이루어진다. '언제 죽을지 모르는데', '다가올지 알 수도 없는 미래'라며 미래의 불확실성을 강조하고 현재의 삶에서 만족을 느끼는 것이 중요하다고 이야기한다. 일리 있는 이야기이다. 각각의 사람은 언제 죽을지 알 수 없다. 또 몇 살까지 살 수 있을지도 모른다. 하지만 우리가 한 가지 생각해 볼 것이 있다. 그것은 '확률'과 '가능성'이다. 통계에 의하면 우리는 건강한 상태에서 노후를 맞이할 가능성이 일찍 죽어서 미래를 맞이하지 않게 될 가능성보다 훨씬 더 크다.

은퇴기가 되어 소득활동은 중단되었다. 신체는 매우 건강한데, 쓸 돈이 없다면 얼마나 불행한 일인가? 돌봐줄 국가 시스템도 취약하고, 가족이 없거나 혹 있다 하더라도 경제적으로 여유가 없다면? 매우 난감한 상황이 아닐 수 없다.

현재의 삶에 충실하자는 자세는 매우 의미 있지만, 이것이 미래의 삶에 대비할 필요가 없다거나, 현재의 과소비를 부추기는 것이 되어서는 안 된다. 대부분의 사람들은 건강한 상태에서 노후를 맞이하게 된다. 따라서 여기에 대한 대비가 충분히 되어야만 하는 것이다.

One Point

금융감독원 통합연금포털

일반적인 금융소비자의 입장에서 자신이 은퇴 이후에 얼마나 필요한지, 내가 가입되어 있는 연금은 어떤 종류들이 있으며 은퇴 시점에 얼마나 연금을 받을 수 있는지를 파악한다는 것은 상당히 어려운 일이다. 또한 금융에 밝은 사람이라고 해도 국가에서 관장하는 공적연금, 회사에서 가입한 퇴직연금, 개인적으로 보유한 연금들의 현재 평가금액과 앞으로의 예상 연금액을 종합해서 파악하기는 쉽지 않다. 이를 한눈에 파악할 수 있도록 도와주는 사이트가 바로 금융감독원이 운영하는 통합연금포털이다. 여기에 로그인을 하면 연금과 관련된 각종 공시정보, 세금제도 안내, 통계자료, 상품안내 등의 정보제공과 함께 내가 가입하고 있는 모든 연금의 가입일, 종류, 현재 평가금액, 미래 예상연금액 등을 알려준다. 이것을 주기적으로 조회해서 관리한다면 은퇴자금을 보다 효과적으로 만들어 갈 수 있을 것이다.

실전연습

• 우리 가족 또는 내가 가입하고 있는 보험에 대해서 정리하고 그 특징에 대해서 조사해 보자.

보험사	상품명	가입일	만기	보험료	특징

– 보험가입 적정성을 판단해 보자.

– 중복되는 내용, 부족한 내용이 있는지 확인해 보고, 우리 가족(또는 나)의 재무목표 우선순위에 부합하게 설계되었는지 검토해 보자.

• 통합연금포털에 가입하고 연금 3층 보장제도 중 우리 가족(또는 나)이 해당되는 것들은 무엇인지 조사해 보자.

– 현재 시점에서 은퇴자산의 평가금액은 얼마나 되는지 확인해 보자.

– 예상 연금액은 얼마나 되는지 확인하고, 부족하다고 판단될 경우 이를 보완할 수 있는 방법을 연구해 보자.

제12장

금융과 세금

학습목표

- 재무설계에 있어서 세금설계의 역할에 대해서 이해한다.
- 금융상품에 대한 세전 수익률과 세후 수익률의 개념에 대해서 구분하여 설명할 수 있다.
- 저축상품의 기본적인 세금 적용원리에 대해서 이해한다.
- 투자자산의 기본적인 세금 적용원리에 대해서 이해한다.
- 보험과 연금의 납입, 운용, 인출단계별 세금 적용의 특징에 대해서 이해한다.
- 금융소득종합과세의 의미에 대해서 이해하고, 이를 대비하기 위한 방법에 대해서 연구해 본다.

1 재무설계와 세금

1.1 재무목표 달성과 세금

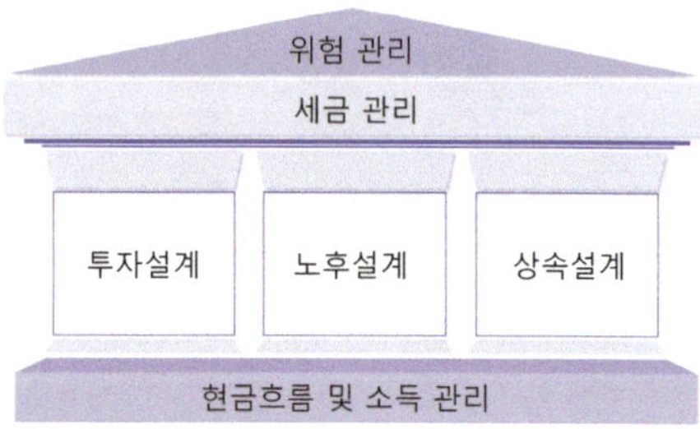

오른쪽 그림을 다시 한 번 살펴보자. 재무설계를 집을 짓는 과정에 종종 비유하곤 한다. 소득관리로 바닥을 다지고, 저축과 투자, 노후 준비로 기둥을 세운다. 그리고 사후에 남겨질 가족을 위해 상속이라는 마지막 기둥도 세우고, 위험관리를 통해 비바람을 막아줄 지붕도 덮는다. 이때 지붕과 기둥을 연결해서 흔들리지 않고 탄탄하게 서 있을 수 있도록 잡아주는 대들보의 역할을 해주는 것이 세금설계(tax planning)이다. 재무설계의 모든 과정은 세금과 떼려야 뗄 수 없는 관계로 이어져 있다. 따라서 우리가 원하는 시기에 목표한 바를 차질 없이 잘 이루기 위해서 세금설계는 재무설계과정에서 빠질 수 없는 핵심적인 요소인 것이다.

1.2 세금 이해의 필요성

이자소득세를 내야 되는 연 3% 상품 A와 세금을 내지 않아도 되는 비과세 연 2.6% 상품 B가 있다고 하자. 세금 외의 다른 조건은 모두 동일하다고 할 때 우리에게 어떤 상품이 더 유리할 것인가? 표면적으로는 연 3% 상품 A가 더 나아 보인다. 뒤에 자세히 다루겠지만, 이자소득이 발생되면 일반적으로 14%의 세금을 차감하게 된다. 그렇다면 상품 A의 세후 수익률은 3%×(100%−14%)=2.58%가 된다. 상품 B는 세금을 안 내도 되니 세후 수익률도 세전 수익률과 동일하게 2.6%이다. 따라서 작은 차이지만 상품 B가 조금 더 유리하다.

앞에서 여러 번 강조했지만 지금은 저금리시대이다. 예금금리가 2%를 넘기 힘들다. 0.1%의 금리 차이가 굉장히 크게 여겨지는 시대이다. 이러한 상황에서 이자소득과 관련한 세금에 대한 이해가 없다면 우리는 무심코 상품 A를 선택하기 쉽다. 하지만 세금에 대해서 알고 있다면 우리는 보다 현명한 의사결정을 할 수 있게 된다. 이렇듯 세금에 대한 기본적인 이해는 재무목표를 이루어 가는 과정에서 필수적이다.

투자수익률뿐만 아니라 연금에 관한 세금, 이자나 배당에 관한 세금, 연말정산 시 혜택을 받을 수 있는 소득공제나 세액공제에 관한 내용 등 우리가 세금에 대한 이해를 높이면 높일수록 불필요한 세금은 줄어들고, 재무설계 전 과정에서의 효율성은 높아질 것이다.

하지만 세금과 관련된 내용은 매우 복잡하고 어렵다. 또한 자주 바뀌어서 변경된 내용을 늘 꿰차고 있기란 불가능에 가깝다. 세무사들도 바뀐 세법에 대해서 다 알지 못한다고 이야기한다. 또한 재무설계를 전문적으로 수행할 때에는 소득세, 상속세, 양도소득세, 재산세, 법인세 등 여러 복잡한 세금에 대한 이해도 필요하다. 하지만 이것은 재무설계를 직업적으로 할 때의 이야기이다.

따라서 이 책에서는 소비자 입장에서 알아두면 좋을 금융과 관련된 가장 기본적인 세금들에 대해서 설명을 하고자 한다. 여기에 소개된 내용만 잘 이해를 해도 세금 지식이 없는 이들에 비해 금융생활에 있어서 훨씬 현명한 선택을 할 수 있게 될 것이다.

1.3 원천징수

본격적으로 금융과 세금에 대해서 이야기하기 전에 원천징수의 개념에 대해서 이해하고 가자. 금융기관을 이용하거나 회사에서 급여를 받을 때 원천징수라는 말을 한두 번쯤은 들어봤을 것이다. 은행은 예금을 예치한 예금주에게 일정기간마다 또는 해약 시 이자를 지급하게 된다. 이때 이자를 받는 예금주는 이자소득에 대해서 소득세를 국가에 납부할 의무가 생긴다. (참고로 소득세는 국가에 내야 되는 국세이다.) 이론적으로는 예금주가 이자를 받고, 거기에 해당되는 소득세를 국가에 납부하는 것이 맞는 절차이다. 하지만 예금주 입장에서는 이자를 받을 때마다 소득세를 신고, 납부한다는 것이 매우 번거로운 일일 수밖에 없다. 또한 정부 입장에서는 세금 징수가 지연, 미납되는 등 원활하지 못할 가능성이 있다. 서로의 이러한 불편을 해소하고자 은행 등의 금융기관이 이자 등의 소득금액을 지급할 때 정부를 대신해서 세금을 징수하는 것이 원천징수이다. 금융기관은 이렇게 세금을 먼저 공제해서 보관하고 있다가 일정 기간마다 정부에 납부하게 된다.

2 금융과 세금

2.1 저축상품과 세금

예금과 적금 같은 저축상품에서는 돈을 맡긴 대가로 이자가 발생된다. 예금주의 입장에서는 이것이 이자소득이 되고, 여기에 대한 소득세 납세의무가 생긴다. 이자소득에 대해서는 14%의 소득세가 원천징수된다. 만약 2,000만원을 연 5%짜리 예금에 1년간 넣어두었다면 100만원의 이자소득이 생기게 된다. 여기에 14%의 세금을 원천징수하게 되면 우리에게 돌아오는 실질적인 이자금액은 86만원이 된다. 그런데 은행에서 원천징수를 할 때, 국세인 소득세만 차감되는 것이 아니다. 납세의무를 가진 예금주는 14%인 국세의 10%에 해당하는 1.4%를 지방소득세로 함께 납부하게 된다. 즉 소득세 14%와 지방소득세 1.4%를 합해서 15.4%를 내야 되는 것이다. 따라서 위 사례에서 은행은 발생된 100만원의 이자에서 15만4천원의 세금을 원천징수하고 84만6천원의 이자만 예금주에게 지급하게 되는 것이다.

그렇다면 이자소득에 대해서는 소득세 14%, 지방소득세 1.4%의 세금만 납부하면 끝나는 걸까? 만약 이 예금주가 한 해 동안 받은 이자와 배당소득이 2천만원을 넘지 않으면 이것으로 납세의무가 완결된다. 하지만 2천만원을 초과하는 경우에는 '금융소득종합과세'에 해당되게 되는데 이것은 뒤에 더 설명하도록 하겠다.

그러면 저축상품을 가입하면 반드시 이자소득세를 내야 될까? 저축상품과 관련해서는 다음과 같은 세금혜택이 적용되는 제도가 있으니 해당사항이 있는지 확인하고 활용하도록 하자.

■ 비과세종합저축

이 제도는 금융기관이 취급하는 저축상품을 '비과세종합저축'으로 가입할 경우, 전 금융기관을 통하여 5천만원 범위 내의 저축에서 발생하는 이자와 배당소득에 대하여 저축상품의 만기일까지 비과세 혜택을 부여하는 것이다. '비과세'는 위에서 설명한 이자소득에 대한 납세의무를 면제시켜줌으로써 이자금액이 얼마가 되든지 세금을 전혀 내지 않아도 된다는 것이다. 단 이 제도를 이용하려면 아래와 같은 요건 중 한 가지에 해당이 되어야 한다.

- 만 65세 이상 거주자
- 장애인
- 독립유공자와 그 유족 또는 가족
- 국가유공자 등 상이자
- 5.18 민주화운동부상자
- 고엽제 후유의증 환자
- 국민기초생활보장법 수급자

■ 청년 우대형 주택청약종합저축

가입일 현재 만 19세 이상 만 34세 이하인 무주택세대의 세대주이고 직전년도 총 급여액 3천만원 이하 근로소득자 또는 종합소득금액 2천만원 이하 사업소득자로 가입 후 2년 이내에 비과세 신청서류를 제출한 자는 이자소득 500만원(단, 연간 납입금액 600만원에서 발생한 이자소득만 적용)을 한도로 가입기간이 2년 이상인 경우 비과세가 적용된다.

■ 기 타

또한 농협 등의 조합에 대한 예탁금으로 1인당 3천만원 이하에서 발생하는 이자소득(2020년 말까지 발생한 이자에 한함. 그 이후 저율분리과세 전환 예정)에 비과세가 적용된다.

이외에도 장기주택마련저축(2012년 말), 생계형저축(2014년 말), 세금우대저축(2014년 말) 등의 세금혜택이 있는 제도들이 있었으나 괄호 안의 기간 이내에 가입한 것에 한하여 비과세 또는 저율과세 혜택이 적용되고, 신규가입은 불가하다.

2.2 투자와 세금

2.2.1 주식관련 세금

주식투자를 할 때 예상되는 소득은 크게 두 가지로 볼 수 있다. 첫 번째는 투자한 회사가 이익을 거두고, 이에 대해서 투자자인 주주들에게 이를 배분할 때 발생되는 배당소득이다. 두 번째는 매매과정에서 발생된 양도소득이다. 즉 주식을 10,000원에 사서 13,000원에 팔았다면 3,000원만큼 양도차익이 발생된 것이다. 이 두 가지 소득과 세금의 관계를 알아보도록 하겠다.

우선 배당소득은 이자소득과 마찬가지로 14%(지방소득세 포함 15.4%)로 배당소득세가 원천징수된다. 그리고 이자소득과 합산하여 연간

2,000만원이 초과되는 경우에는 다른 소득들과 합산하여 종합과세 된다.

배당소득 중 비과세되는 소득은 다음과 같다.

- 농협 등의 조합에 대한 출자금으로 1인당 1천만원 이하에서 발생하는 배당소득(2020년 말까지 발생한 배당에 한함. 그 이후 저율분리과세 전환 예정)
- 장기보유우리사주의 배당소득
- 비과세종합저축의 배당소득

두 번째로 주식 양도 시 양도소득세가 과세되는 대상은 다음의 경우이다.

- 주권상장법인이 아닌 법인의 주식
- 대주주가 양도하는 주권상장법인의 주식
- 장외에서 거래하는 주권상장법인의 주식

이것을 바꿔 말하면 소액주주인 일반 투자자가 유가증권시장이나 코스닥시장 등 공개된 시장에서 상장주식을 거래하는 경우에는 양도소득세가 과세되지 않는다는 것이다. 즉 일반인들이 증권사의 매매프로그램이나 어플리케이션을 이용해서 삼성전자, 현대자동차 등의 주식을 거래하면서 얼마의 차익을 얻더라도 양도차익에 대한 세금은 없다는 말이다. 다만 매매를 빈번하게 행할 경우 증권거래세는 매번 발생되니 이를 염두에 두고 투자를 해야 될 것이다.

2.2.2 채권관련 세금

채권투자를 할 때 세금과 관련해서 고려할 사항은 지급받게 되는 이자, 할인채권의 경우 할인된 금액, 그리고 매매과정에서 발생되는 양도차익 등이다.

우선 이자는 저축상품의 이자와 동일하게 생각하면 된다. 채권을 할인발행하면서 생기는 할인액도 이자소득으로 과세된다. 채권의 양도차익은 소득세법에서 소득으로 보지 않기 때문에 과세되지 않는다. 따라서 아무리 큰 차익이 발생되었다 해도 세금을 내지 않는다. 단 만약 양도차손, 즉 비싸게 사서 싸게 팔게 된 경우에도 이자에 대해서는 세금이 발생된다는 것을 유의해야 된다. 투자자 중에는 '매매과정에서 손해를 봤는데 왜 세금을 내냐'고 생각하는 경우가 있는데 이는 오해에서 비롯된 것이다.

2.2.3 펀드관련 세금

펀드에 투자하는 경우에는 이론적으로 상당히 복잡한 세금 계산을 해야 된다. 왜냐하면 펀드는 투자대상이 유동성자산, 주식, 채권, 부동산, 원자재 등 매우 다양하며, 주식이나 채권 같은 유가증권의 경우에는 국내증권인지 해외증권인지에 따라 과세 내용이 달라질 수 있기 때문이다. 특히 주식과 채권이 섞여 있는 혼합형펀드 같은 경우에는 매시점별로 변동되는 각 자산의 평가금액을 기준으로 해서 투자자별 투자금액 비중을 따져 과세금액을 계산한다는 것은 매우 복잡한 일이 될 수밖에 없다. 따라서 현행 소득세법에서는 이를 단순화하기 위하여 국내 또는 국외에서 받는 집합투자기구, 즉 펀드로부터의 이익은 모두 배당소득으로 구분한다. 그러므로 주식형 펀드, 채권형 펀드, 부동산 펀드 등 투자대상에 상관없이 펀드에서 발생된 이익은 모두 배당소득으로 보고, 배당소득세를 납부하면 된다. 단 앞에서 언급한 주식이나 채권관련 세금 산정기준과 다른 점이 있다. 상장주식의 거래나 평가로 인한 차익은 개별 주식을 투자하는 경우와 마찬가지로 과세되지 않는다. 그런데 펀드에 포함된 채권은 매매차익이나 평가차익이 과세대상 소득에 포함된다. 이 점이 개별 채권투자 시와 다른 기준이 적용되는 부분이다.

펀드관련 세금 산정에서 또 한 가지 유의할 점은 펀드평가금액은 손실이 발생되었는데, 세금은 발생될 수 있다는 것이다. 다음 펀드 A의 이익이 표와 같은 경우를 살펴보자.

배당금	400만원
채권매매이익	300만원
상장주식매매손실	−800만원
이익	−100만원

위 사례는 주식과 채권이 혼합되어 있는 펀드로서 주식으로부터 발생된 배당금이 있고, 채권매매에서 이익이 발생되었으며, 주식매매에서는 손실이 생겨 전체적으로는 100만원의 손실이 생긴 케이스이다. 만약 투자자가 최초에 1,000만원을 투자했다면 현재 평가금액은 900만원인 상황인 것이다. 이런 경우에 투자자들은 흔히 '내 펀드 실적이 마이너스이니 세금은 안 내도 되겠지'라고 생각하기 쉬운데 그렇지 않다. 평가손실이 발생되었다고 해도 배당과 채권매매이익 700만원에 대해서는 배당소득세를 내야 되는 것이다.

2.3 보험과 세금

개인이 가입하는 보험은 정부가 부담해야 될 사회적 위험관리 기능을 보완하는 성격이 있다. 따라서 국가에서는 이런 보험의 긍정적인 면을 장려하고자 다양한 세제혜택을 부여하고 있다. 보험과 관련된 세금제도는 [그림 12-1]처럼 크게 3단계로 나누어서 생각할 수 있다.

그림 12-1 보험과 관련된 세금제도

납입 보험료 납입		운용 투자수익		인출 보험금 수령
• 소득공제 • 세액공제	➡	• 투자수익의 과세이연	➡	• 사고보험금 • 만기환급금 • 해지환급금

2.3.1 납입단계의 세금

보험료 납입단계에서는 지출된 보험료 금액만큼 해당 연도의 과세표준에서 줄여주는 소득공제 또는 산출된 세액을 줄여주는 세액공제의 세제혜택을 제공한다. 2014년 이후에는 보장성보험에 대하여 납입보험료 기준 연 100만원을 한도로 12%의 세액공제를 적용하고 있다.

예를 들어 홍길동 씨가 보장성보험인 종신보험을 매월 10만원씩 납입하여 2019년도에 총 120만원의 보험료를 지출한 경우, 120만원 중 100만원까지를 세액공제 대상금액으로 보고 100만원의 12%인 12만원을 홍길동 씨의 2019년도 소득세 산출세액에서 공제해 주는 것이다. 만약 성춘향 씨는 매월 5만원씩 총 60만원의 보장성보험료를 부담했다면 한도금액인 100만원에 미치지 못하므로 60만원의 12%인 7.2만원을 세액공제 적용해 주게 되는 것이다.

2.3.2 운용단계의 세금

[그림 12-1]을 보면 운용단계에서 투자수익에 대해서 '과세이연'을 한다고 되어 있다. 과세이연이란 세금을 부과하는 것을 뒤(인출시점)로 미루어준다는 것이다. 저축상품과 같은 경우에는 이자가 발생되면 이자 지급주기 또는 해당 상품의 만기 시점에 이자소득세를 납부하게 된다. 그런데 보험은 보험계약을 유지하며, 납입된 보험료가 운용되고 있는

기간 동안에는 이자(운용수익)가 발생되더라도 여기에 대해서 세금 계산을 하지 않는다. 이렇게 되면 일반적으로 매년 납부하게 되는 이자소득세를 내지 않아도 되므로 이 세금에 해당되는 금액만큼이 원금에 가산되어 추가로 이자수익이 발생할 수 있게 된다. 그러면 매기마다 과세가 적용되는 방식에 비해 수익률이 높아지게 된다. 특히 복리가 적용되는 경우에는 세금만큼이 재투자되는 효과가 생기므로 적립금이 빠르게 증가하게 된다. 결론적으로 보험은 유지하고 있는 기간에는 별도의 세금 부담이 없게 된다는 것이다.

2.3.3 인출단계의 세금

연금으로 인출을 하는 경우는 다음 절에서 다루기로 하고, 연금을 제외하고 인출을 하게 되는 경우는 보험금이라고 볼 수 있다. 우선 사망이나 상해 등의 경우에 지급받게 되는 사고보험금은 발생된 경제적 손실에 대하여 지급되고, 이 돈은 손해를 복구하는 데 쓰이게 된다. 세법에서 이러한 사고보험금에 대해서는 소득으로 인식하지 않는다. 따라서 소득세는 발생되지 않는다. 다만 계약관계자인 계약자와 피보험자, 수익자 등의 관계에 따라 증여세 또는 상속세는 발생될 수 있으니 이러한 경우에는 재무설계 전문가와 상의를 하는 것이 좋다.

다음으로 인출에 해당되는 것은 만기환급금 또는 해지환급금을 수령하게 되는 경우이다. 우선 보장성보험과 저축성보험을 구분해야 하는데, 상식적으로는 사망, 상해, 질병, 사고 등에 대비하기 위한 보험은 보장성보험이고, 목돈을 만들거나 굴리기 위한 보험은 저축성보험으로 생각하는 것이 일반적이다.

하지만 세법에서는 보험을 보는 관점이 다르다. 소득세법에서는 보장성보험을 '만기환급금이 납입보험료보다 적은 경우'로 정의한다. 이 경우에는 받는 돈이 낸 돈보다 적으므로 보험차익이 발생되지 않는다. 그렇다면 저축성보험은 만기환급금이 납입보험료보다 초과하는 경우이다. 이 경우에는 보험차익이 발생되고, 소득세법에서는 이를 이자소득으로 인식하기 때문에 이자소득세 과세대상이 된다.

단 다음 경우에는 저축성보험의 보험차익에 대해서 과세대상에서 제외된다.

① 일시납보험으로 계약기간이 10년 이상이고 계약자 1인당 1억원 이하인 경우(2년납, 3년납 계약도 포함)
② 월 적립식보험으로 계약기간 10년 이상, 보험료 납입기간 5년 이상이며 월 보험료가 150만원 이하인 경우
③ 종신형연금보험으로 55세 이후 사망 시까지 종신형으로 연금을 지급하며, 피보험자 사망 시 보험계약 및 연금재원이 소멸되는 경우

앞에서 10년 이후에 사용할 장기목적자금의 경우 저축성보험을 이용하는 것이 좋다고 한 것이 이러한 이유 때문이다. 보험은 상품 구조상 사업비와 위험보험료를 차감한 나머지 금액이 적립되므로 일반 저축상품들에 비해 불리할 수 있다. 하지만 위 조건을 충족할 경우 보험차익에 대해서 전액 비과세되고, 복리방식으로 이자가 계산되므로 다른 상품들에 비해 장기자금 조성에 유리하다는 특징이 있다. 특히 변액유니버셜이나 변액연금 등과 같은 투자상품 역시 차익이 발생하여도 조건 충족 시 차익에 대한 세금이 전액 비과세된다는 점을 잘 활용하면 재무목표 달성이 용이해질 것이다.

2.4 연금과 세금

은퇴생활자금의 기본이 되는 연금은 납입, 운용, 인출 모든 단계에서 세금이 매우 중요한 역할을 차지한다. 은퇴자금은 아주 오랜 기간 동안 적립 및 운용이 되는 특징을 가지고 있다. 따라서 작은 세금 차이가 먼

미래에는 아주 큰 차이를 만들어 낼 수 있다. 또한 은퇴기간이 소득이 중단되거나 급격하게 감소하는 시기라는 점을 감안하면 과세 여부 및 세율의 높고, 낮음이 은퇴생활의 질을 결정할 수도 있을 정도이다. 따라서 은퇴자금을 준비하는 과정에서 세금에 대한 이해가 필요하다.

2.4.1 소득세법상 연금의 종류

소득세법에서는 연금을 다음과 같이 구분한다.

표 12-1 소득세법상 연금의 종류

<table>
<tr><th colspan="3">분 류</th><th>내 용</th></tr>
<tr><td colspan="3">공적연금</td><td>• 국민연금, 공무원연금, 군인연금, 사학연금 등</td></tr>
<tr><td rowspan="3">사적연금</td><td rowspan="2">연금계좌</td><td>연금저축
(세제적격)</td><td>• 연금저축신탁: 신탁회사에서 운용
• 연금저축펀드: 자산운용사에서 운용
• 연금저축보험: 보험사에서 운용</td></tr>
<tr><td>퇴직연금</td><td>• 확정기여형 퇴직연금 (DC)
• 개인형 퇴직연금 (IRP)</td></tr>
<tr><td colspan="2">연금보험
(세제비적격)</td><td>• 공시이율형 연금, 변액연금</td></tr>
</table>

※ 이외에 2000년 12월 31일까지 가입할 수 있었던 '개인연금저축'이 있음.

〈표 12-1〉에서 제시된 세법 분류에 따라 각 연금과 세금의 관계에 대해서 알아보겠다. 단 연금관련 세금은 앞서 설명한 다른 금융상품의 세금과 달리 상대적으로 복잡한 편이며 이 책에서는 기본적인 내용만 설명될 것이다. 따라서 은퇴설계를 진행할 때 보다 상세한 세금전략 수립을 위해서는 전문가의 도움을 받는 것이 좋다.

2.4.2 공적연금과 세금

▪ 공적연금 납입단계

공적연금과 관련하여 개인이 납입하는 부담금은 전액 소득공제가 적용된다. 즉 해당되는 금액만큼은 연간 소득에서 공제하게 되므로 그만큼 세금이 감소하게 된다.

■ 공적연금 인출단계

공적연금을 연금으로 수령하게 되면 연금소득세 과세대상이 된다. 공적연금에서 받는 연금액과 연금계좌에서 연금형태로 인출하는 금액을 합한 것을 '총연금액'이라고 한다. 여기에서 연금소득공제(총연금액의 크기에 따라 차등 적용되는 경비 성격의 공제금액)를 제한 '연금소득금액'을 기준으로 연금소득세를 계산하게 된다.

2.4.3 연금계좌와 세금

세법에서는 세제혜택이 있는 세제적격연금저축과 퇴직연금 중 확정기여형 퇴직연금, 개인형 퇴직연금을 연금계좌로 분류한다. 이에 대한 세금을 알아보겠다.

■ 연금계좌 납입단계

납입단계에서는 납세자의 소득이 얼마가 되는지에 따라 공제한도와 세액공제를 받을 수 있는 공제율이 달라진다. 구간은 〈표 12-2〉를 참조하도록 하자. 소득이 적은 사람은 세금 혜택을 많이 받고, 소득이 많은 사람은 상대적으로 세금 혜택이 줄어들게 된다. 따라서 자신의 소득

표 12-2 소득구간별 세액공제

종합소득금액	근로소득	세액공제율	공제한도 금액
4,000만 이하	총급여 5,500만 이하	15%	① 연금저축 400만 ② 퇴직연금 700만
4,000만 초과 1억 이하	총급여 5,500만 초과 1.2억 이하	12%	① 연금저축 400만 ② 퇴직연금 700만
1억 초과	총급여 1.2억 초과	12%	① 연금저축 300만 ② 퇴직연금 700만

※ ①+②는 700만원이 최대한도이다.

구간에 해당하는 공제범위를 확인하고 이를 잘 활용하면 소득세를 줄일 수 있고, 이를 다른 재무목표를 위해 투입할 수 있는 여력이 생기게 되는 것이다.

■ 연금계좌 운용단계

연금계좌가 운용되고 있는 과정에서는 소득세 등의 세금을 과세하지 않는 과세이연이 적용된다.

■ 연금계좌 인출단계

연금계좌에서 적립되고 운용된 재원을 연금으로 수령하게 되면 공적연금과 합산하여 연금소득세 과세 대상이 된다.

연금계좌에서 연금으로 인출 시 원천징수세율은 다음과 같이 결정되게 된다. ①과 ②를 동시 충족하는 경우에는 낮은 세율을 적용한다. ①의 경우에는 고령자일수록 세율을 낮추어서 세금에 대한 부담을 줄여줌으로써 실질 연금소득을 늘여주기 위한 것이라고 이해하면 된다.

① 연금소득자의 나이에 따른 세율

나이(연금수령일 현재)	원천징수세율
50세 이상 70세 미만	5%
70세 이상 80세 미만	4%
80세 이상	3%

② 종신연금계약(사망일까지 연금수령하며 중도해지할 수 없는 계약)에 따라 받는 연금소득: 4%

연금 외의 형태로 수령하는 경우에는 세법에서 연금소득이 아닌 기타소득으로 본다. 이 경우 기타소득세 과세대상이 된다. 특히 연금계좌 세액공제를 받은 연금저축을 계약납입만료 이전에 해지하거나 일시금으로 수령하는 경우에는 전체 환급금을 기타소득으로 보고 15%(지방소득세 1.5% 포함 시 16.5%)의 원천징수세율을 적용해서 소득세를 원천징수하게 된다.

One Point

연금저축의 중도해지

연금저축에 세액공제를 적용받으며 납입한 원금과 이자의 합계액이 총 1,000만원인 경우, 이를 중도해지하면 전체 금액에 대해 16.5%의 원천징수세율을 적용하게 되므로 165만원을 세금으로 차감하고 나머지 835만원만 돌려받는다는 것이다. 이것은 그간 세액공제를 통해 절감한 소득세까지 환산해서 추가로 징수하는 개념이다.

따라서 연금저축의 경우에는 아주 불가피한 경우가 아니면 중도에 해지를 안 하는 것이 좋다. 만약 납입이 어려워진 경우에는 납입을 일시 중지하는 방법을 고려하고, 긴급한 자금이 필요한 경우에는 이 저축을 담보로 대출을 받는 것을 검토하는 것이 현명하다.

2.4.4 연금보험과 세금

세제비적격연금인 연금보험도 저축성보험의 한 종류이므로 앞에서 제시된 보험차익 비과세조건이 충족되면 인출단계에서의 세금이 발생되지 않는다. 이것은 주식이나 채권 등에 투자하는 변액연금도 동일하게 적용된다. 따라서 위의 연금계좌가 3~5%의 세금을 원천징수하는 것과 비교하면 노후에 소득이 없는 상태에서 세금을 제하지 않고, 연금을 받을 수 있다는 것은 큰 장점이 될 수 있다.

단 조건을 충족하지 못하였는데 보험차익이 발생된 경우에는 이자소득으로 과세된다. 또한 납입단계에서는 세제적격연금저축과 같은 소득공제나 세액공제 등의 세제혜택이 따로 없으니 이 점을 기억하도록 한다.

One Point

연금저축 vs 연금보험

위에서 살펴본 것과 같이 연금저축과 연금보험은 각각의 장단점이 교차한다. 이를 표로 정리해보면 다음과 같다.

구분	연금저축	연금보험
납입단계 세제혜택	세액공제 적용 (12% or 15%)	없음
연금소득 과세여부	• 3.3~5.5% 원천징수 • 연 1,200만원 초과 시 종합소득 신고	조건충족 시 비과세
중도해지	전체 환급금에 기타소득세 (16.5%) 적용	이자 차익에 이자소득세 (15.4%) 적용

그렇다면 은퇴자금 마련을 위해서 어떤 상품을 선택하는 것이 더 좋을까? 그것은 각각 개인 성향과 소득이 어느 정도인지에 따라 달라질 수 있을 것이다. 일반적으로 급여생활자인 경우에는 납입 시점에서 세금 혜택을 볼 수 있는 세액공제를 중요시하는 경향이 있다. 이런 경우에는 연금저축을 우선 가입하는 것이 좋다. 단 연금저축 세액공제를 통한 소득세 절감으로 연말정산환급액이 발생되는 경우에는 이를 소비하지 말고, 연금저축에 추가납입을 하여 온전하게 은퇴자금으로 쓰일 수 있도록 하는 것이 바람직하다.

만약 납입 여력이 충분하다면, 연금저축을 자기 소득수준에 맞는 한도금액까지 가입(연 400만원 한도 가능자인 경우 월 34만원)하고 퇴직연금에 추가로 연 300만원(월 25만원)을 불입해서 세액공제를 최대한 받고, 추가로 연금보험을 납입하는 방법을 고려해 볼 수 있다. 또는 본인이 DC형이나 IRP형 퇴직연금에 가입된 경우에는 이 상품에 연간 700만원 한도를 채워서 납입하는 것도 좋은 방법이 될 수 있다.

2.5 금융상품과 다양한 세제혜택

앞에서 언급한 내용 외에 추가로 적용 가능한 금융상품 관련 세제혜택에 대해서 알아보고자 한다. 이 내용은 2019년도 귀속 근로소득자 연말정산 소득공제 내용을 기준으로 한다.

2.5.1 주택자금관련 소득공제

• 주택마련저축 소득공제

공제 한도	공제 요건
연 300만원 한도	무주택 세대주로서 총급여액 7천만원 이하인 근로자가 주택청약종합저축, 청약저축 등에 납입한 금액(240만원 한도)의 40% 공제

이 제도는 무주택 세대주가 집을 마련하기 위한 청약저축을 할 때 납입액에 대해 세제혜택을 부여하는 것이 특징이다.

• 장기주택저당차입금 소득공제

<table>
<tr><th>공제 한도</th><th colspan="2">공제 요건</th></tr>
<tr><td rowspan="6">연 300만원
~1,800만원
한도</td><td colspan="2">무주택 또는 1주택 보유 세대주(세대원)의 상환기간 15(10)년 이상인 장기주택저당차입금의 이자상환액 100% 공제</td></tr>
<tr><th>차입 시기</th><th>공제 한도</th></tr>
<tr><td>’15. 1. 1. 이후</td><td>• 15년 이상(고정금리 and 비거치식 분할상환): 1,800만원, (고정금리 or 비거치식 분할상환): 1,500만원, (기타): 500만원
• 10년 이상(고정금리 or 비거치식 분할상환): 300만원</td></tr>
<tr><td>’12년~’14년</td><td>• 비거치식 또는 고정금리(1,500만원), 그 외(500만원)</td></tr>
<tr><td>’11. 12. 31. 이전</td><td>• 상환기간 15년 이상(1,000만원), 30년 이상(1,500만원)</td></tr>
<tr><td>’03. 12. 31. 이전</td><td>• 상환기간 10년 이상(600만원), 15년 이상(1,000만원)</td></tr>
</table>

주택을 담보로 대출을 받고, 이를 장기 상환하는 경우 발생되는 이자액에 대해서 소득공제 혜택을 부여한다.

2.5.2 그 외의 금융관련 소득공제 제도

구 분	공제 한도	공제 요건
개인 연금저축	연 72만원 한도	개인연금저축('00. 12. 31. 이전 가입) 납입액의 40% 공제
투자조합 출자 등	근로소득금액의 50% (벤처기업투자신탁에 대한 소득공제금액은 300만원을 초과할 수 없음)	중소기업창업투자조합 등의 출자·투자금액 10%(100%, 70%, 30%)* 공제 * 벤처기업 등에 직접투자(30백만원 이하분: 100%, 5천만원 이하분: 70%, 5천만원 초과분: 30%) ※ 농어촌특별세 비과세
신용카드	Min[총급여의 20%, 200, 250, 300만원] +100만원(전통시장) +100만원(대중교통) +100만원(도서공연)	총급여액의 25%를 초과하는 금액의 15%(30%, 40%)를 소득공제 (신용카드: 15%, 현금영수증·직불(선불)카드·도서공연박물관미술관: 30%, 전통시장·대중교통비: 40%)
우리사주조합 출연금	연 400만원 (벤처기업 1,500만원) 한도	우리사주조합원이 우리사주를 취득하기 위해 우리사주조합에 출연한 금액
장기집합투자 증권저축	연 240만원 한도	해당 과세기간의 총급여액 8천만원 이하 근로자의 장기집합투자증권저축 납입액(연 600만원 한도)의 40%를 공제(농어촌특별세 비과세) * ('15. 12. 31까지 가입) 가입한 날로부터 10년 동안 각 과세기간에 납입한 금액

보통 이러한 소득공제 혜택은 저축이나 투자를 장려하거나, 노후준비 및 주택마련 등에 대한 부담을 경감시켜주기 위한 제도들이다.

이 중 '신용카드 소득공제'에 대해서 살펴보자. 이 제도는 총급여액(연봉)의 25%를 초과해서 사용한 카드금액의 15%를 소득에서 공제해

준다. 공제한도는 총급여액의 20%와 300만원(7천만원 초과자는 250만원, 1억 2천만원 초과자는 200만원) 중 적은 금액을 적용하게 된다.

예를 들어 연봉 4,000만원을 받는 근로소득자가 있다고 하자. 이 사람이 신용카드 소득공제를 받으려면 기본적으로 총급여의 25% 이상을 신용카드를 이용해서 지출해야 된다. 1년 동안 총 1,500만원을 신용카드로 지출했다면, 총급여의 25%인 1,000만원의 초과분 500만원의 15%인 75만원을 소득공제받게 된다. 만약 이 사람이 소득공제 최대한도 금액인 300만원을 공제받으려면 얼마나 카드를 써야 될까? 총 3,000만원을 신용카드로 사용해야지 최대 공제를 받을 수 있다. 연봉 4,000만원 중 3,000만원을 신용카드로 사용해야 최대 공제를 받을 수 있는 것이다.

그런데 신용카드 사용액 중 보험료, 교육비, 기부금, 월세, 자동차 구입비, 면세품 구입비 등은 제외된다. 왜냐하면 이러한 지출은 별도의 공제 혜택이 있어서, 신용카드로 사용한 금액에 대해서도 공제를 적용하면 이중혜택을 받게 되기 때문이다. (단 의료비와 취학 전 아동을 위해 지출한 학원비, 교복구입비는 의료비·교육비 세액공제와 신용카드 등 소득공제를 중복하여 공제받을 수 있다.)

이처럼 신용카드 소득공제를 최대로 받으려면 상당히 많은 지출을 해야 된다. 그런데 간혹 이러한 공제제도에 밝은 사람들이 소득공제를 최대로 받고, 납부할 소득세를 최소로 줄이고자 신용카드 사용을 남발하는 경우를 보게 된다. 몇 만원의 세금을 아끼려고 훨씬 더 많은 지출을 하는 것이다. 우리는 10장에서 과다한 신용지출은 미래의 구매력을 약화시키고, 최악의 경우 개인 신용에 악영향을 미칠 수 있다는 것을 학습하였다. 불필요한 세금을 아끼는 것은 매우 중요한 일이지만 그렇다고 미래를 위한 저축과 투자를 못할 정도로 과다한 지출을 해서는 안 될 것이다.

2.6 금융소득종합과세란?

소득세법에서는 예·적금이나 채권 등에서 발생되는 '이자소득'과 주식투자 시 이익배분의 성격으로 발생되는 '배당소득'을 합하여 '금융소득'이라고 규정한다. 이 금융소득은 과세방법에 따라 〈표 12-3〉과 같이 나눌 수 있다.

표 12-3 과세방법에 따른 금융소득의 분류

구분	분류	내용
금융소득	① 비과세	• 공익신탁의 이익 • 장기주택마련저축의 이자·배당소득 • 생계형저축의 이자·배당소득 • 청년우대형 주택청약종합저축 이자소득 • 재형저축의 이자·배당소득 • 비과세종합저축의 이자·배당소득 • 가입기간 10년 이상의 보험차익(요건 충족시)
	② 무조건 분리과세대상	• 실지명의가 확인되지 않는 금융소득 • 직장공제회 초과반환금 • 10년 이상 장기채권의 이자와 할인액 중 분리과세를 신청한 경우 • 법원에 납부한 경락대금, 보증금에서 발생하는 이자소득
	③ 무조건 종합과세대상	• 국외에서 발생한 금융소득 • 출자공동사업자의 금융소득
	④ 조건부 종합과세대상	• 일반적인 금융소득

위에서 ①번 비과세 항목은 세금이 부과되지 않는 금융소득이므로 재무목표를 위한 포트폴리오 구성 시 해당되는 항목은 적극적으로 활용하는 것이 좋다. ②번 무조건 분리과세대상 금융소득은 다른 소득이 많고 적음에 무관하게 정해진 세율로 과세되는 소득이다. 따라서 ①번과 ②번의 금융소득은 종합과세 대상이 아니다.

금융소득종합과세는 ③번과 ④번에 해당되는 금융소득이 연간 2,000만원을 초과하는 경우에 초과되는 부분에 대해서는 다른 소득과 합산하여 신고 및 소득세 납부를 해야 된다는 의미이다. 여기서 다른 소득이란 근로소득, 사업소득, 연금소득, 기타소득 등을 이야기하는 것이다. 이 금융소득종합과세의 판단기준을 표로 정리하면 다음과 같다.

구 분	종합과세대상 금융소득
③ + ④ > 2천만원	무조건종합과세대상 금융소득과 조건부종합과세대상 금융소득 모두 종합과세
③ + ④ ≤ 2천만원	무조건종합과세대상 금융소득만 종합과세

소득이 높거나 자산이 많아 고율의 종합소득세율을 적용받는 사람들의 경우에는 이 금융소득종합과세를 각별히 신경 쓰는 것이 좋다. 2,000만원을 초과하는 금융소득은 다른 소득과 합산하여 계산하게 되는데 이럴 경우 금융소득에 대한 세금이 급격하게 증가할 수 있기 때문이다. 예를 들어 종합소득세율 40% 구간에 해당되는 고소득자의 경우, 연 3,000만원의 이자와 배당소득이 발생되어 금융소득종합과세에 해당되게 되면 2,000만원까지는 15.4%의 원천징수세율로 과세가 종결되지만, 초과된 1,000만원에 대해서는 40%의 세금을 내야 되는 상황이 된다. 이러할 경우 세후 수익률이 현저하게 낮아지므로 전체 자산관리의 효율성이 저하되게 된다. 따라서 비과세 금융상품이나 분리과세가 되는 금융상품을 최대한 활용하는 것이 좋다. 이것은 꼭 고소득자가 아니더라도 재무설계를 실행해 가는 과정에서 항상 염두에 두어야 될 내용이다. 그래야 적정 세후 수익률을 유지할 수 있고, 재무목표 달성이 용이해지기 때문이다.

실전연습

- 다음의 경우 각각 얼마의 세액공제를 받을 수 있는지 계산해 보자.
  - 최주항 씨(50세, 근로소득자): 보장성보험인 의료실비보험에 201×년 한 해 동안 총 72만원의 보험료를 납부하였으며, 자동차보험료로 46만원을 납부하였다.
  - 김미성 씨(42세, 사업소득자): 세제적격 연금저축보험에 201×년 한 해 동안 매월 25만원씩 보험료를 납부하였으며, IRP에 총 200만원을 납부하였다.

- 대기업 상무로 근무하고 있는 이현복 씨는 은퇴 후 생활자금을 보완하기 위하여 금융상품을 추가로 가입하려고 고민하고 있다. 이현복 씨에게는 연금저축, 개인형 퇴직연금, 연금보험 중 어떤 상품이 유리하겠는지 그 이유와 함께 제시하여 보자. 단 기존에 위의 상품들은 가입하지 않았다고 가정한다.

- 개인 의원을 운영하는 박대영 원장은 해당 분야의 명의로 유명하다. 박 원장은 높은 종합소득세율로 인해 금융상품의 이자 또는 배당소득의 수익률이 낮아져서 고민이다. 박 원장이 이를 해결하기 위해 이용할 수 있는 제도나 금융상품에 대해서 조사해 보도록 하자.

참고문헌

- 김민정 외, AFPK 재무설계 개론(한국FPSB, 2019)
- 우재룡 외, AFPK 투자설계(한국FPSB, 2019)
- 안철경 외, AFPK 위험관리와 보험설계(한국FPSB, 2019)
- 이철규 외, AFPK 세금설계(한국FPSB, 2019)
- 이경우 외, AFPK 은퇴설계(한국FPSB, 2019)
- 우재룡 외, CFP 투자설계(한국FPSB, 2019)
- 박광수 외, 개인재무설계(시대가치, 2018)
- 양세정, 주소현, 차경욱, 김민정, "한국형 가계재무비율 도출 및 가이드라인 제안," *Financial Planning Review* 6(3), 2013. 8, pp. 143-181
- 이기춘 외, 소비자재무설계(학현사, 2009)
- 미래에셋증권 자산배분센터, Wealth Manager를 위한 자산배분(서울경제경영, 2015)
- 금융투자교육원, 투자자산운용사 1(한국금융투자협회, 2019)
- 보도 섀퍼, 보도 섀퍼의 돈(북플러스, 2011)
- 로저 C. 깁슨, 자산배분전략(서울출판미디어, 2009)
- 크리스토퍼 브라운, 가치투자의 비밀(흐름출판, 2007)
- KB금융지주 경영연구소, 2019 한국 부자 보고서
- 통계청, 2019년 가계금융복지조사
- 통계청, www.kostat.go.kr
- KB국민은행 홈페이지, www.kbstar.com
- 신한은행 홈페이지, www.shinhan.com

• 하나은행 홈페이지, www.kebhana.com
• 우리은행 홈페이지, www.wooribank.com
• 삼성증권 홈페이지, www.samsungpop.com
• 삼성생명 홈페이지, www.samsunglife.com
• 삼성카드 홈페이지, www.samsungcard.com
• 저축은행중앙회 홈페이지, www.fsb.or.kr
• 금융감독원 통합연금포털 홈페이지, https://100lifeplan.fss.or.kr
• 한국장학재단 홈페이지, www.kosaf.go.kr
• 펀드닥터 홈페이지, www.funddoctor.co.kr
• 모닝스타 홈페이지, www.morningstar.co.kr

찾아보기

[저자약력]

저자는 연세대학교를 졸업한 후 10년간 나래이동통신, 두루넷 등 정보통신 및 IT 업종에서 유통관리, 마케팅, 전략기획, 신규사업 분야에서 경험을 쌓았다. 이후 금융업에 투신한 뒤 ING Life를 시작으로 한국재무설계 Financial Planning 팀장 및 사내강사, 정재무설계 설립 이사를 역임한 바 있다. 또한 웰스매니지먼트학 석사 및 경영학 박사 과정을 밟았으며, 국제공인재무설계사(CFP®, CERTIFIED FINANCIAL PLANNER™) 자격과 함께 증권, 투자, 보험, 세무회계 등과 관련된 다수의 금융자격증을 보유하고 있다.

현재 서경대학교 금융정보공학과 교수로서 재무설계, 자산관리, 투자론 등의 전공수업과 스무살 부자되기, 글로벌 시사읽기 등의 교양강좌를 진행하고 있다. 20년 이상 사회 여러 분야에서 쌓은 다양한 경험을 바탕으로 한 실전 스타일의 강의로 2018년과 2019년 연속 서경대학교 우수강의교원으로 선정되기도 하였다.

이 책 내용에 대한 의견이나 문의가 있는 경우 22003355@naver.com을 이용하시기 바란다.

금융의 이해

2019년 12월 25일 초판 인쇄
2019년 12월 30일 초판 발행

저 자 함 형 준
발행인 이 구 만
발행처 유원북스
04091 서울특별시 마포구 토정로 222, 416호
(신수동, 한국출판콘텐츠센터)
대표전화 (02)593-1800 Fax (02)6455-1809
등록 2011. 9. 6. 제25100-2012-3호
www.uwonbooks.com uwbooks@daum.net

정 가 18,000원 ISBN 979-11-6288-099-9 03320

이 도서의 국립중앙도서관 출판예정도서목록(CIP)은 서지정보유통지원시스템 홈페이지(http://seoji.nl.go.kr)와 국가자료종합목록 구축시스템(http://kolis-net.nl.go.kr)에서 이용하실 수 있습니다. (CIP제어번호: CIP2019049469)